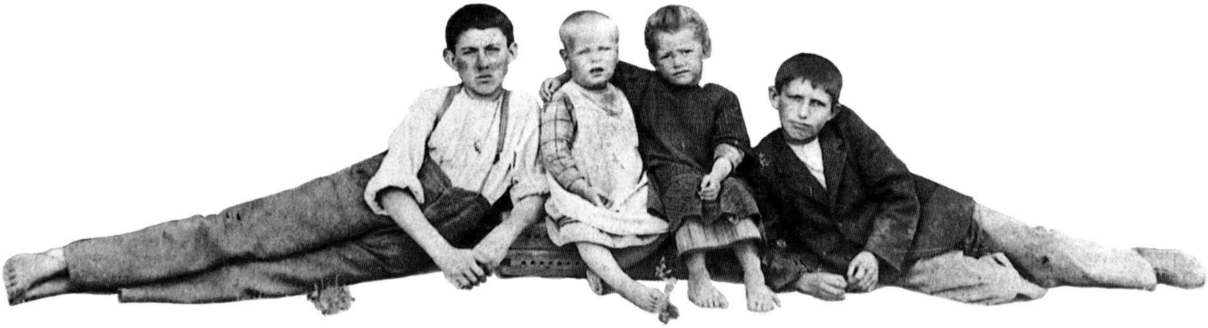

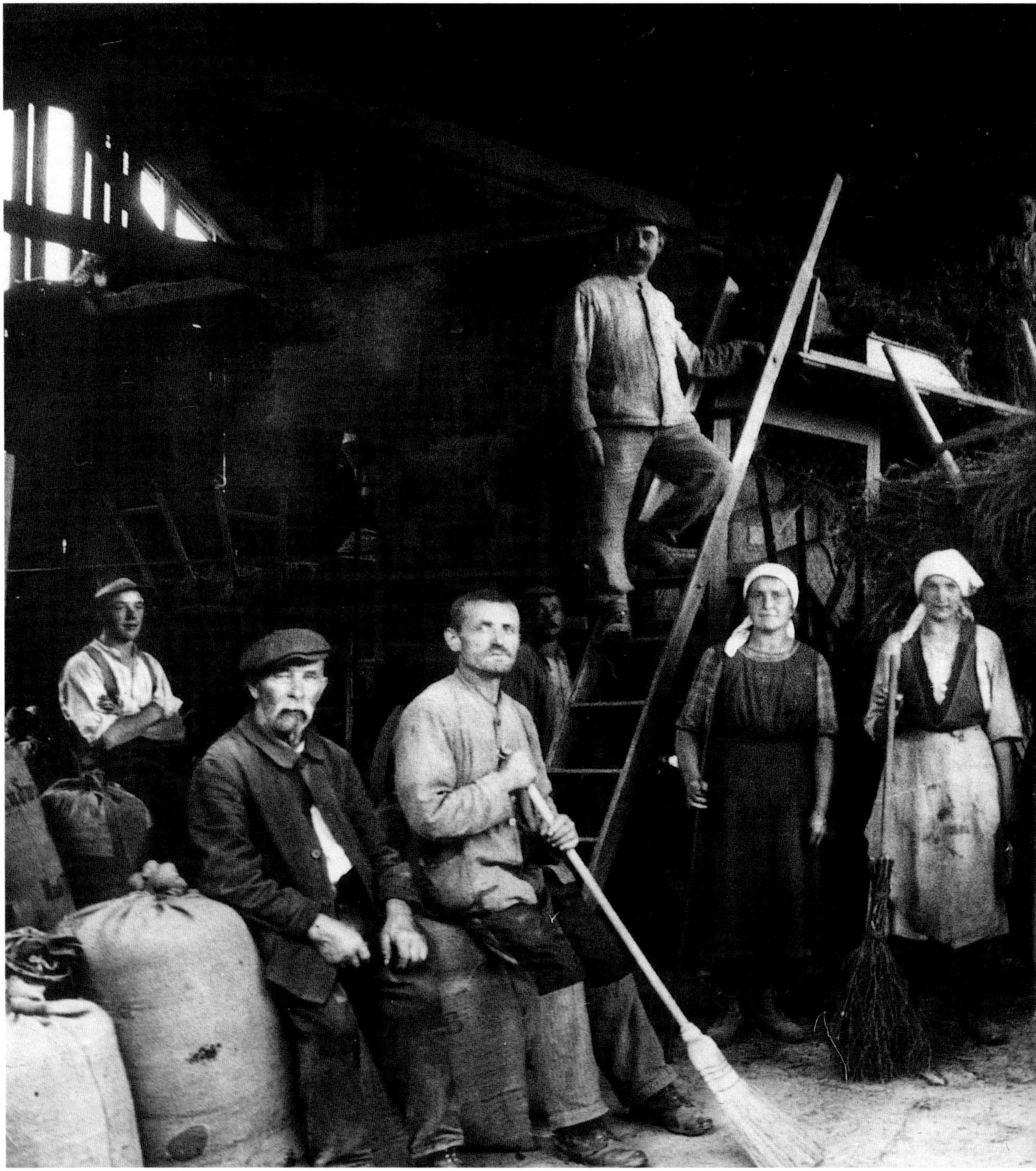

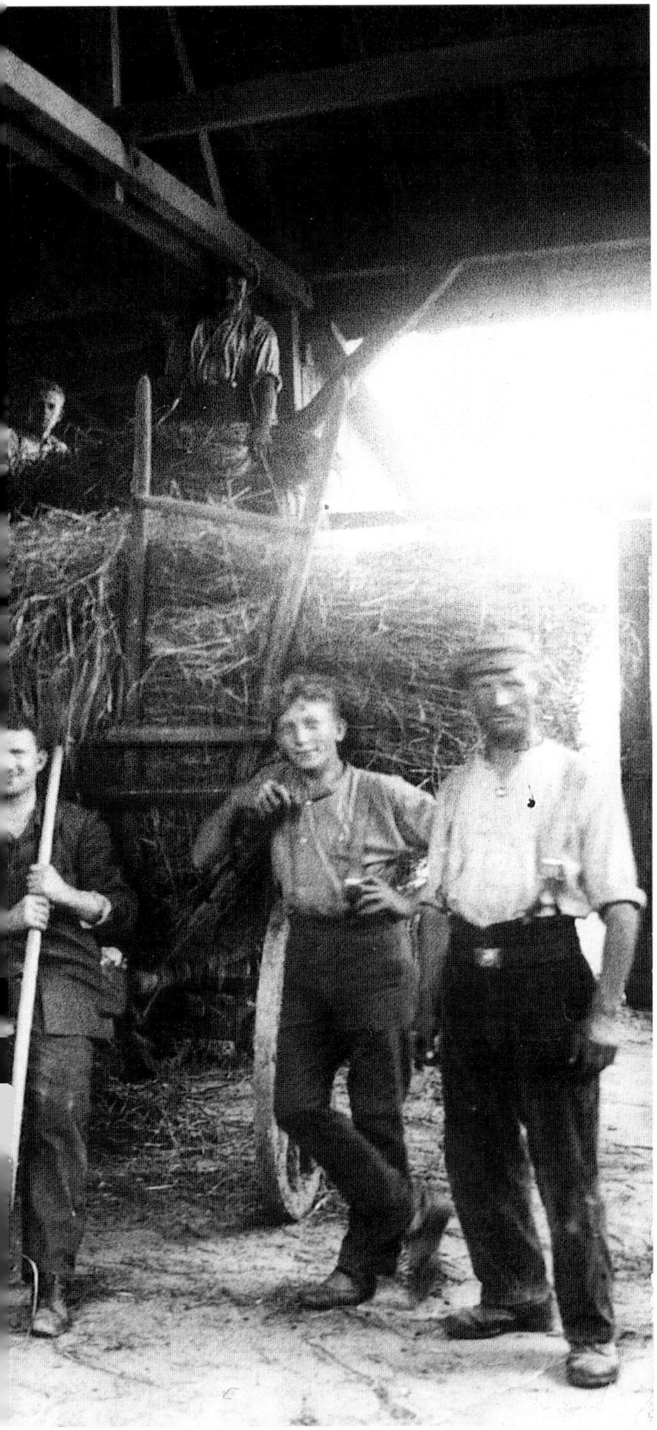

Karl Banghard

Der Kraichgau

Landschaft und Alltagsleben in alten Photographien

G. Braun

Leihgeber

Hans Appenzeller, Sinsheim-Steinsfurt
Emmy Backheuer, Walzbachtal-Wössingen
Johanna Bauer, Bad Rappenau-Grombach
Karl Banghard, Oberderdingen-Flehingen
D. Dr. Otto Beuttenmüller, Bretten
Karl Beyerle, Ubstadt-Weiher
Martin Bischof, Ubstadt-Weiher/Zeutern
Martin Bratzler, Kraichtal-Menzingen
Michael Jung, Bretten
Edmund Kiehnle, Eppingen
Martin Kößler, Oberderdingen-Großvillars
Konrad Kröll, Ubstadt-Weiher/Stettfeld
Helga Kugler, Kürnbach
Josef Lindenfelser, Bruchsal-Untergrombach
Emil Lüdecke, Sulzfeld
Kurt Müller, Kürnbach
Friedrich Plogstert, Bretten-Diedelsheim
Lotte Rätz, Gondelsheim
Hannelore und Otto Reinicke, Kraichtal-Gochsheim
Karl Serden, Ubstadt-Weiher
Erne Staiger, Neidenstein
Wolfgang Stier, Ubstadt-Weiher/Zeutern
Hans Stöhr, Karlsruhe
Ruth Zwickel, Kirchardt-Berwangen

Stadtarchiv Bad Rappenau, Bretten, Bruchsal, Bruchsal-Heidelsheim, Knittlingen, Kraichtal, Sinsheim, Wiesloch

Gemeindearchiv Bad Schönborn, Kirchardt, Kürnbach, Sternenfels, Zuzenhausen, Oberderdingen, Ötisheim

Buchhandlung Krüger, Maulbronn
Erziehungsheim Stift Sunnisheim/Sinsheim
Bildungszentrum Oberderdingen-Flehingen
Staatliches Hochbauamt Karlsruhe, Außenstelle Bruchsal
Winzerkeller Südliche Bergstraße/Kraichgau, Wiesloch

Umschlag:
Die Waldmühle in Menzingen um die Jahrhundertwende

Innentitel: An einer alten Dreschmaschine schwitzen an die zehn Männer und Frauen, hier in Oberderdingen

G. BRAUN BUCHVERLAG

Gestaltung: Robert Dreikluft

Die Deutsche Bibliothek – CIP-Einheitsaufnahme

Der **Kraichgau** : Landschaft und Alltagsleben in alten Photographien / Karl Banghard. – Karlsruhe : Braun, 1996
ISBN 3-7650-8132-9
NE: Banghard, Karl

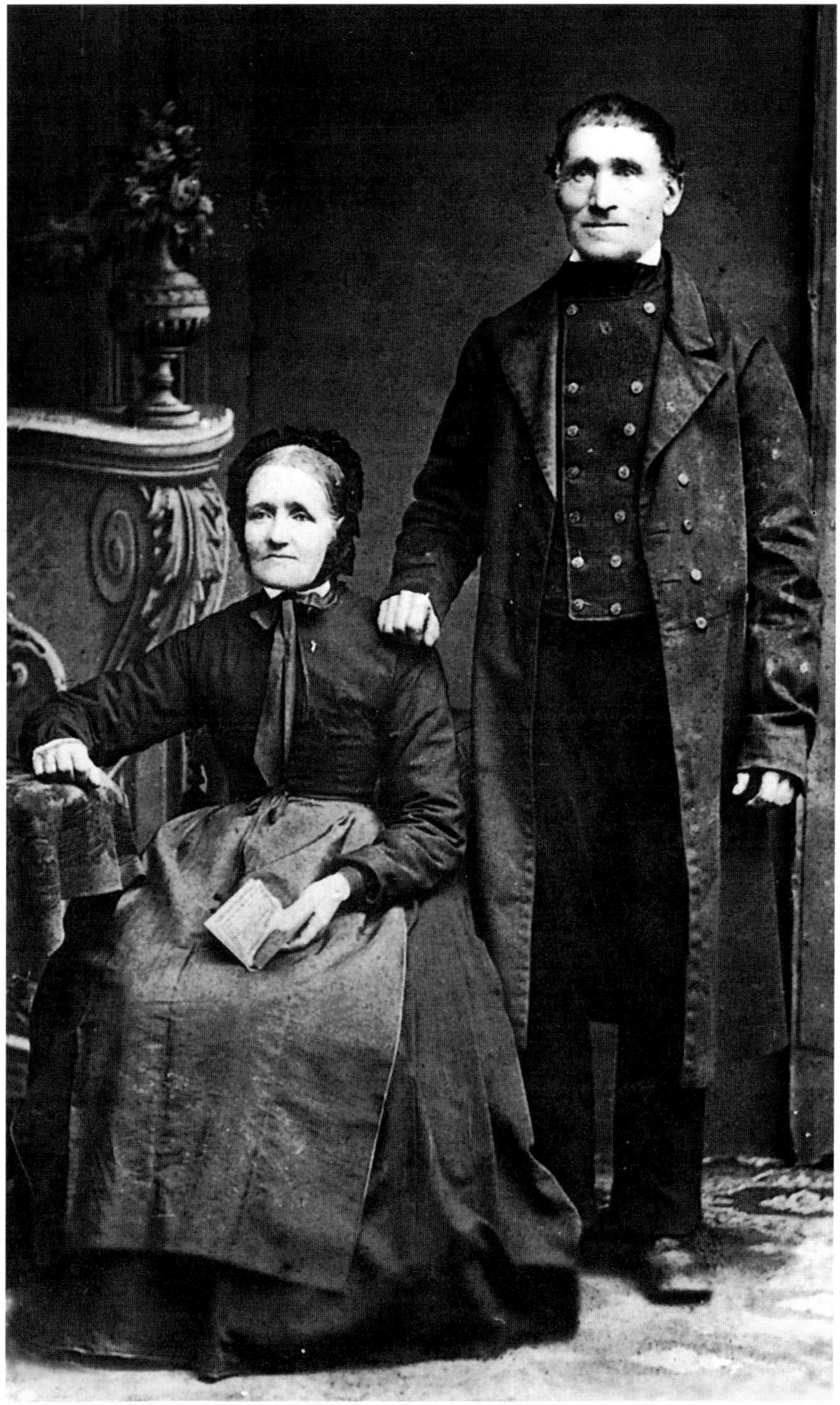

Inhalt

Nicht nur Burgen und Schlösser

Die Oberzentren, die in den Kraichgau hineinwirken, Karlsruhe, Pforzheim, Heilbronn und Heidelberg, liegen allesamt an dessen Grenzen, die Mittelzentren Bruchsal, Wiesloch, Bretten und Sinsheim, greifen sichtbar in das Rheintal, in den Strom- und Heuchelberg und in das Neckartal hinein.

Im Norden und Süden zog Prof. Dr. Friedrich Metz in den zwanziger Jahren die Grenzlinie da, wo das Land über 300 Meter ansteigt, wo der Wald das Ackerland zu ersetzen beginnt, wo andere Dörfer auftreten und sich andere wirtschaftliche Verhältnisse einstellen. Der Geograph warnte davor, diese Grenzlinie mit dem Übergang vom Buntsandstein zum Muschelkalk festzusetzen, da die Lößbedeckung über beide Gesteine hinweggreift.

Auffallend war im Laufe der Jahrhunderte die politische Grenzziehung innerhalb und am Rande des Kraichgaus, der sich über 1500 Quadratkilometer ausdehnt. Unter den Karolingern, Saliern und teilweise noch unter den Staufern bzw. deren Gaugrafen blieb das sogenannte Kraichgauer Hügelland weitgehend eine politische Einheit. Später teilten sich u. a. das Fürstbistum Speyer, die Kurpfalz, die Markgrafschaft Baden, das Herzogtum Württemberg und die jahrhundertelang überaus starke Reichsritterschaft den Kraichgau, der politisch wahrscheinlich nie mehr geschlossen in Erscheinung treten wird.

Die Kraich verlieh dem Gau den Namen. Nicht nur Heimatfreunde oder Bewunderer von Rittertum und Mittelalter, von Burgen und Schlössern, von einzigartigen Grablegen mit künstlerisch wertvollen Renaissanceepitaphien sprechen respektvoll vom Kraichgau. Die Kraich eilt von Sternenfels durch den Kraichsee mit seinen dunklen Wassern und Uferflächen. Schon nach wenigen Kilometern, in Oberderdingen und Flehingen, gebärdet sich der junge Kraichbach wie ein kraftstrotzender Jüngling, der auch jahrhundertelang gewillt war, mäanderhaft die Mauern des geschichtsträchtigen Städtchens Gochsheim rundherum zu schützen.

Wer aber erwartet unmittelbar am Kraichgaurand Sumpf- oder gar Moorflächen? Erst wenige Jahrzehnte sind vergangen, seit bei Weingarten fast vier Meter dicke Torfschichten und Schilfflächen vom Moor willkommene Erwerbsquellen waren? Noch nach dem Ersten Weltkrieg wärmten sich viele Karlsruher an Öfen, die mit backsteingroßen Torfstücken aus Weingarten „gefüttert" waren. Und wie sollten angesichts des damaligen Brennholzmangels etwa die Zuckerfabrik Waghäusel, die Salinen in Bruchsal oder in Rappenau ohne Torf weiterproduzieren?

Heute ist zwar kostspielig, doch lobenswert, daß sich Natur- und Landschaftsschützer zunehmend solcher Moore, oder auch nur Sumpf- oder Schilfflächen annehmen, wahren Bilderbüchern der Naturgeschichte, in denen ein Stück Urnatur erhalten ist. Gleiches gilt gerade im Kraichgau für eine große Zahl von Hohlwegen, die sich tief in die gelblichen Lößhänge eingefressen haben. Die tiefsten der übriggebliebenen „Hohlen" sind bei Ober- und Unteröwisheim, bei Odenheim oder Zeutern, Heidelsheim, Münzesheim, Gochsheim und Bahnbrücken zu bewundern.

An viele Kraichgauhohlen haben Flurbereiniger der fünfziger Jahre Hand angelegt. Diese Wege, die nicht immer in das Wirtschaftswegenetz für die neue Agrartechnik passen wollten, wurden gelegentlich mit Erdschiebern eingeebnet, nicht ohne allerlei darin versenkt zu haben. Ein liegengebliebener defekter Panzer der US-Army diente ebenso als willkommenes Füllmaterial wie lästige Kleinlastwagen, Pkw, nicht mehr benötigte Landmaschinen und Geräte aller Art.

Die Bundesstraße 3, die südliche Bergstraße, verbindet Kraichgau und Rheintal und zieht auf weiten Strecken zugleich die Trennungslinie zwischen dem Hügelland und der Rheinebene. Die historische Strecke, auf der schon römische Legionen marschierten, strebt direkt von Süd nach Nord. Steil-

hänge mit Reben oder Obstbäumen, zwischendurch auch mit Schwarz- und Weißdornhecken bewachsen, wechseln gelegentlich, deutlich in der Langenbrückener Senke, mit flachansteigendem Land.
Von einem weithin unentdeckten Land sprach man ehedem, wenn man den Kraichgau gemeint hat. Keiner seiner Hügel gleicht dem anderen; die Winde und Stürme, die den Lößlehm aus dem Rheinbett früherer Jahrtausende in diesen Landstrich geblasen haben, schichteten sie nach ihrem Gutdünken auf. Viele Kuppen trugen stolze Burgen, Kirchen, Kapellen oder Klöster. Ihre Grafen, Freiherren, Barone oder Ritter setzten sich nicht selten im 13. oder 14. Jahrhundert in die Talauen und hier in Wasserschlösser ab, in denen sich bequemer leben ließ.
Die Schlösser im Kraichgau haben sich offensichtlich im sogenannten hinteren Kraichgau – überwiegend rings um Bad Rappenau – noch besser behauptet als im vorderen. Fast kein Ort ohne Burg, Schloß oder auch nur eine Ruine; und kaum eines der älteren Bauerndörfer oder Landstädtchen werden Fachwerkfreunde verlassen, ohne eine neue Entdeckung gemacht zu haben. Hervorzuheben ist die Fachwerkstadt Eppingen, wo der frühere Stadtbaumeister und Stadtarchivar Dipl. Ing. Edmund Kiehnle frühzeitig die Weichen zur Rettung und zum Schutz historischer Fachwerkbauten gestellt hat. Übrigens: Die Stadt Eppingen hat längst auf „Prädikate“ wie das „Rothenburg des Kraichgaus“ verzichtet, es bedarf solcher „Hilfe“ nicht.
Trotz begrüßenswerter Erfolge der Denkmalschützer bei der Rettung von Fachwerkbauten, Kirchen oder Herrschaftssitzen: Die Liste der gefährdeten Bauten wird nicht kürzer. Erinnert sei lediglich an die in Privathände übergegangene ehemals stolze Schildmauerburg bei Zuzenhausen im Elsenztal oder an den Streichenberg bei Eppingen, wo dringend akuter Handlungsbedarf angezeigt ist.

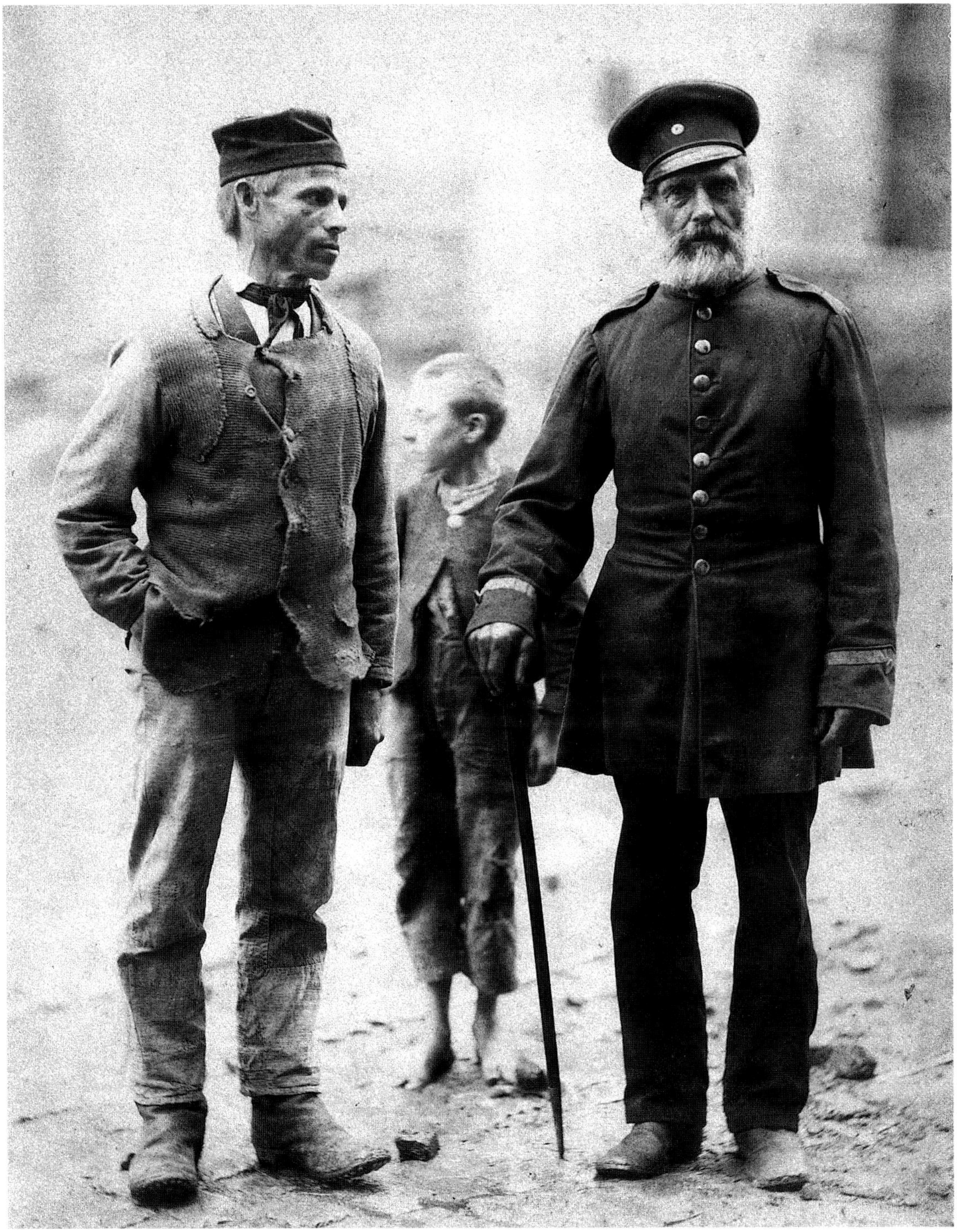

Respektsperson in der Stadt Gochsheim: Gemeindediener Friedrich Kaspar Dubronner (1821 – 1908)

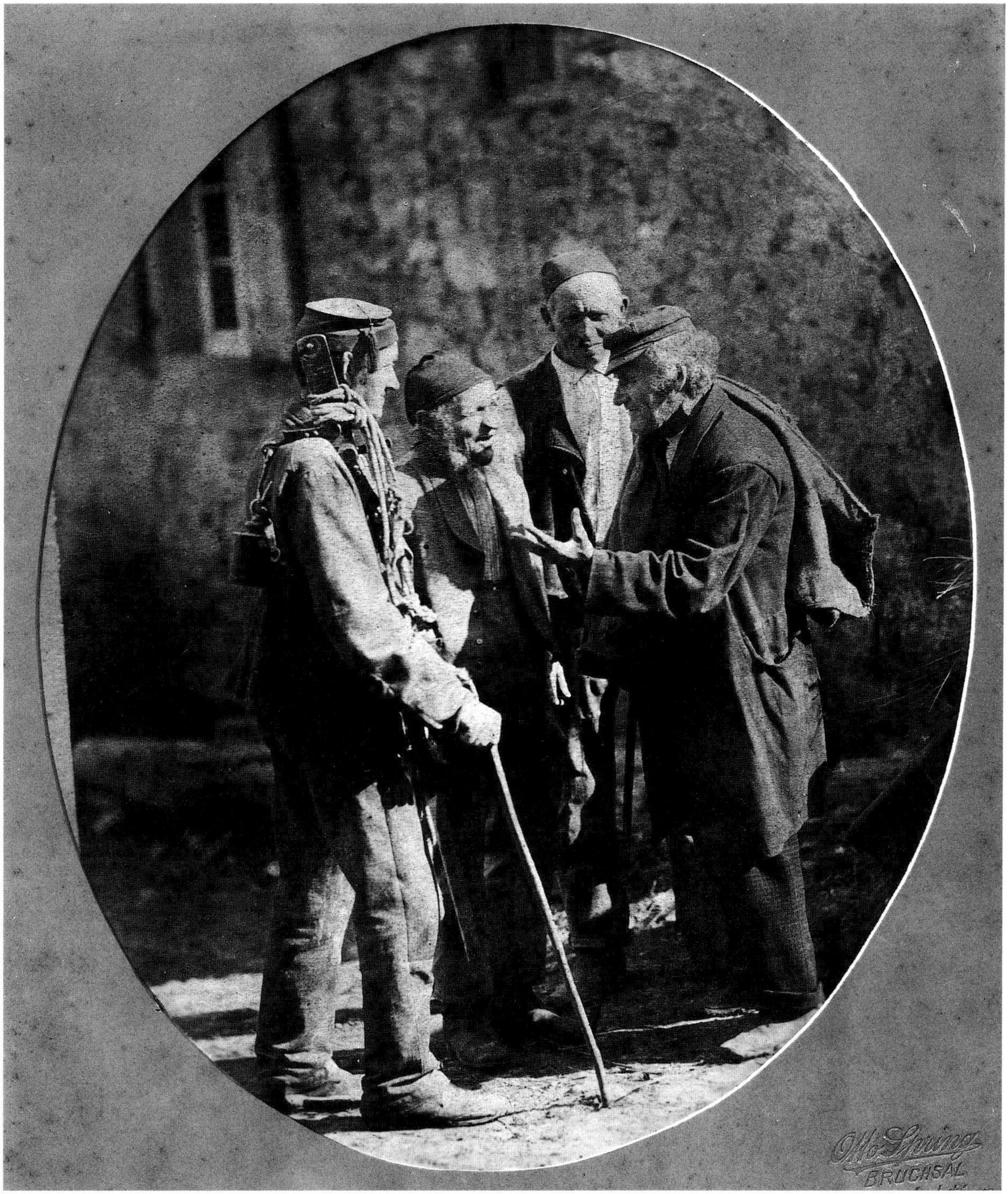

Marktwaage und Sack hängen schon über den Schultern; letzte Informationen vor Marktbeginn im Kraichtal, vor 1870

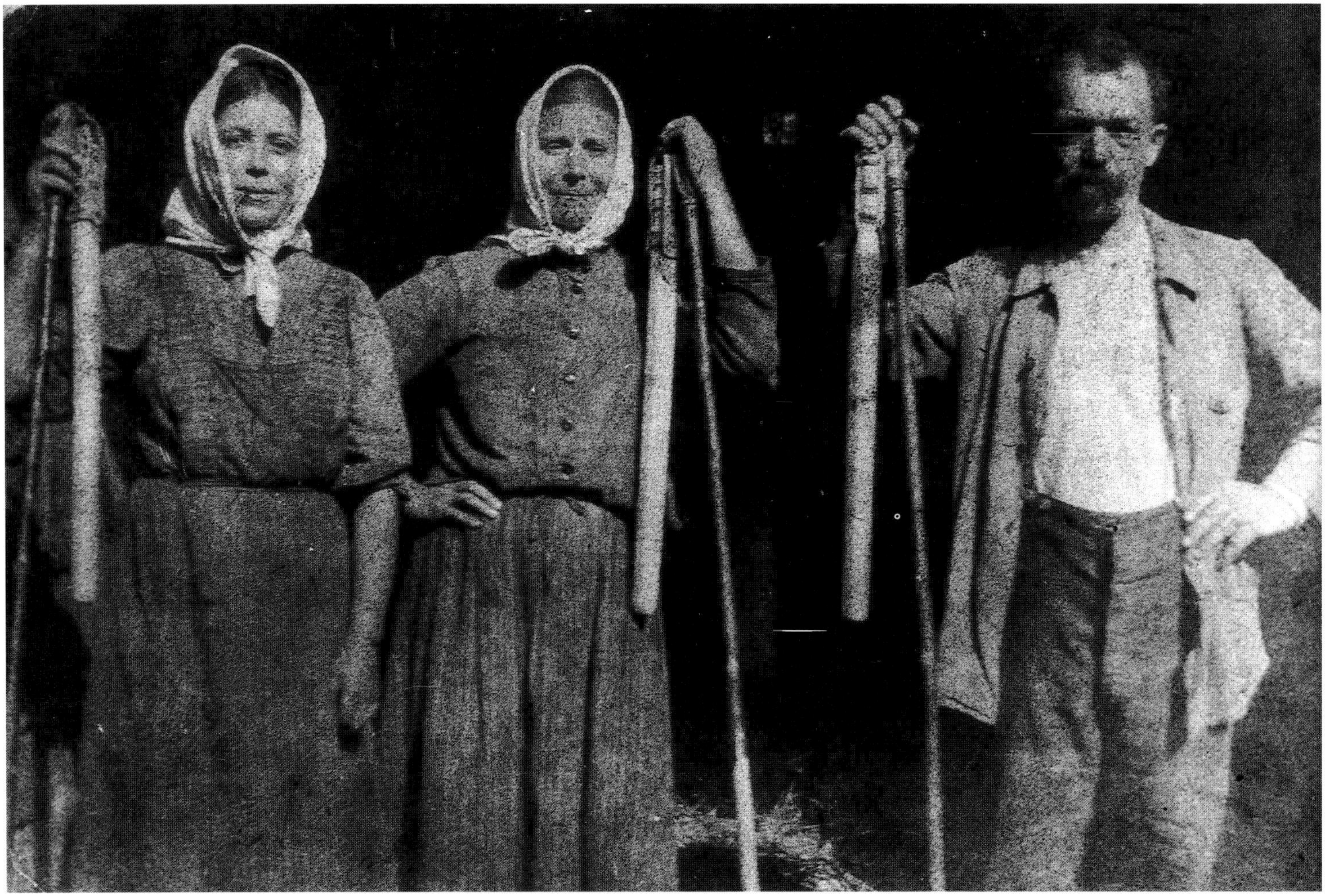

Rhythmisch und monoton mußten in der Sulzfelder Scheune die Dreschflegel auf das Getreide fallen

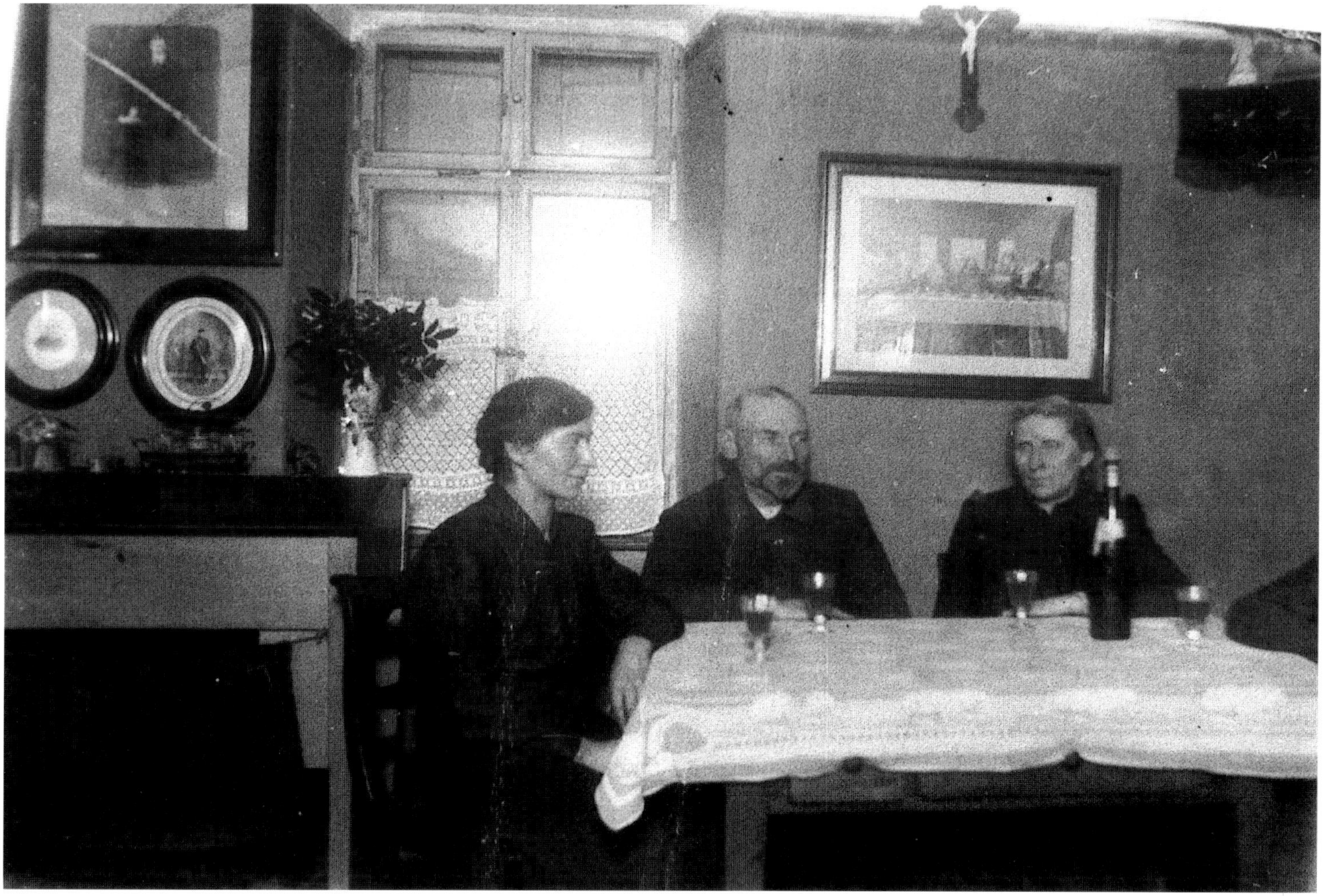

„Gute Stube" im Bauernhaus der 30er Jahre in Landshausen. Nicht fehlen durften Kruzifix und Abendmahlszene

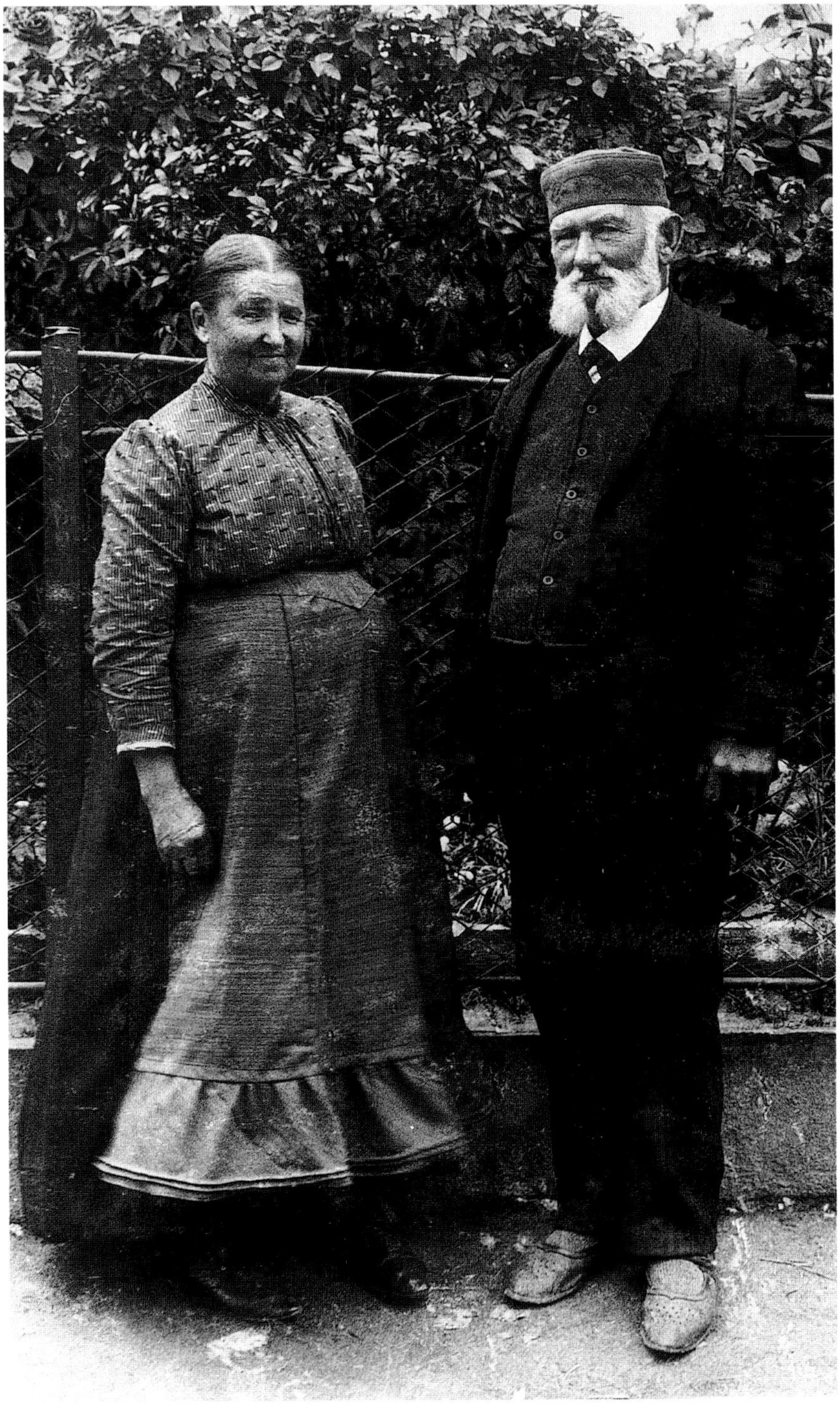

Bauer und Bader: Wer in früheren Jahrzehnten in Wössingen Zahnweh hatte oder ein kränkelndes Stück Vieh im Stall – der Bader Wieber wußte Rat

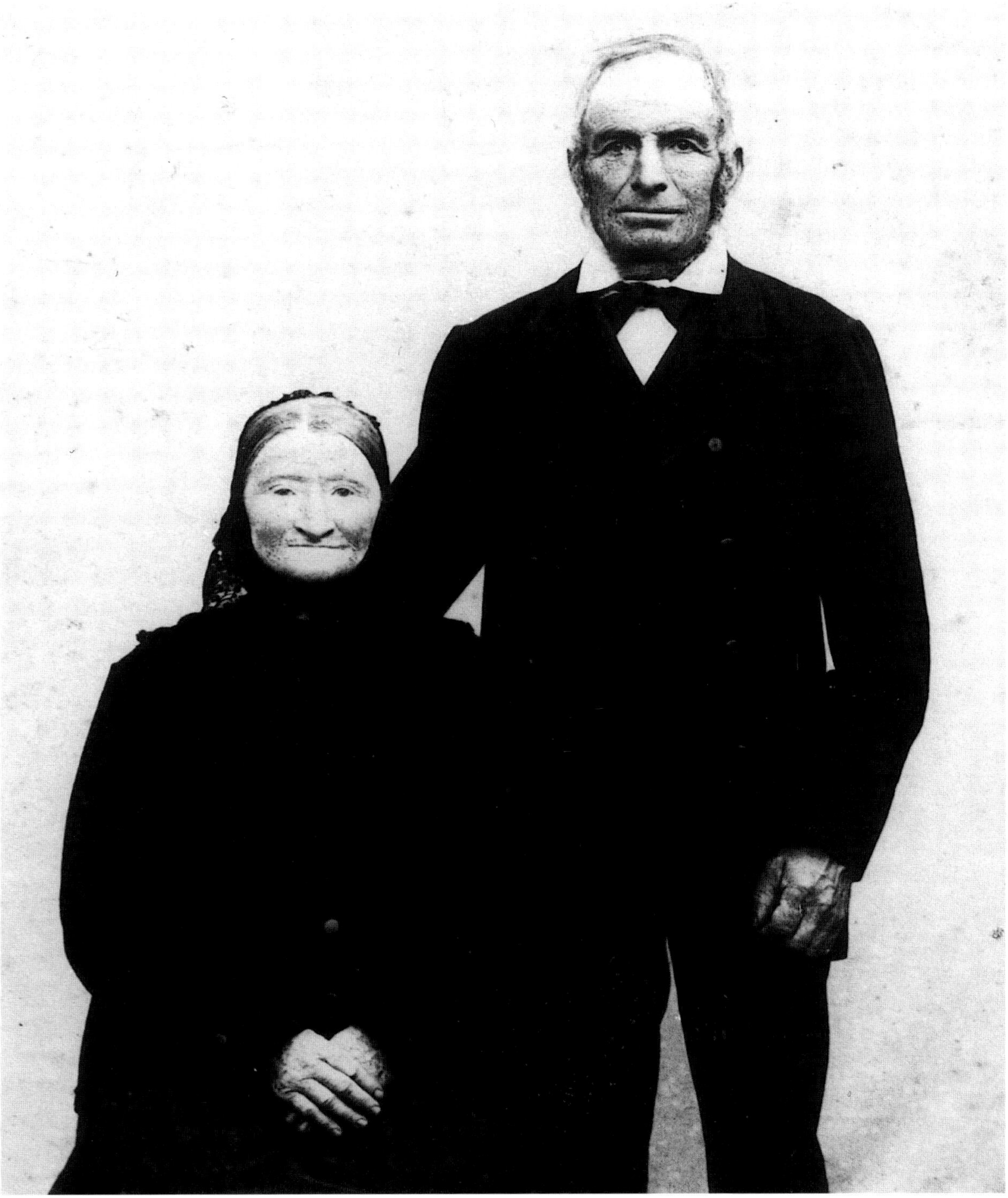

Gesichtszüge wie eingemeißelt und zerschundene Hände: die Kümbacher Eheleute Krämer, vor 1890

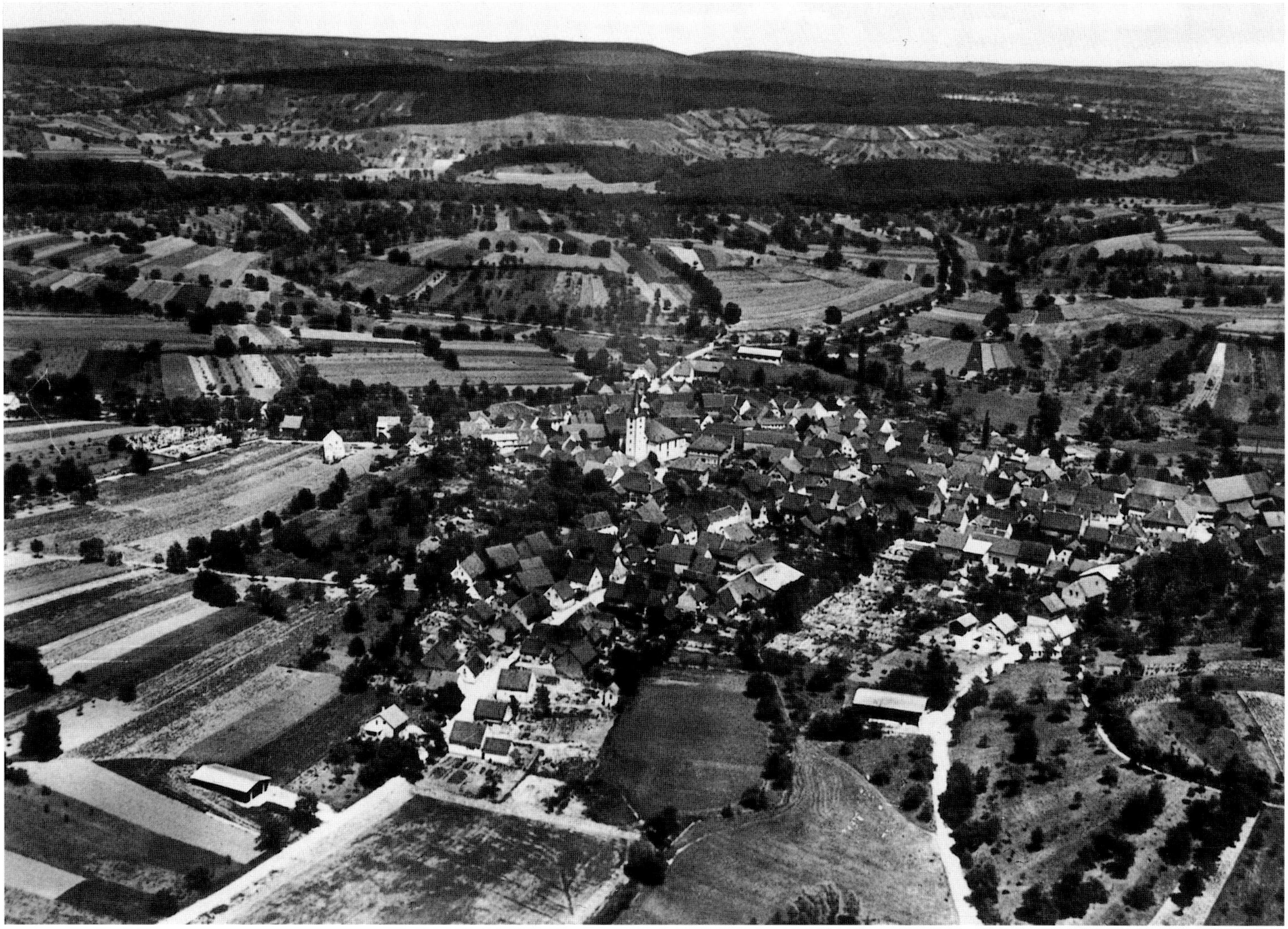

Bis lange nach dem Zweiten Weltkrieg blieb Landshausen eine charakteristische Bauerngemeinde mit intakter Landwirtschaft

Corres bei Ötisheim, 300 Jahre alte Rodungssiedlung der Waldenser, wie auch Groß- und Kleinvillars, Serres, Pinache oder Perouse

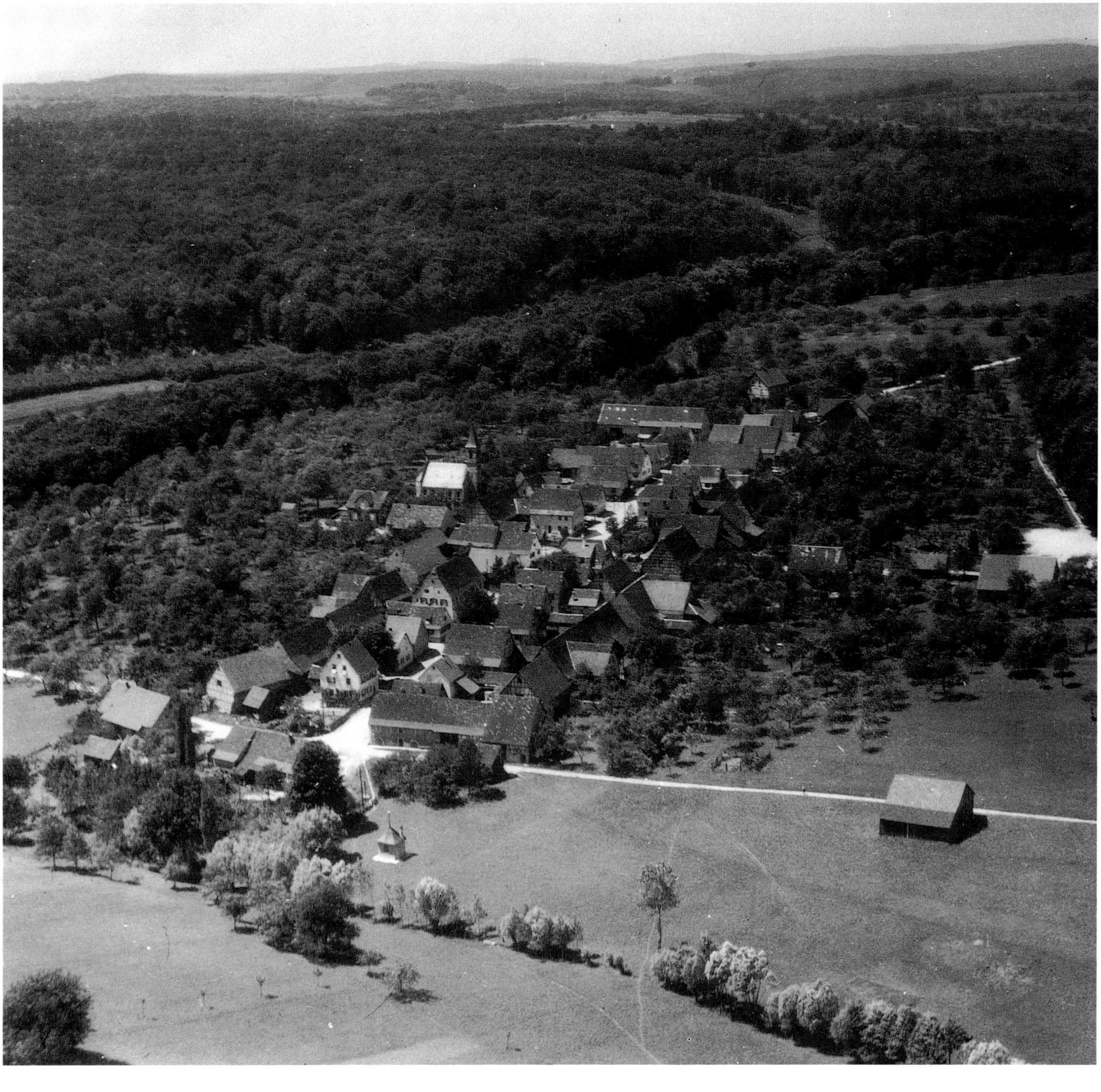

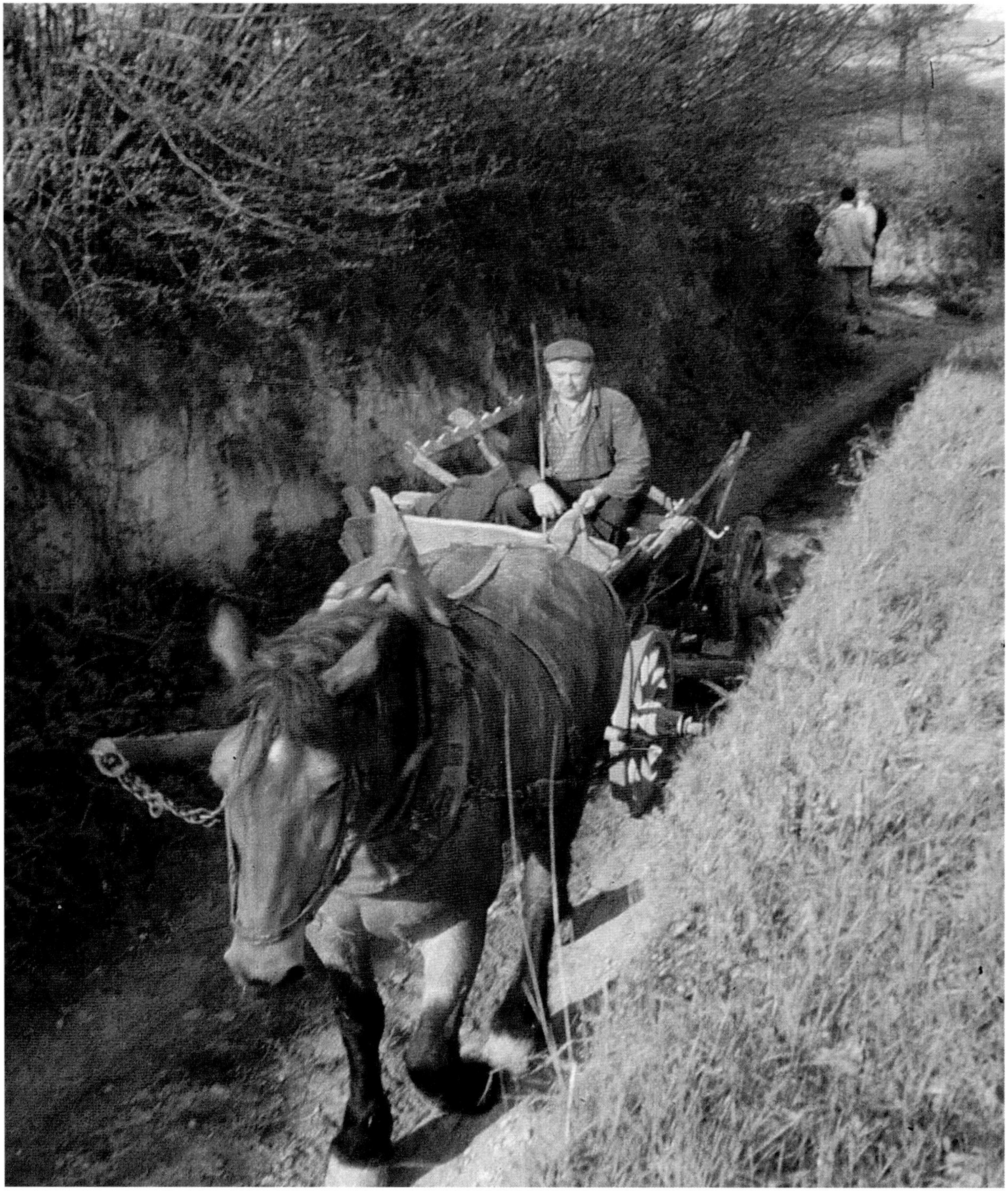

Hohlwege, hier bei Zeutern, prägten jahrhundertelang die Kraichgaulandschaft. Falschverstandene, längst korrigierte Flurbereinigungen nivellierten sie häufig

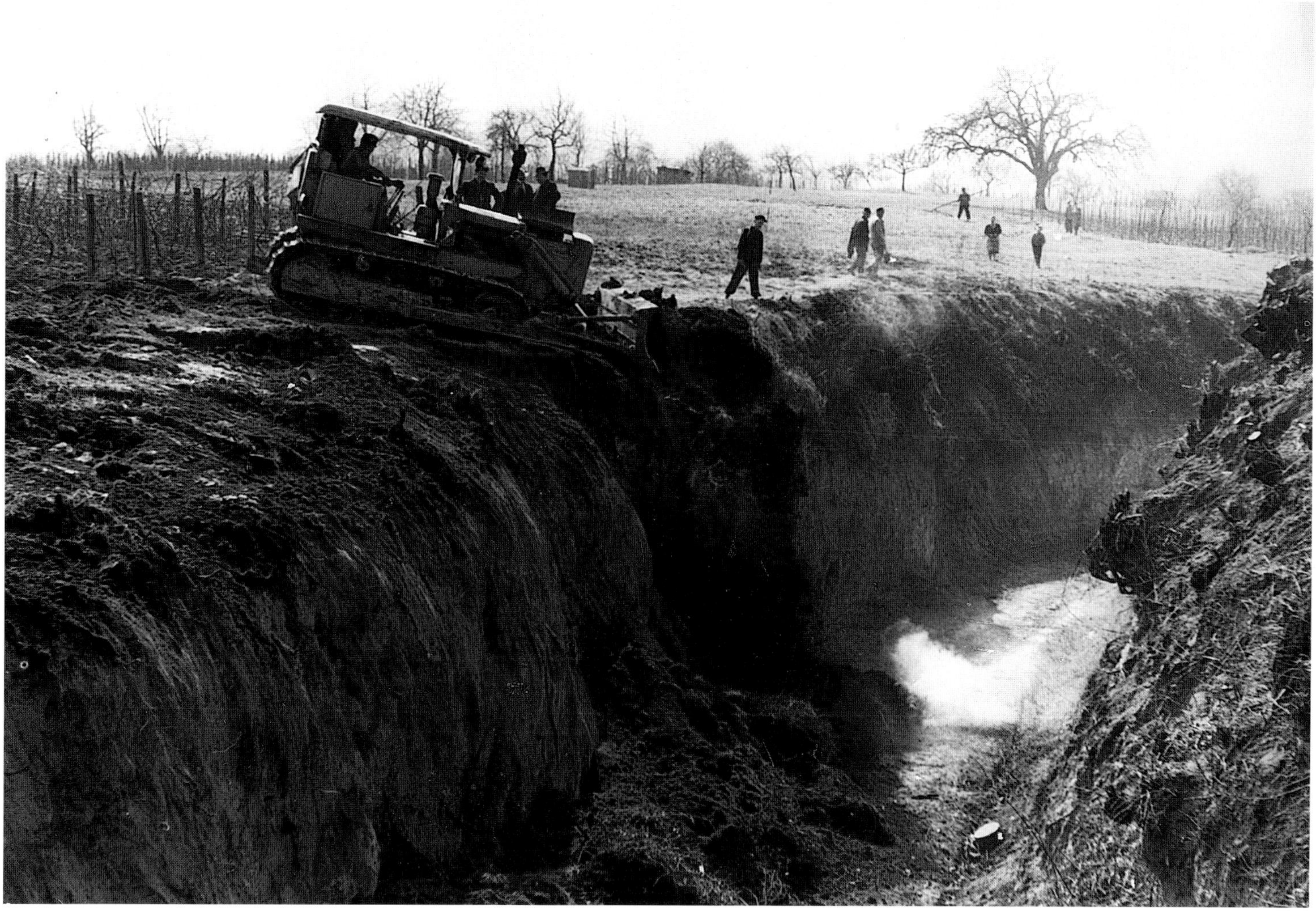

Nicht selten waren Bulldozer, wie hier ebenfalls in Zeutern, schneller als die Landschafts- und Naturschützer

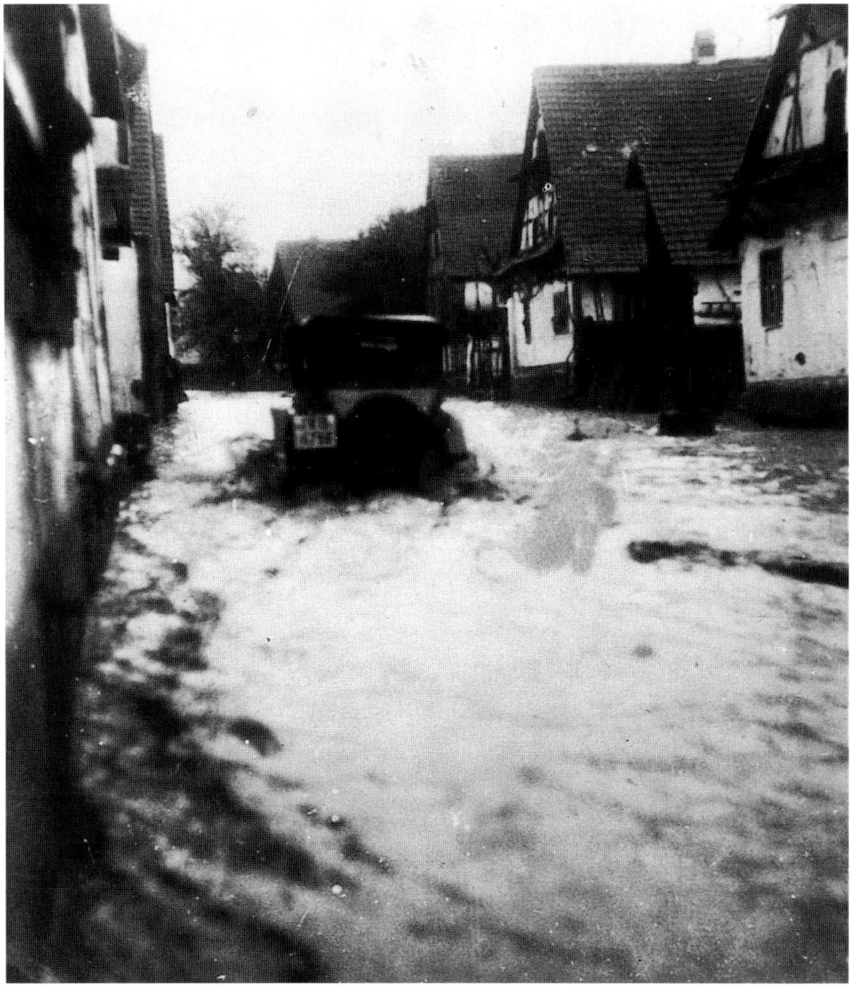

Das Mai-Hochwasser 1931 füllte in den meisten Kraichgauorten die Keller. In Oberöwisheim geriet der sonst zahme „Jordan" ins Schäumen und setzte die ersten Motorvehikel matt.

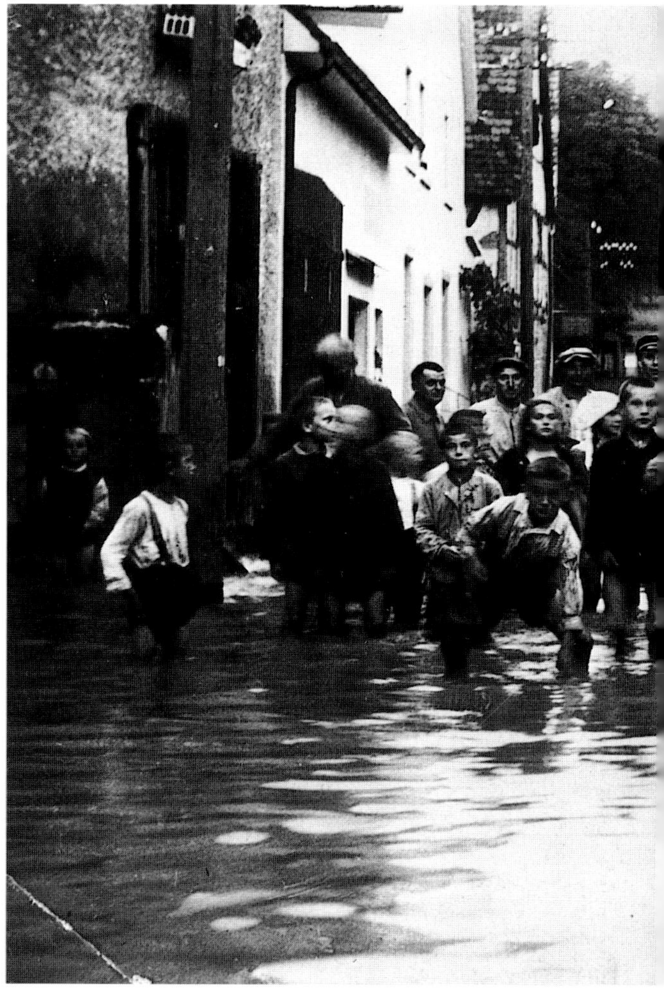

Die Kraich erzwang in Gochsheim sogar die Räumung mehrerer Viehställe

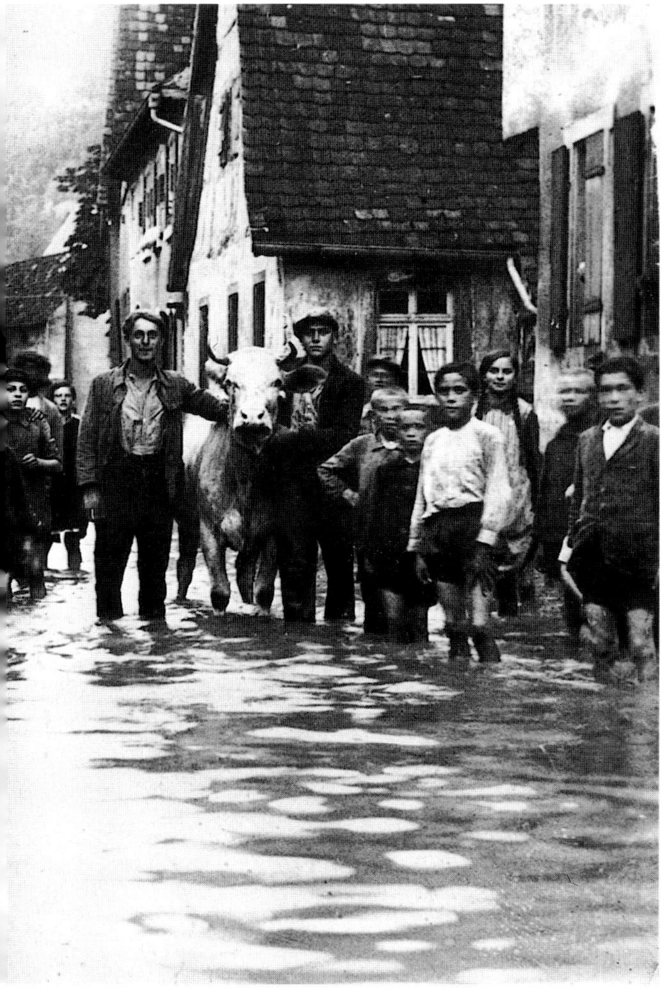

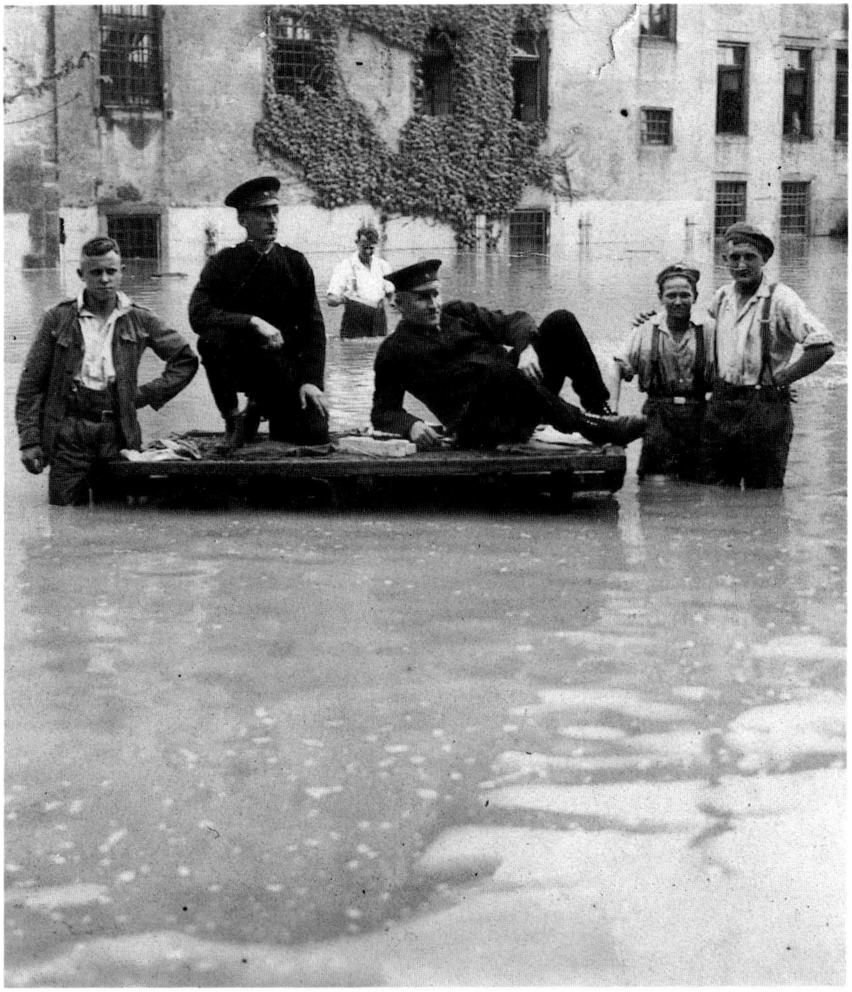

Zu kuriosen Szenen führten Kohlbach bzw. Kraich im Flehinger Schloßhof: Beamte des Erziehungsheims an einem einigermaßen trocken gebliebenen Plätzchen zusammen mit ihren Zöglingen

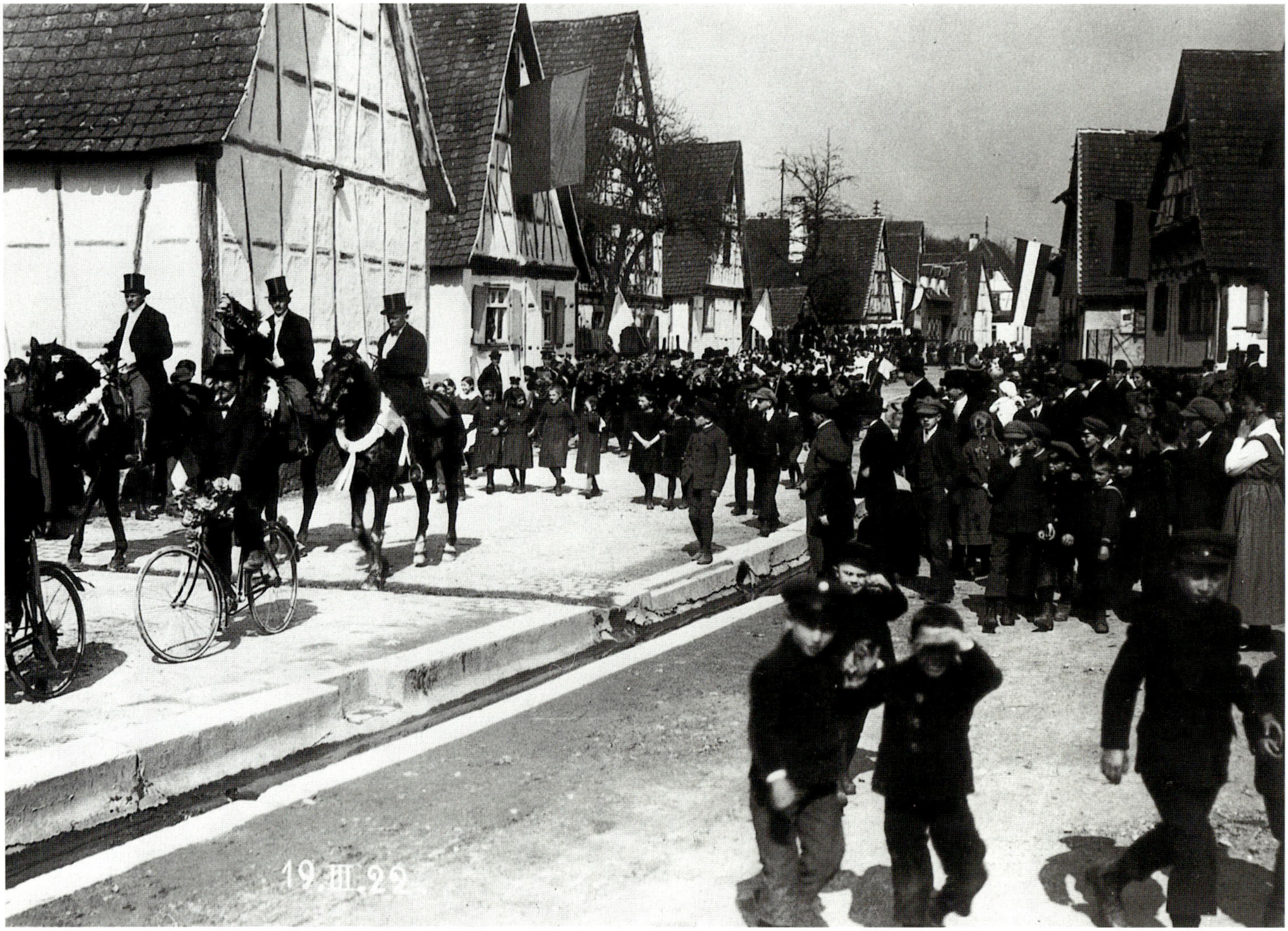

Nach beiden Welt-
kriegen zählten Glocken-
weihen zu denkwürdigen
Gemeindefesten,
1922 in Oberöwisheim

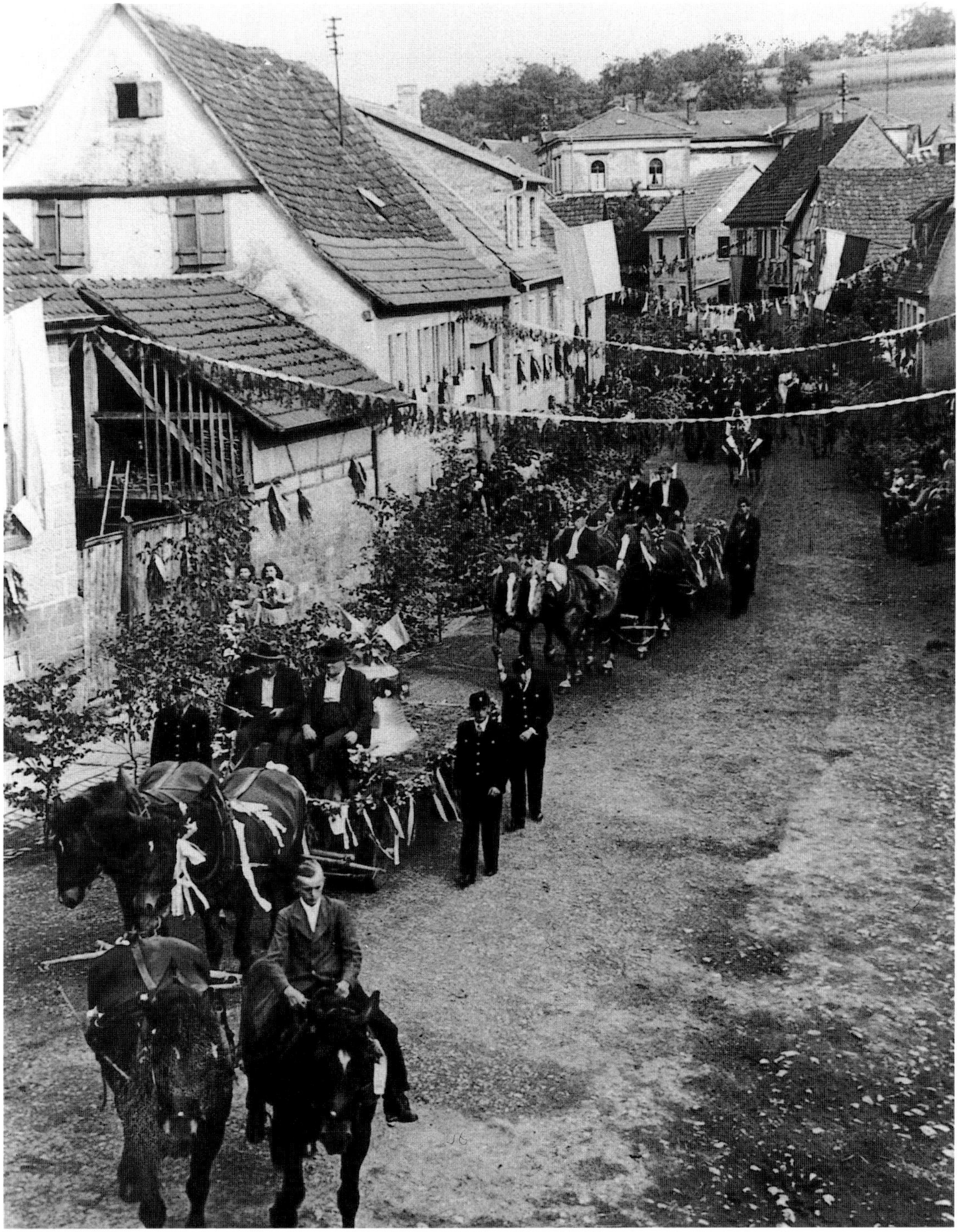

Landshausen holte 1950 feierlich die Glocken ein, die den Krieg überstanden hatten. Die herausgeputzten Pferdegespanne bereitstellen zu dürfen, war Ehrensache

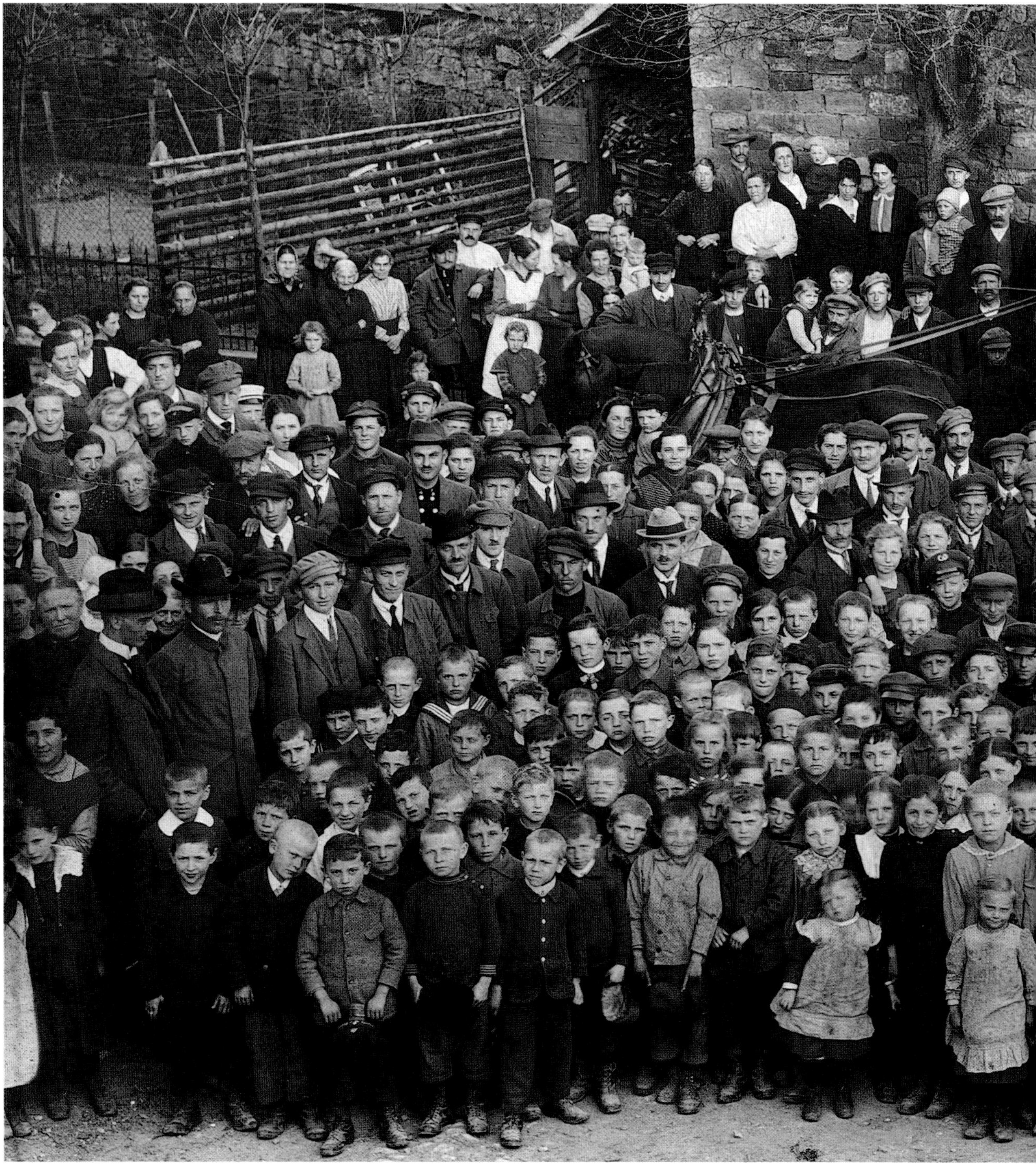

Wer wollte 1921 auf dem vielköpfigen Glockenfestbild bei der Kirche im Oberdorf in Derdingen fehlen?

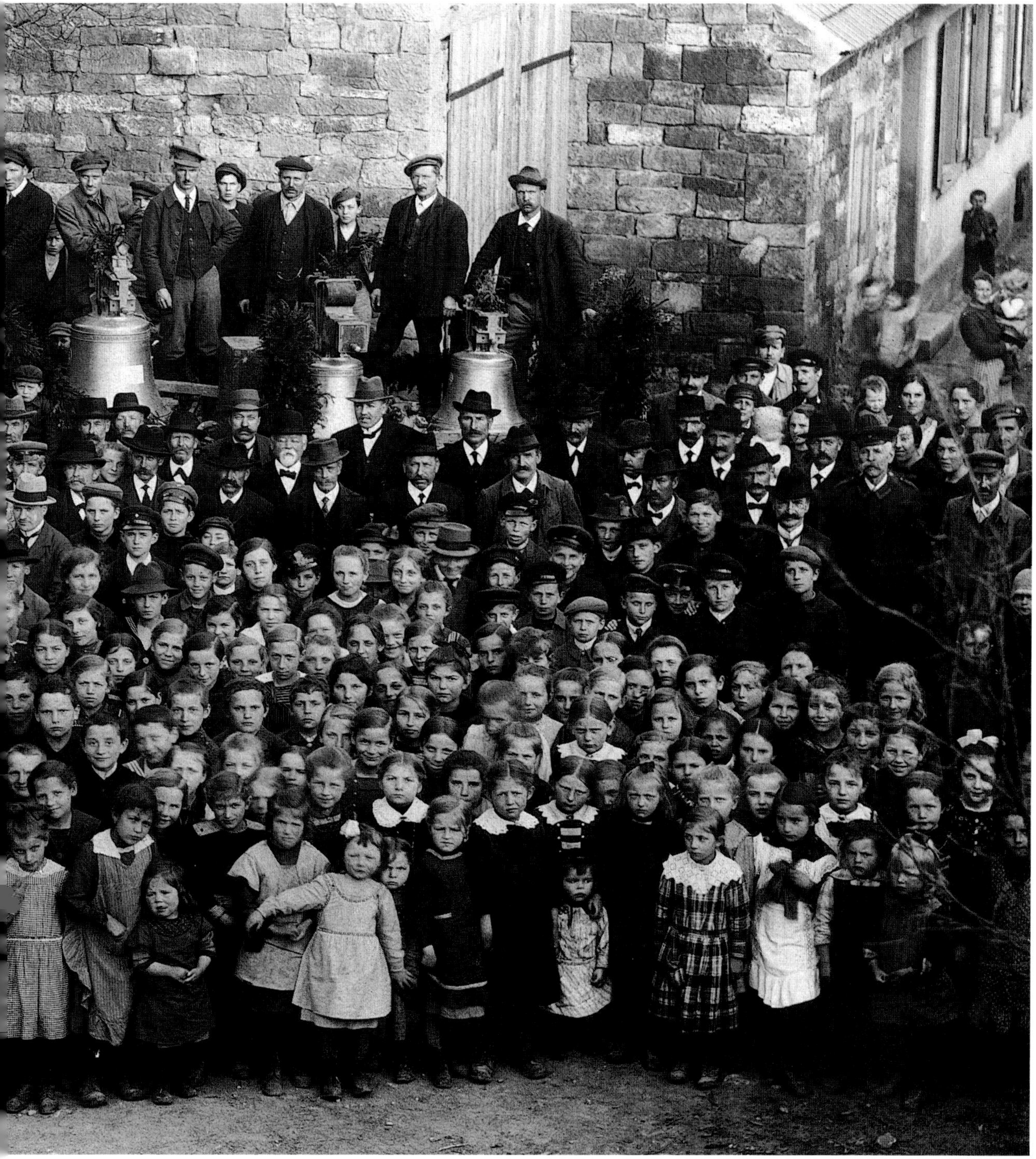

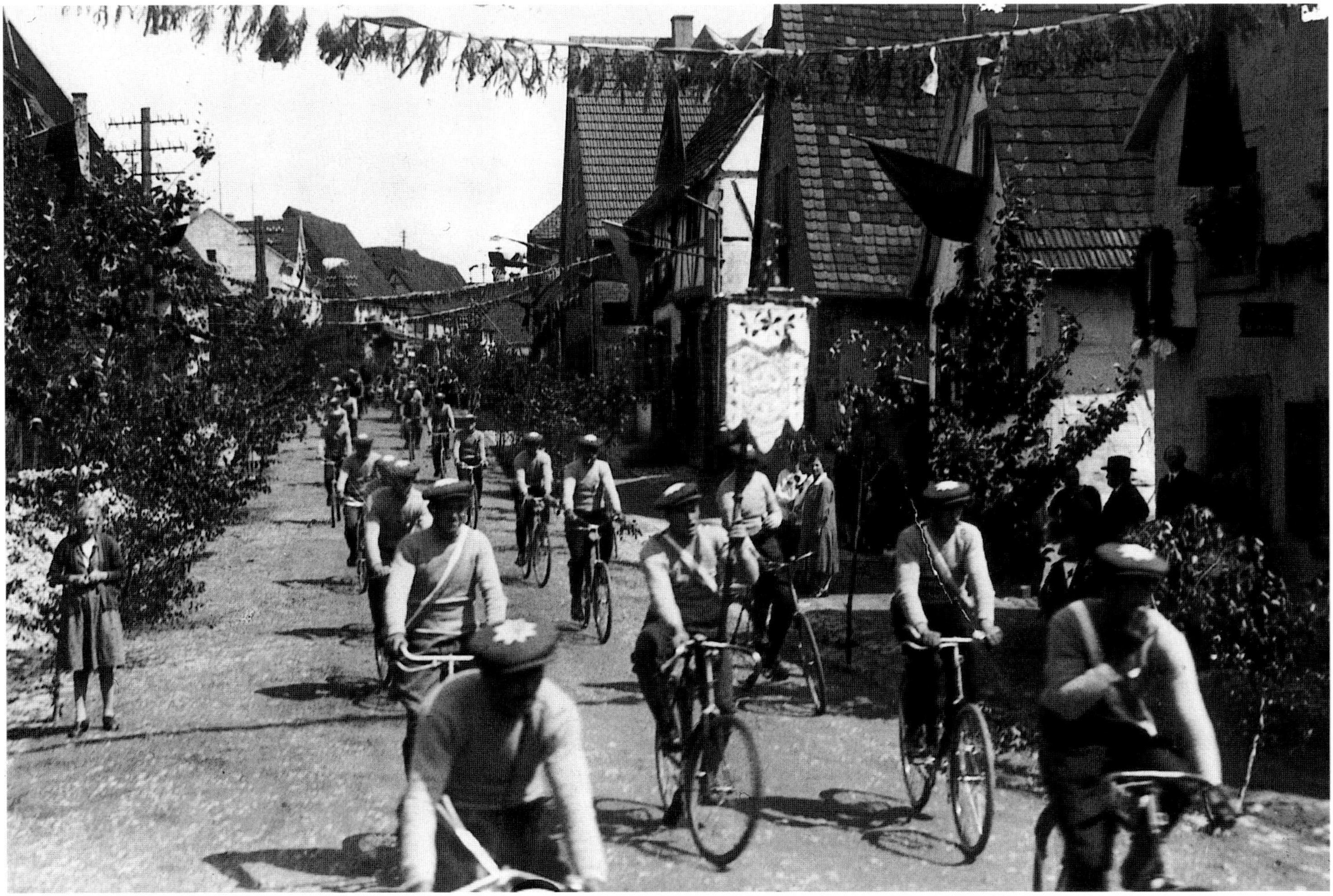

Wer weiß noch, daß nach dem Ersten Weltkrieg fast in allen Kraichgauorten Radfahrvereine ins Leben gerufen worden sind? In den 30er Jahren ging den allermeisten von ihnen die Luft aus. So auch dem RV „Edelweiß" Gochsheim

„Gruppenbild" mit erster Handspritze: Stolz zeigten die Wehrmänner in Wössingen, was sie im Ernstfall einzusetzen hatten

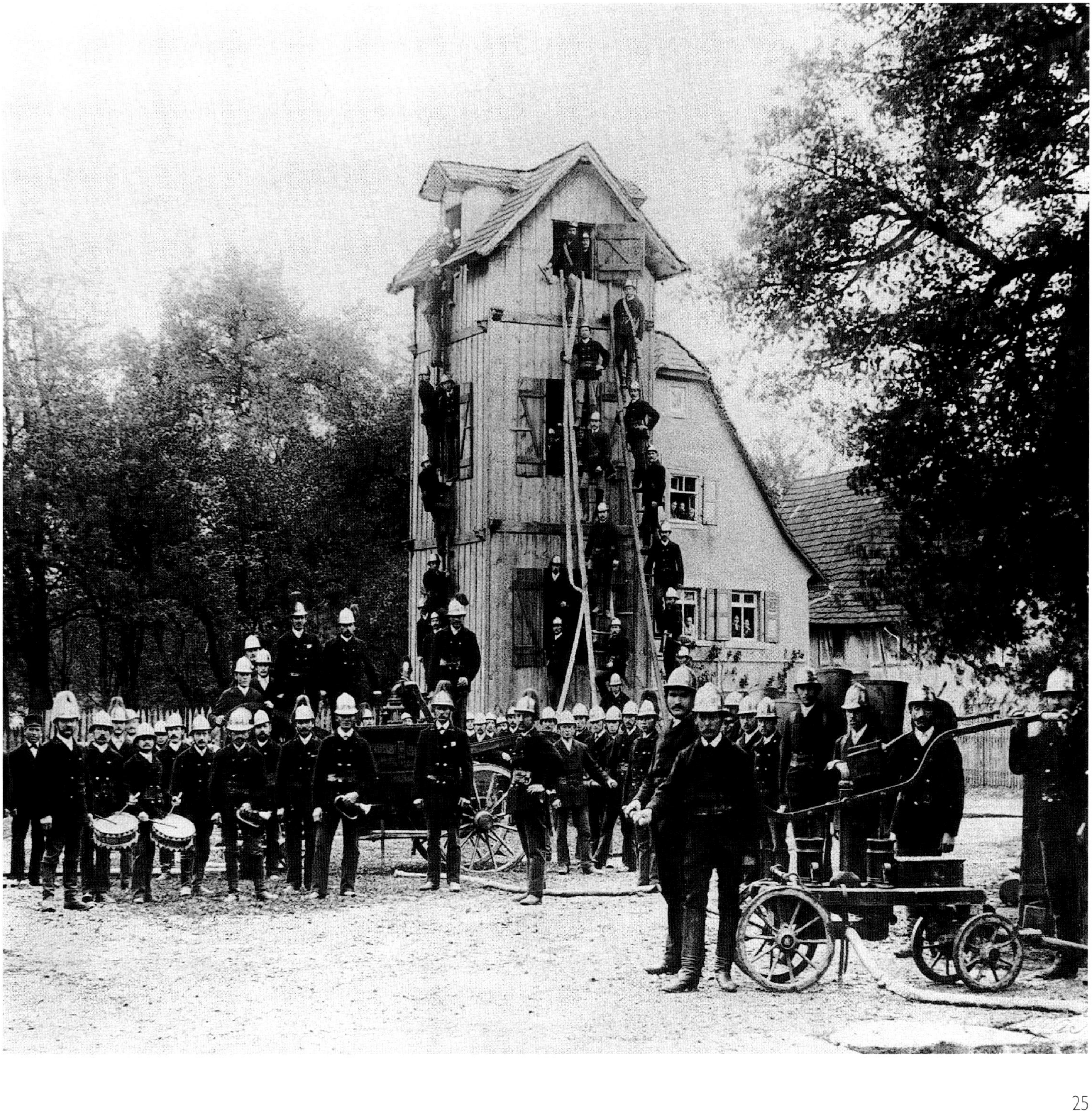

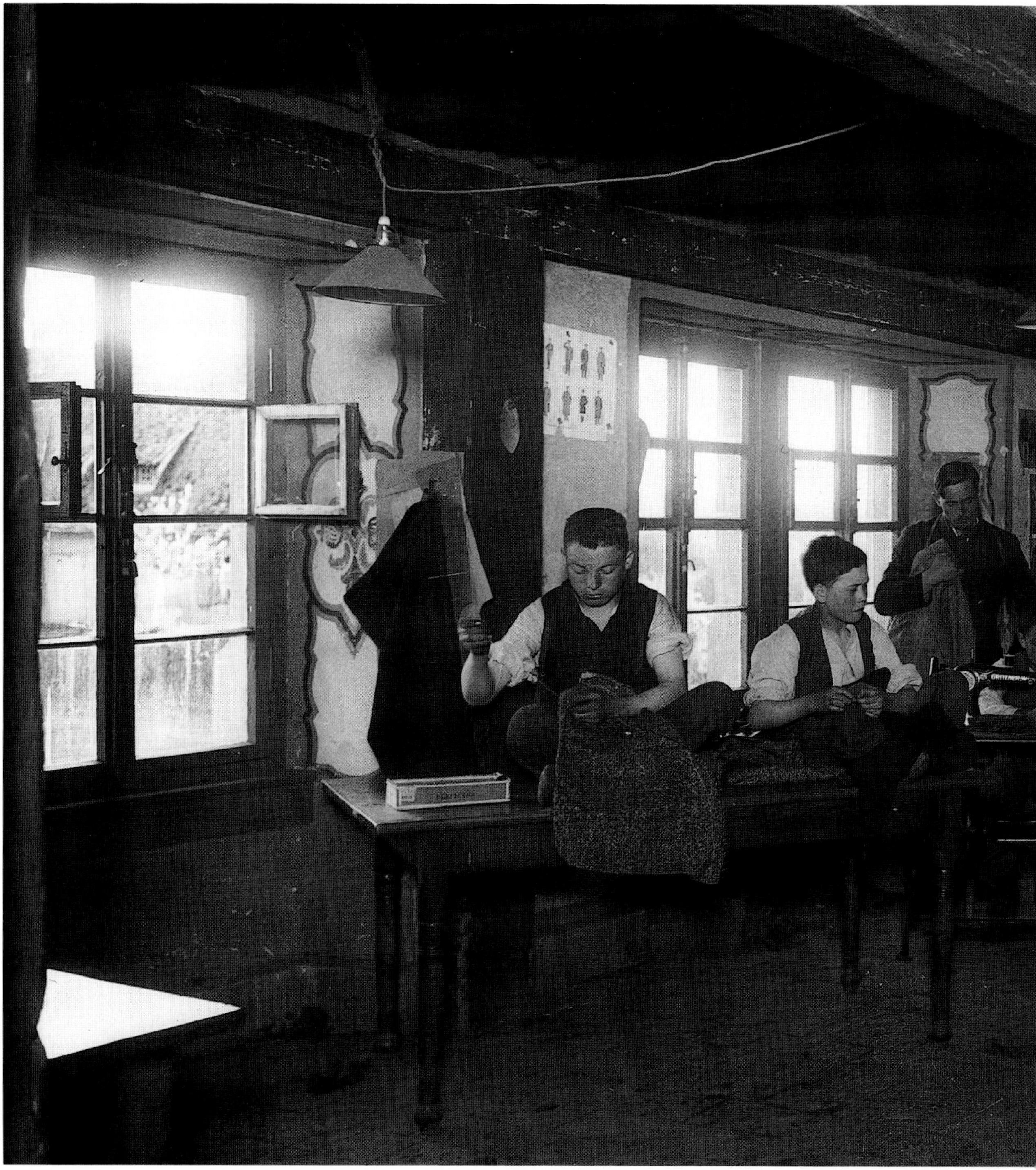

Um 1900 wurden aus ehedem imponierenden Schlössern wie Stutensee, Flehingen und dem Stift Sunnisheim in Sinsheim Erziehungsheime. In der heimeigenen Schneiderei (hier Sinsheim) wurden von den Zöglingen unter fachlicher Anleitung Bekleidungsstücke nicht nur instandgesetzt, sondern zeitweise neu gefertigt

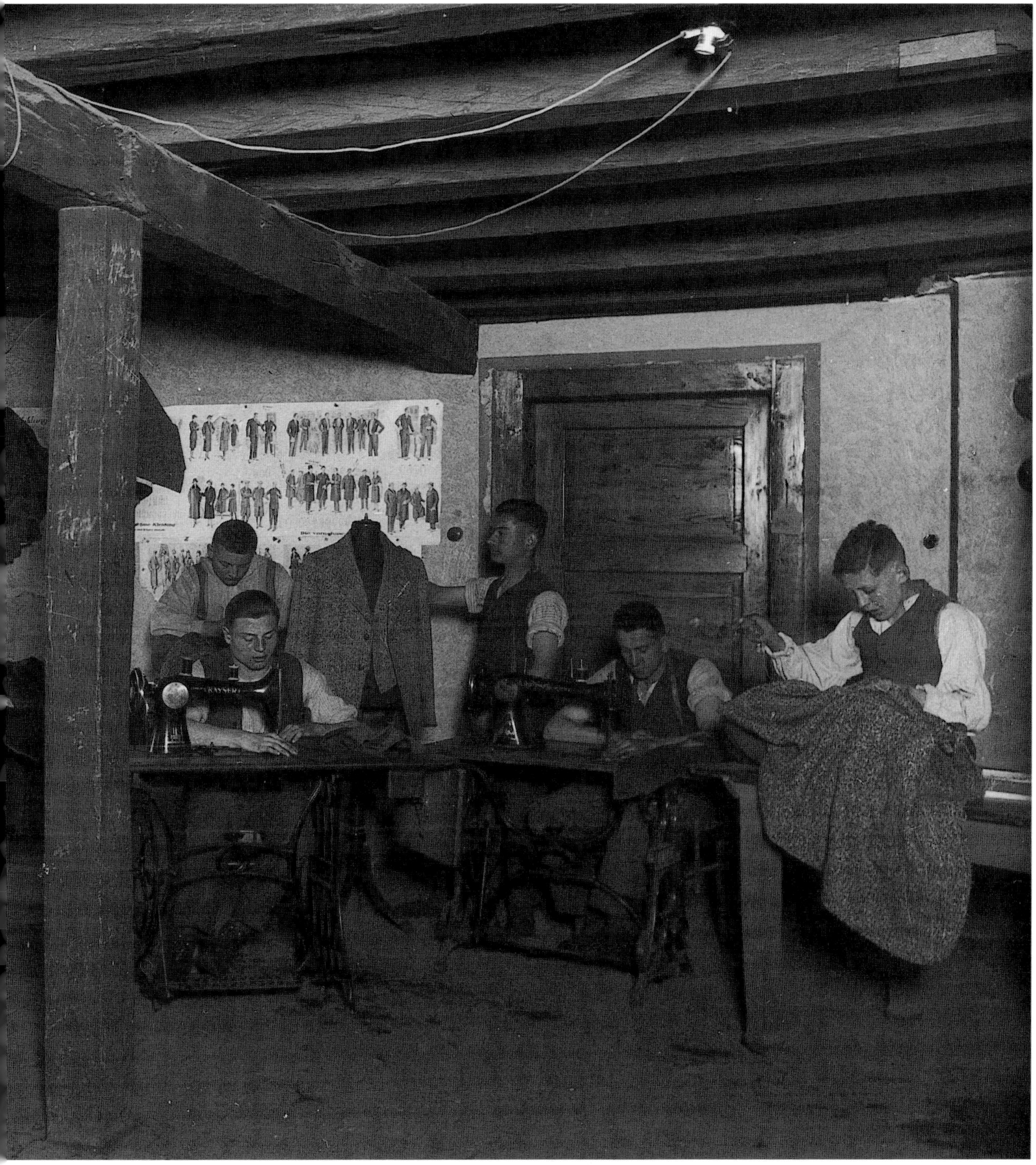

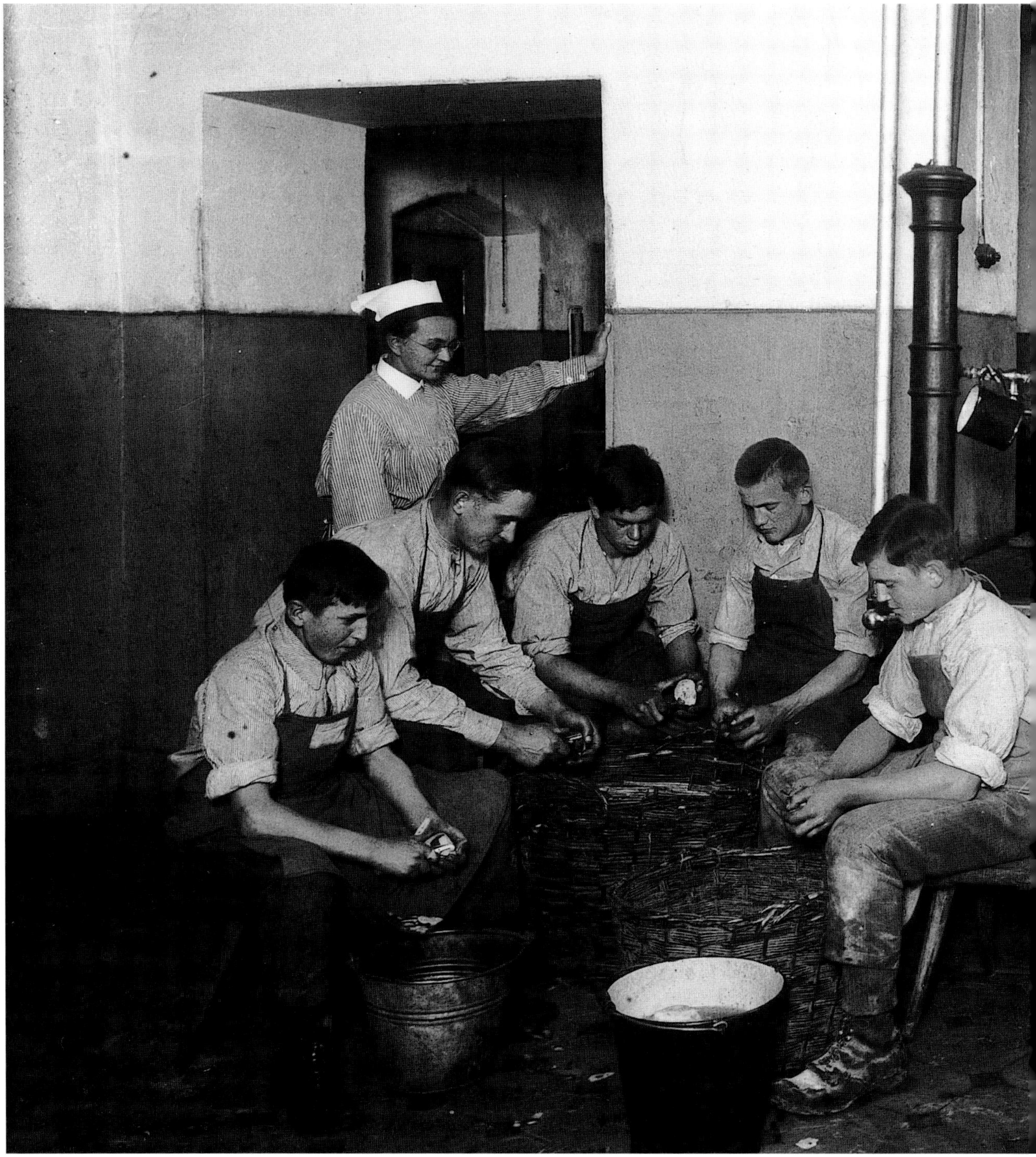

Das Kartoffelschälen in Großküchen zählte nicht unbedingt zu den gefragtesten Tätigkeiten bei den Jungen in „Sunnisheim“

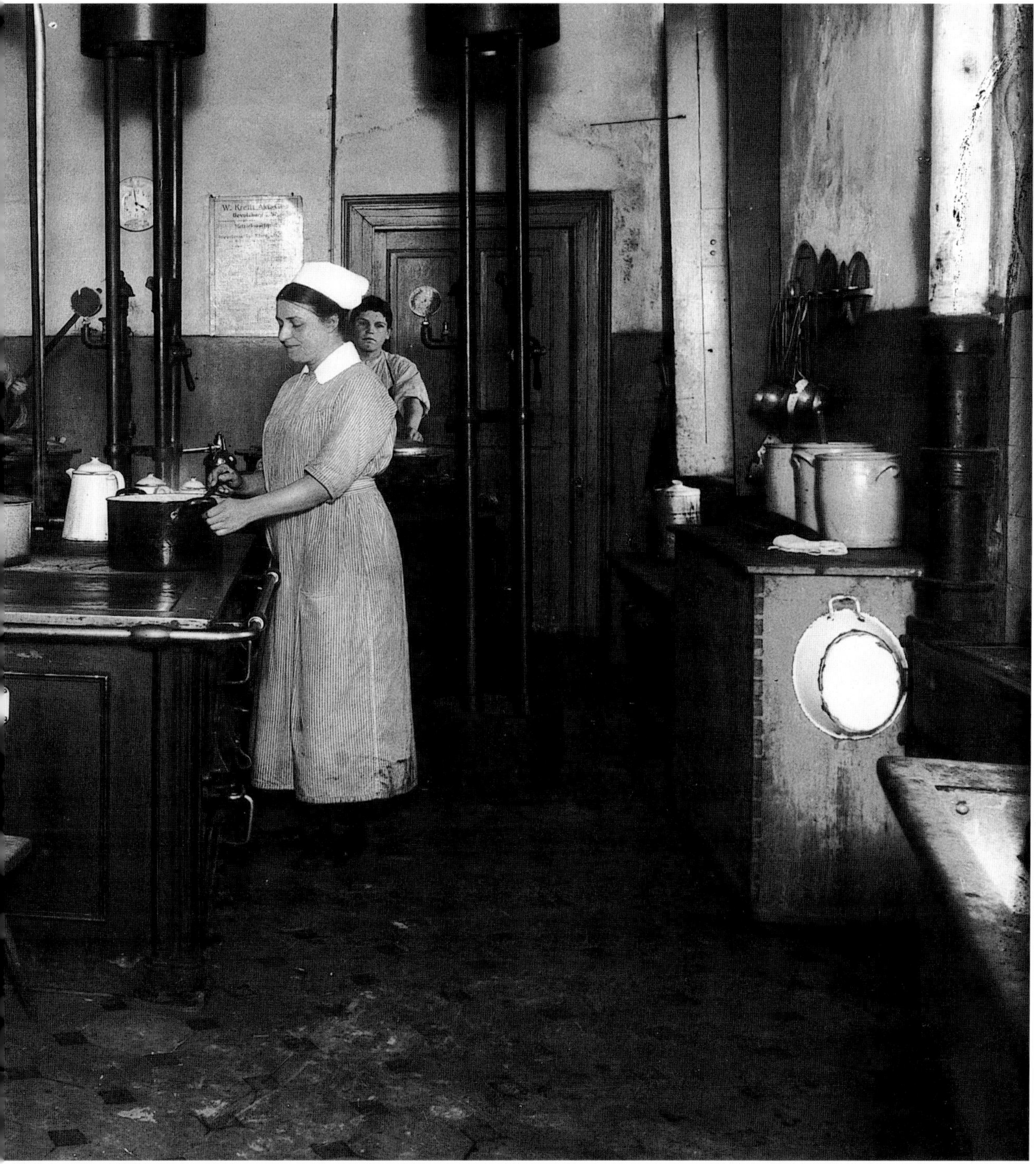

Jahrhundertelang Land der Bauern

Bis in die Neuzeit hinein blieb der Kraichgau überwiegend Agrarland, die sprichwörtliche Kornkammer. Sein tiefgründiger, fruchtbarer Lößlehm, sein schwerer Keuper ernährten bei einem auffallend milden Klima mit ausreichenden Niederschlägen die Bewohner bis in die Nachkriegsjahre des Wirtschaftswunders hinein recht und schlecht. Um die 90 Prozent der Erwerbstätigen in den Dörfern verdienten ihr Brot, wenn auch mühsam und mit Schweiß, aus Scholle und Stall. Selbst die Kleinstädter in Bretten, Eppingen, Sinsheim oder Wiesloch – weniger in der Handelsstadt Bruchsal – befaßten sich weitgehend mit Landwirtschaft, zumal attraktive Sonderkulturen zeitweise beträchtliche Chancen geboten haben.
Hier ist der Weinbau zu nennen, der schon früh als ergiebige Einkommensquelle erkannt worden ist, wenn nicht böse Witterungssprünge wie extreme Winterfröste, plötzliche Spätfröste während der „Eisheiligen", Hagelschlag oder Rebschädlinge einen Strich durch die Rechnungen der Winzer machten. Erstmals abwärts ging die Fahrt im Rebland Kraichgau durch den 30jährigen Krieg, als die europäische Soldateska auch die Kraichgauer Bevölkerung schikaniert und durch schwerste Verwüstungen der Rebberge geschädigt, ja fast ruiniert hat.
Im Lorscher Codex sind zahlreiche Belege erhalten geblieben, wonach schon im achten Jahrhundert Weinberge an das Kloster verschenkt worden sind. Viele Schenker bangten wohl um ihr Seelenheil und wollten dem qualvollen Fegfeuer oder gar der gräßlichen Hölle vorbeugen. Weingarten verdankt seinem oder der Weißenburger Mönche Rebgärten die erste Erwähnung und seinen Namen. Bis hinunter in das Rheintal und in die Kraichgauer Talauen reiften Trauben, und gebietsweise merklich früh waren dies gepflegte Sorten, die noch heute Liebhaber finden. Bis in das 17. Jahrhundert hinein waren ausgedehnte Gebiete des Kraichgaus zusammenhängendes Rebland. Noch jahrhundertelang blieben sichtbare Lücken in den grünen Terrassen zurück; die meisten Kahlhänge aus jenen Zeitläuften sind erst ab Mitte der dreißiger Jahre unseres Jahrhunderts wieder für den Weinbau und jetzt für Müller-Thurgau, Riesling, Ruländer oder Burgunder erschlossen worden.
Nicht nur die Flurnamen des Mittelalters und der beginnenden Neuzeit veranschaulichen zuverlässig, daß ehedem außer Reben erheblich mehr Arten auf dem Anbauplan der Bauern standen als in unseren Tagen, ist doch vielerorts auch die Rede gewesen von Linsen, Hirse, Lein (Flachs), von Hanf, Krapp (Färberröte), von Hopfen, Zichorie, Mohn, Raps, Rübsen, von Tabak, Welschkorn, Maulbeerpflanzungen und anderen Spezialitäten, die inzwischen zumeist vergessen sind. Die Gründe für eine solche Vielfalt auf den Fluren liegen auf der Hand: Die Bauern mit einer gewöhnlich stattlichen Kinderschar mußten Selbstversorger sein, sie mußten vorsorgen. „Um die Ecke" warteten nur wenige Ladengeschäfte auf sie, und das Geld für relativ teure Kolonialwaren war rar.
Verdrängt wurde der Flachs (Faserlein) überwiegend durch die Baumwolle, später durch synthetische Stoffe. In der Hitler-Ära erlebte der Flachsanbau wahrscheinlich seine letzte Blüte; der NS-Staat wollte autark sein. Hanf hat dagegen mehr Chancen, auf die Kraichgauerde zurückzukehren. Die Färberröte (Krapp) wurde das Opfer der Chemie, und einigen Ölfrüchten machten zusehends der frohwüchsige und ergiebige Raps und Sonnenblumen den Garaus. Die späteren Bierbrauer produzierten allmählich mehr Bier mit weniger Hopfen; die Seidenraupen, überwiegend von Waldensern oder anderen Glaubensflüchtlingen bei uns für kurze Zeit heimisch gemacht, leben längst von Maulbeerbäumen in anderen Regionen. Der Tabakanbau wurde vielerorts durch den „Blauschimmel" und den Mangel an Zigarrenrauchern reduziert. Die Anbaupläne späterer Bauerngenerationen beherrschten dann Weizen und Gerste, Kartoffeln, Mais oder Zuckerrüben.

Ausgeprägt war im Kraichgau bis in die neuere Zeit hinein die Selbstverwertung der bäuerlichen Erzeugnisse aus Boden und Stall. Damals klapperten noch Mühlen am rauschenden Bach; die Bauern lieferten dort ihren Weizen, Dinkel oder Roggen an und nahmen – betont vom eigenen Getreide – Weiß- und Schwarzmehl sowie Schrote und Kleie für das Vieh mit zurück. Auch Grieß war beim Müller für die eigene Küche (für Suppen schon zum Frühstück), für Süßbreie, Knödel oder Klöße auf Wunsch auszuweisen.

Die Bäuerinnen hatten ihre liebe Not, sich für die langen Wintermonate mit Nahrungsmitteln einzudecken. Das Sauerkraut war einzustampfen, saure Bohnen ebenfalls und die Eier wurden sorgfältig eingekalkt. Die meisten Hühner stellten in ihren zugigen, dunklen Ställen zur Winterszeit die Eierproduktion ein; Frischeier waren im Kraichgau noch Ende der vierziger Jahre unseres Jahrhunderts für die Landbevölkerung kaum bezahlbare Raritäten; häufig brachte erst der Osterhase frische Eier auch in bäuerliche Familien zurück – und dann waren Kalkeier aufgezehrt. Kein Mangel war in der Regel in den Bauernfamilien an Kartoffeln, Möhren, Zwiebeln, Nüssen oder an verschiedenen Gemüsearten, schon gar nicht an Most, an Äpfeln oder Birnen, die in kühlen Kellern bis ins Frühjahr hinein frisch geblieben sind. Erinnern wir uns aber auch an die Fertigkeiten der Landfrauen beim Trocknen von Apfel- und Birnenschnitzen, von Zwetschgen oder Pfirsichen für Dörrobst; auch Pilze wurden durch Trocknen haltbar gemacht. Viele Familien bereiteten des weiteren mit Minze, Melisse, Kamille, Hagebutten oder Heilkräutern aller Art ihren Tee selbst zu. Eigenerzeugnisse waren u. a. Essig, Butter, Brotaufstriche und Käse; gerne konserviert wurden ebenso Gurken für verschiedene Zwecke. Aus der eigenen Gerste wurde Malz, nicht selten eigenhändig geröstet. Zichorie bauten die Bauern zwar selbst an, verwendeten aber fertige Zichorie von Spezialunternehmen; sie hat dem Malzkaffee Farbe, Würze und Geschmack verliehen.

Daß der Kaffee größtenteils auf Kraichgaufeldern gewachsen war, wissen schon die Enkel jener Bauersleute aus den ersten Jahren des 20. Jahrhunderts kaum noch. Bohnenkaffee blieb in einigen ländlichen Gefilden noch ein Fremdwort, als er längst die Städter munter gemacht hat. Fast vergessen ist überdies, daß viele Kraichgauer in den Jahren nach dem Zweiten Weltkrieg gutes Geld mit dem gezielten Anbau von stattlichen Mengen an Heilpflanzen für das kränkelnde Herz verdient haben. Digitalis lanata und die stachelige Mariendistel standen im Vordergrund.

Wichtigster Termin im Spätjahr oder in der beginnenden Winterzeit war das Schlachtfest, für die Familie, aber auch für Verwandte und Nachbarn. Das selbst gemästete, vier oder gar fünf Zentner schwere Borstenvieh, in Ruhe „gereift", sorgte zunächst für die heißbegehrte „Metzelsupp", für Kesselfleisch, Leber- und Griebenwurst – gebietsweise auch Kartoffelwurst –, dann einige Zeit für frisches Fleisch, danach für Pökelfleisch (Salzfleisch aus dem Ständer) und nicht zuletzt für wohlriechenden Schinken und würzigen Schwartenmagen, aber diese am willkommensten aus der hauseigenen, gewissenhaft befeuerten Räucherkammer.

Wenn der Most im Faß gärte, wenn die Saat im Boden keimte und wenn das dampfende Sauerkraut zur traditionellen Schlachtplatte gereicht wurde, wußte jedermann, das weltliche Fest der Feste, die Kirchweih, war nicht mehr fern. Die Kerwe (auch Kirbe) war und blieb bis fast in die Mitte unseres Jahrhunderts hinein auf dem Lande das Hauptfest im Jahresablauf, verbunden mit dem denkwürdigen Familientreff. Mancher Kraichgauer hätte eher auf Weihnachten oder Ostern verzichtet denn auf die angestammte Kerwe mit dem ausgiebigen Schmaus am Mittagstisch und erst recht mit den zünftigen Kerwekuchen. Eine Selbstverständlichkeit war der traditionelle Kerwetanz in der Dorfwirtschaft, häufig mit Markttreiben und Brauchtumspflege verknüpft. Kerwe war einst ein kirchliches und ein weltliches Fest zugleich, ein familiäres und kommunales Ereignis, Anlaß zu Dank und Freude. Kerwe lebte von der Dorfgemeinschaft, die von der Landwirtschaft geprägt war. Durch den Strukturwandel, als die meisten Kleinbauern von Scholle und Stall an die Fließbänder der Industrie abwanderten, wurde in den meisten Gemeinden dem Brauchtum der Boden entzogen. Und Wiederbelebungsversuchen war nur selten Erfolg beschieden.

Seit wann es im Kraichgau Bauern oder Landwirte gibt? Archäologen verweisen nach neueren Erkenntnissen auf die Jungsteinzeit. Die herumziehenden Jäger, vor 7000 Jahren allmählich seßhaft geworden, nutzten Boden und Ställe und hielten Rinder, Schafe oder Schweine. Sie trieben diese Haustiere weiterhin in die Waldungen und mästeten sie mit Eicheln und Bucheln.

Der Fortschritt bewirkte schließlich im Feldbau den Rhythmus von Winterung (Winterfrucht), Sommerung und Brache. Der Flurzwang wurde auch im Kraichgau zum Korsett der Dreifelderwirtschaft; das Brachland blieb zumeist Schaf- und Viehherden vorbehalten. Der Übergang von der Weide zur Stallfütterung kam fast einer Revolution gleich. Die „Wunderfrucht" war der Klee, der auf engstem Raum das Vieh im Stall mit wertvollem Futter zu versorgen vermochte.

Die Stallfütterung war für den Erfolg des Landvolks so wichtig wie das Wirken von Justus von Liebig, des Begründers der modernen Pflanzenernährungslehre und der Bodenbiologie. Erst als die Weiderechte der Grundherren abgelöst wurden, war der Weg geebnet für eine ertragreichere Dreifelderwirtschaft: Das Brachland durfte bepflanzt werden.

„Zwei Dinge bleiben bestehen, wenn alles andere in buntem Wechsel wandelt", so philosophierte der frühere Apothekergehilfe in Eichtersheim und spätere weltbekannte Geograph, Friedrich Ratzel, „die Erde und die Notwendigkeit für uns, von ihr zu leben. Darin liegt das Elementare des Bauernlebens, daß es in dieser doppelten Notwendigkeit wurzelt, und deshalb ist es unentwurzelbar."

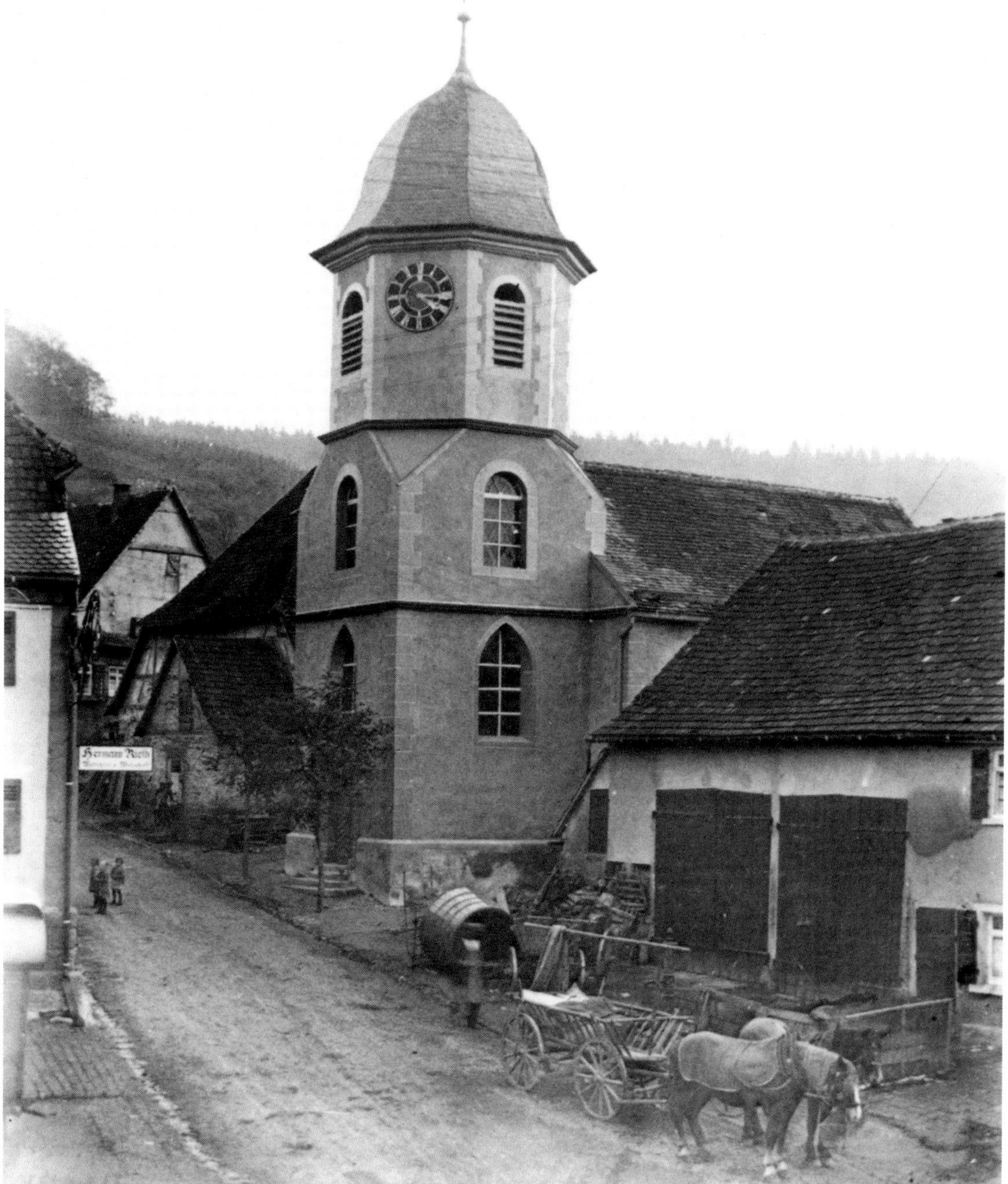

In dem traditionsreichen Ausflugsort Sternenfels am Fuß des Strombergs wies der weithin sichtbare Turm stets den Weg hinauf zum Schloßberg; unweit davon die sogenannten Eppinger Linien

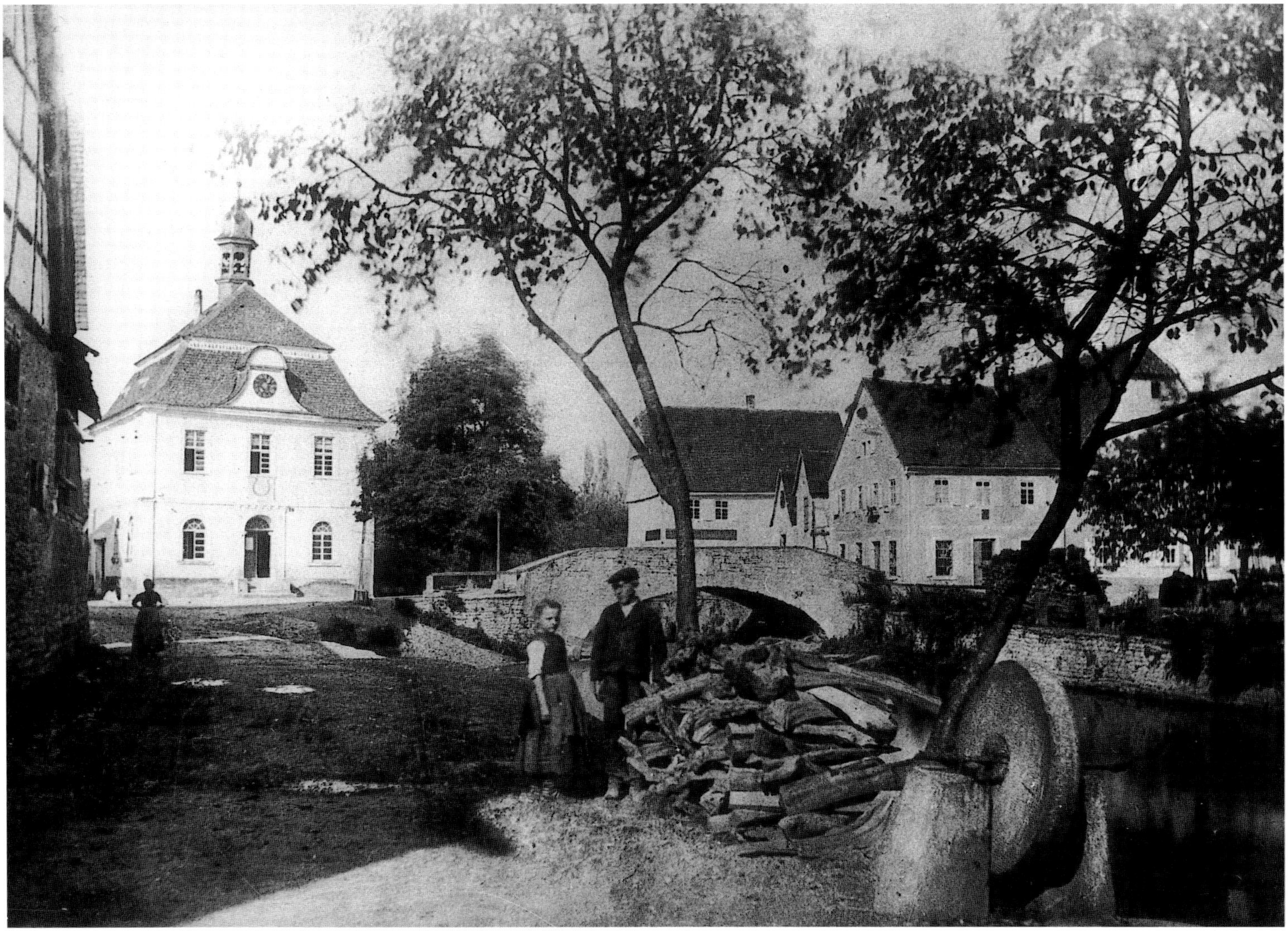

Der alte Ortskern
von Zuzenhausen im
Elsenztal

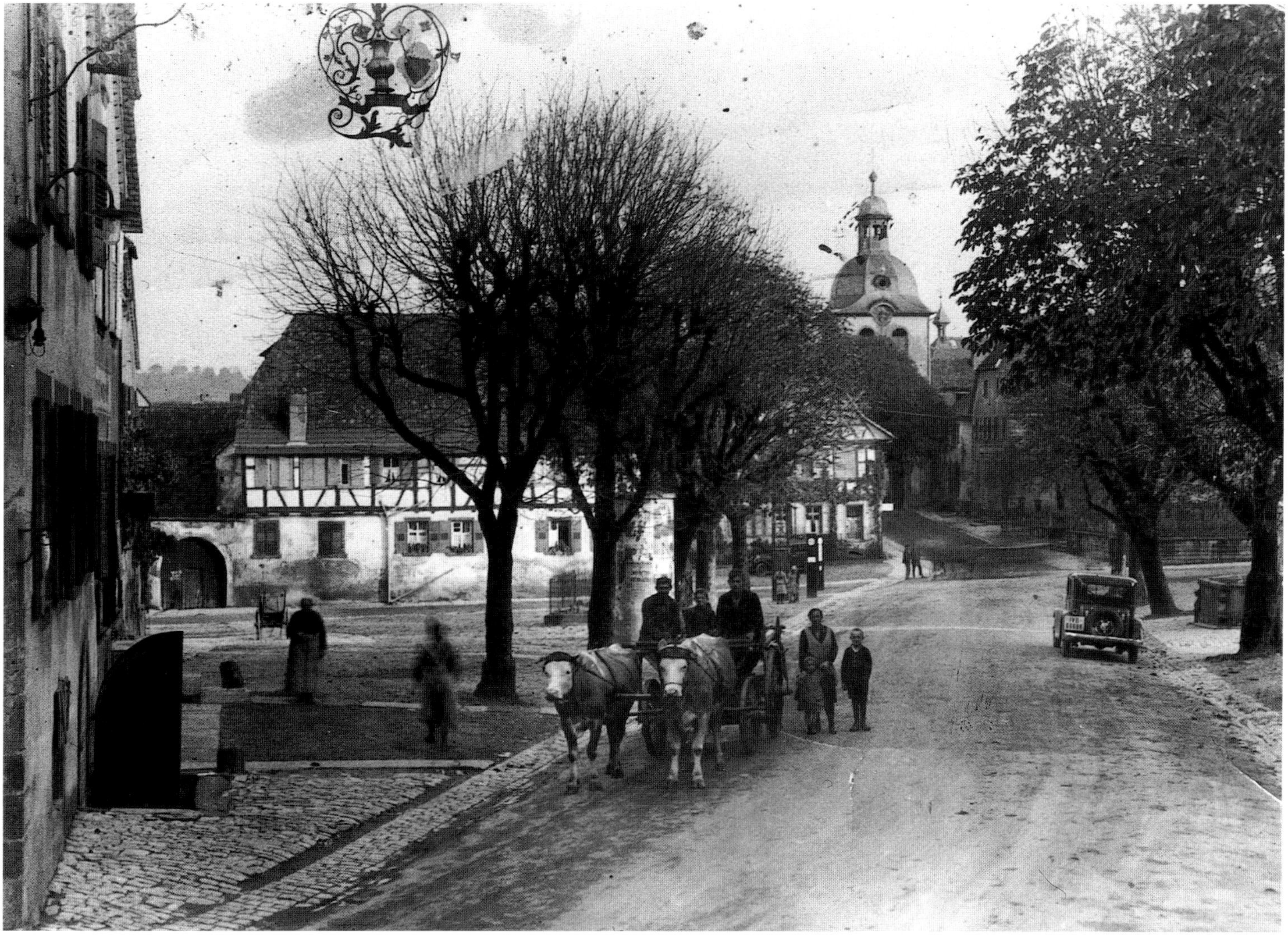

Der Marktplatz der früheren Reichsstadt Heidelsheim mit dem Stadttor, mit Marktbrunnen und Türmen zeugt von bedeutender mittelalterlicher Geschichte

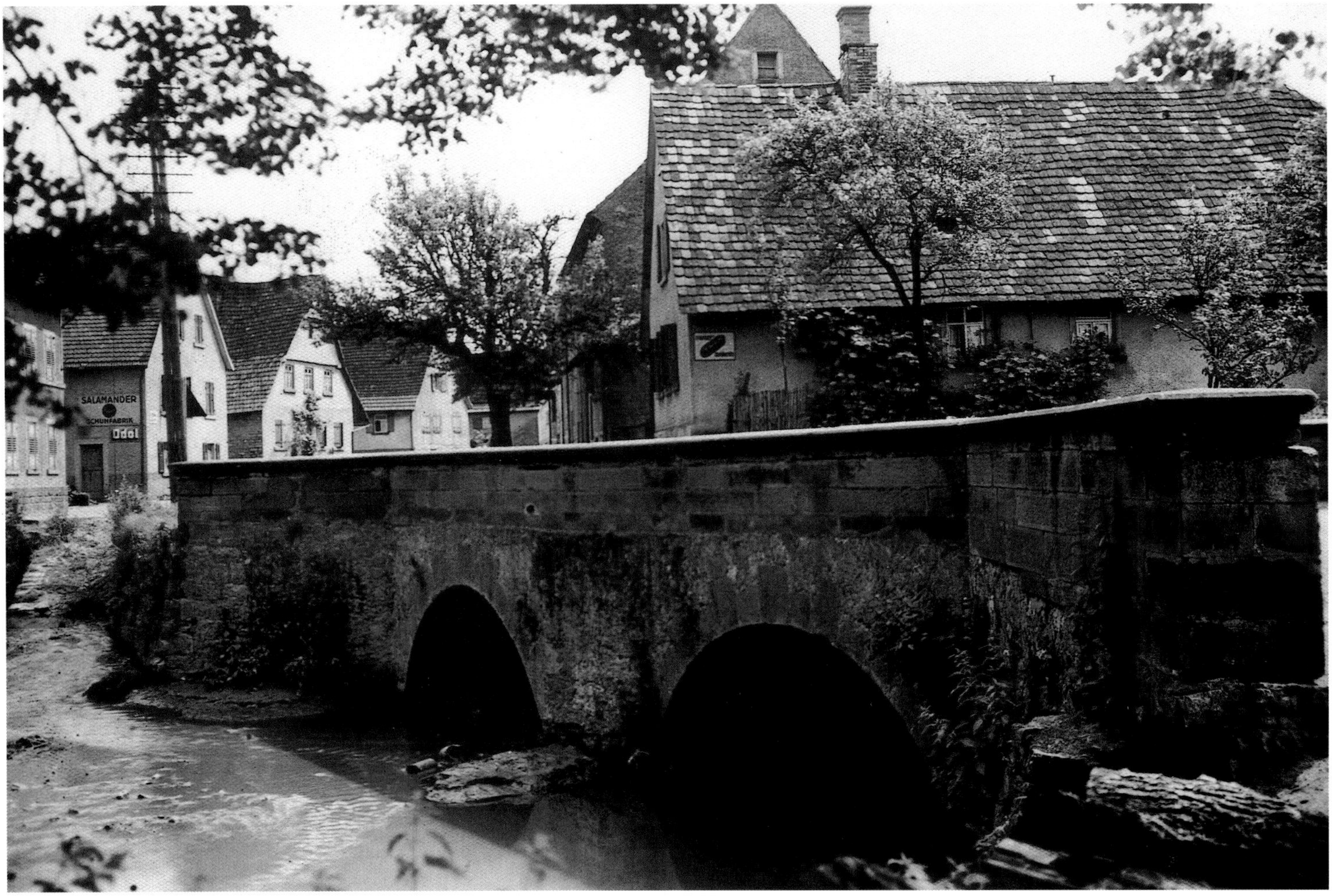

Bis 1934 leistete die
alte Saalbachbrücke in
Diedelsheim ihre
Dienste; dann fiel sie
dem Verkehr zum Opfer

Die Ortskirche von Ötis-
heim bei Maulbronn
wird schon 1356 bezeugt

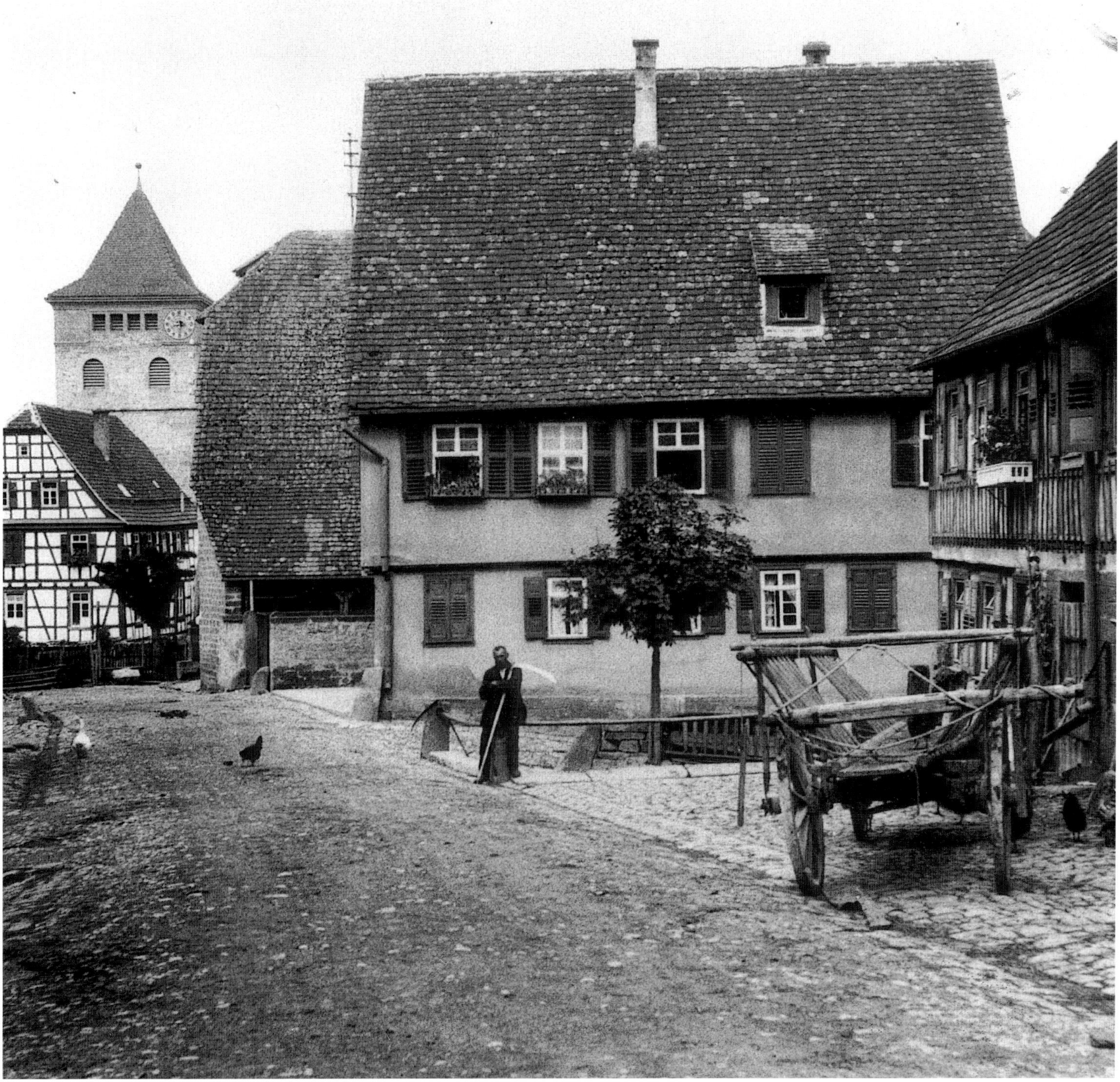

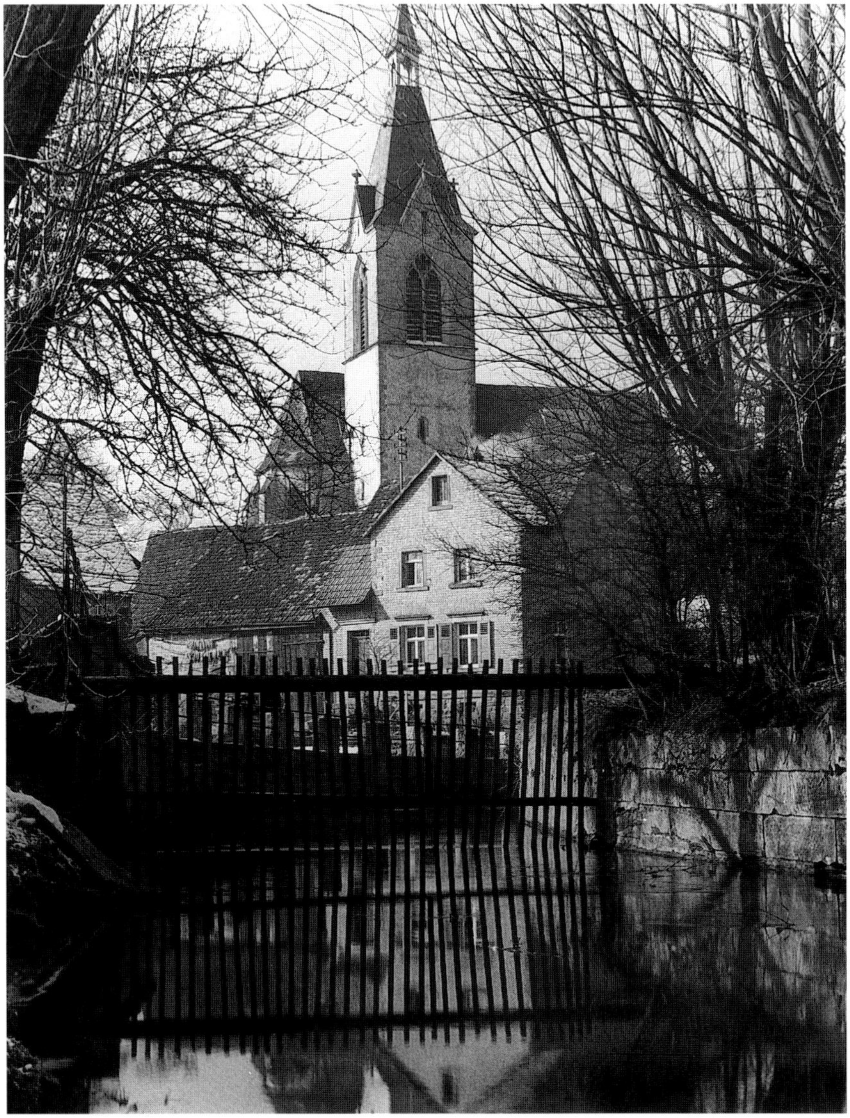

Gänsrechen wie am Kohlbach in Flehingen-Sickingen haben längst ebenso ausgedient wie die Gänshirten. Überragt wird die Szene vom Turm der St. Magdalenenkirche, der Grabkirche der Herren von Sickingen

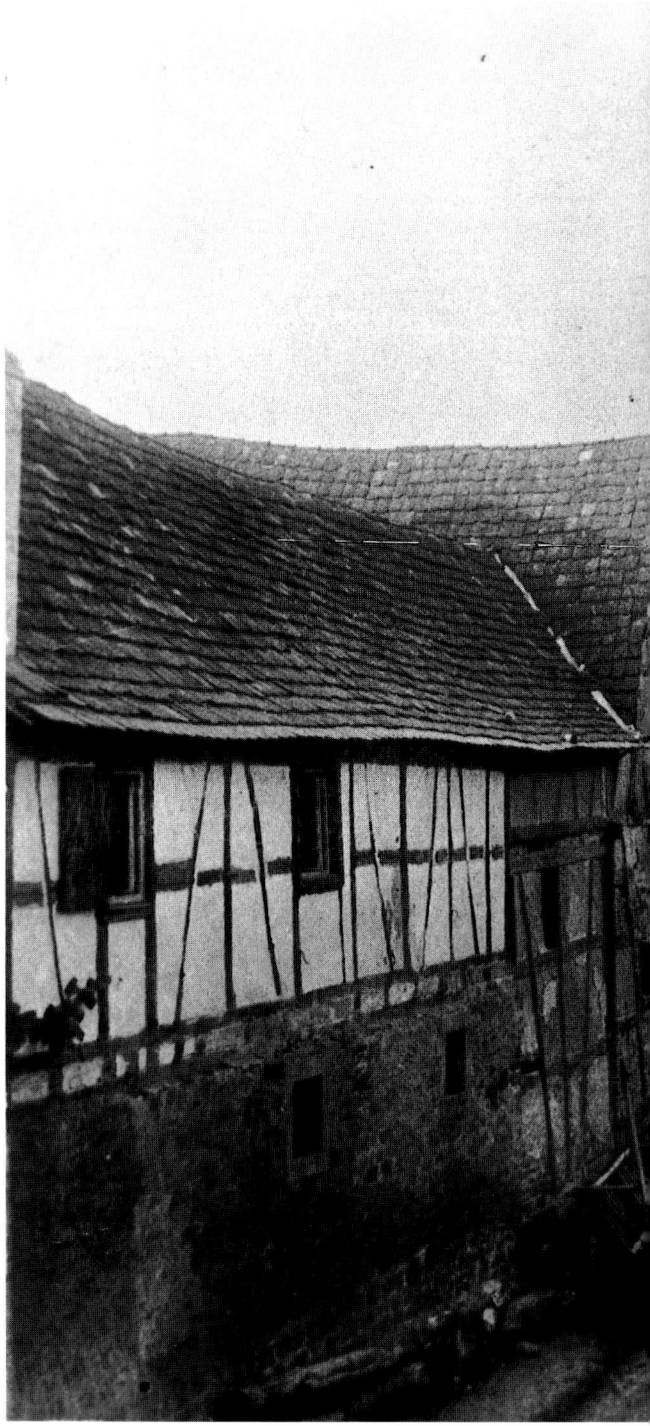

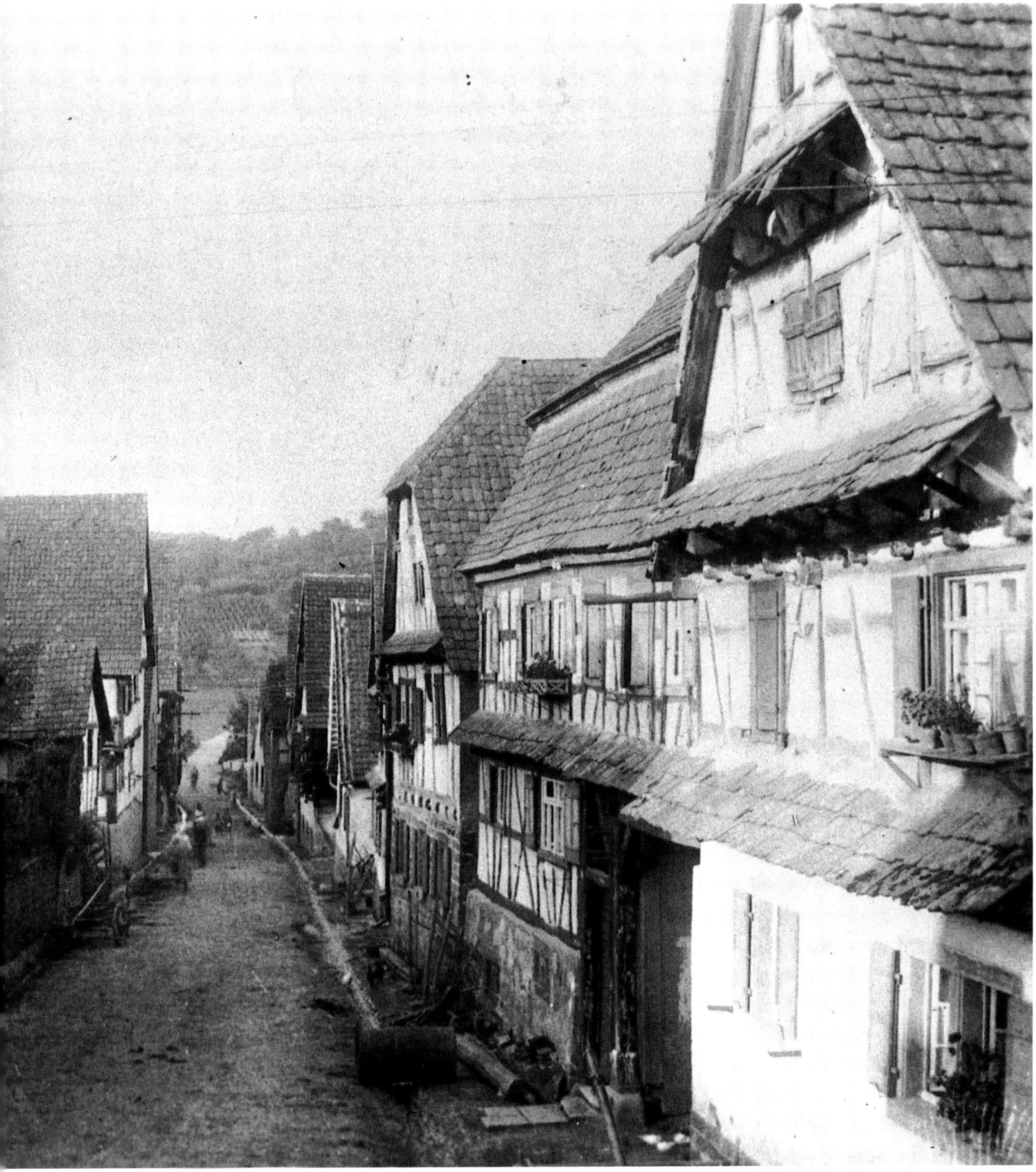

Der alte Kraichgau mit den sich gegen den Ortsrand verjüngenden Gassen und einer Vielzahl von Fachwerkbauten lebt auch in Münzesheim weiter

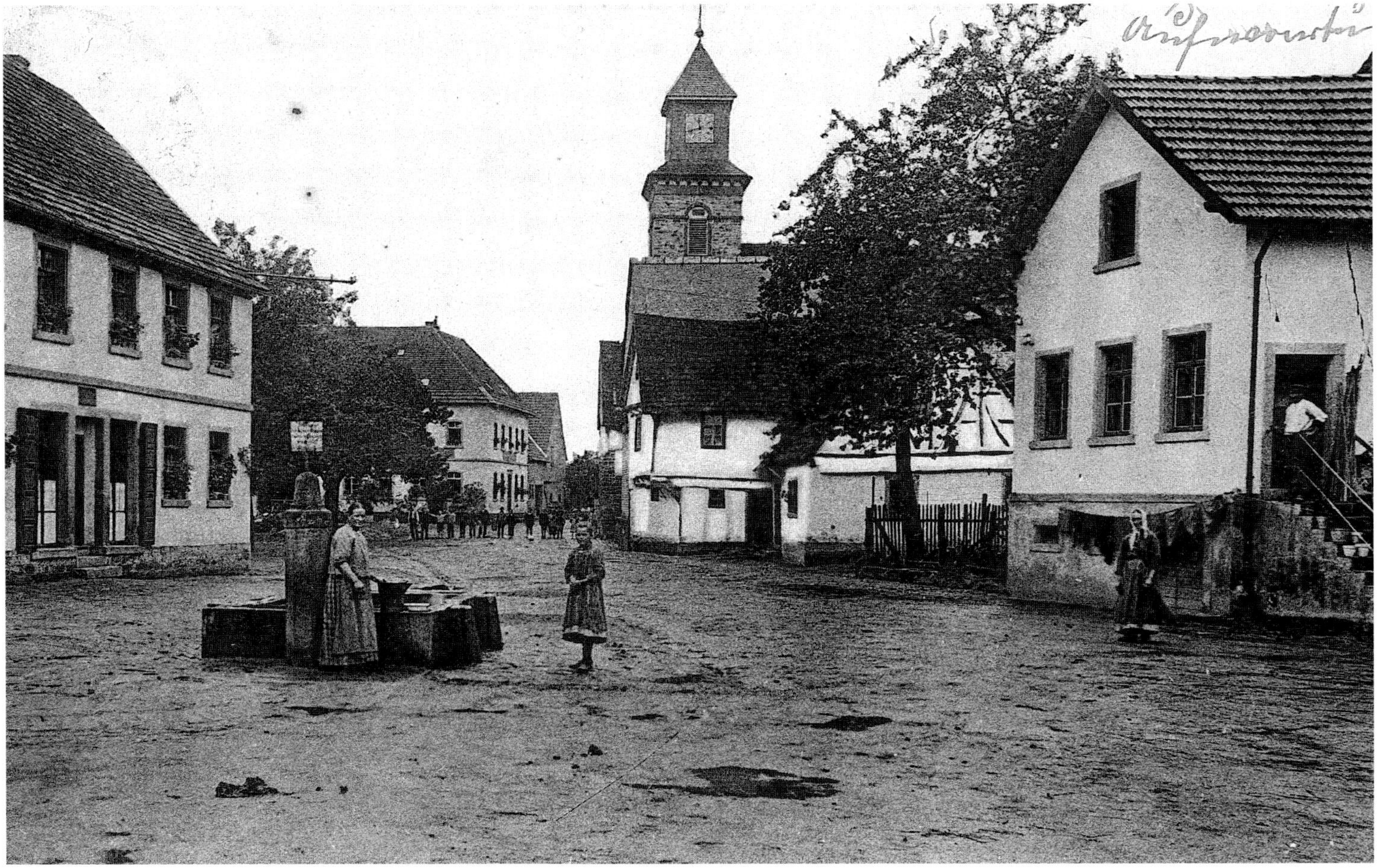

Die Ortsmitte von
Rettigheim im Süden
von Wiesloch, vor 1918

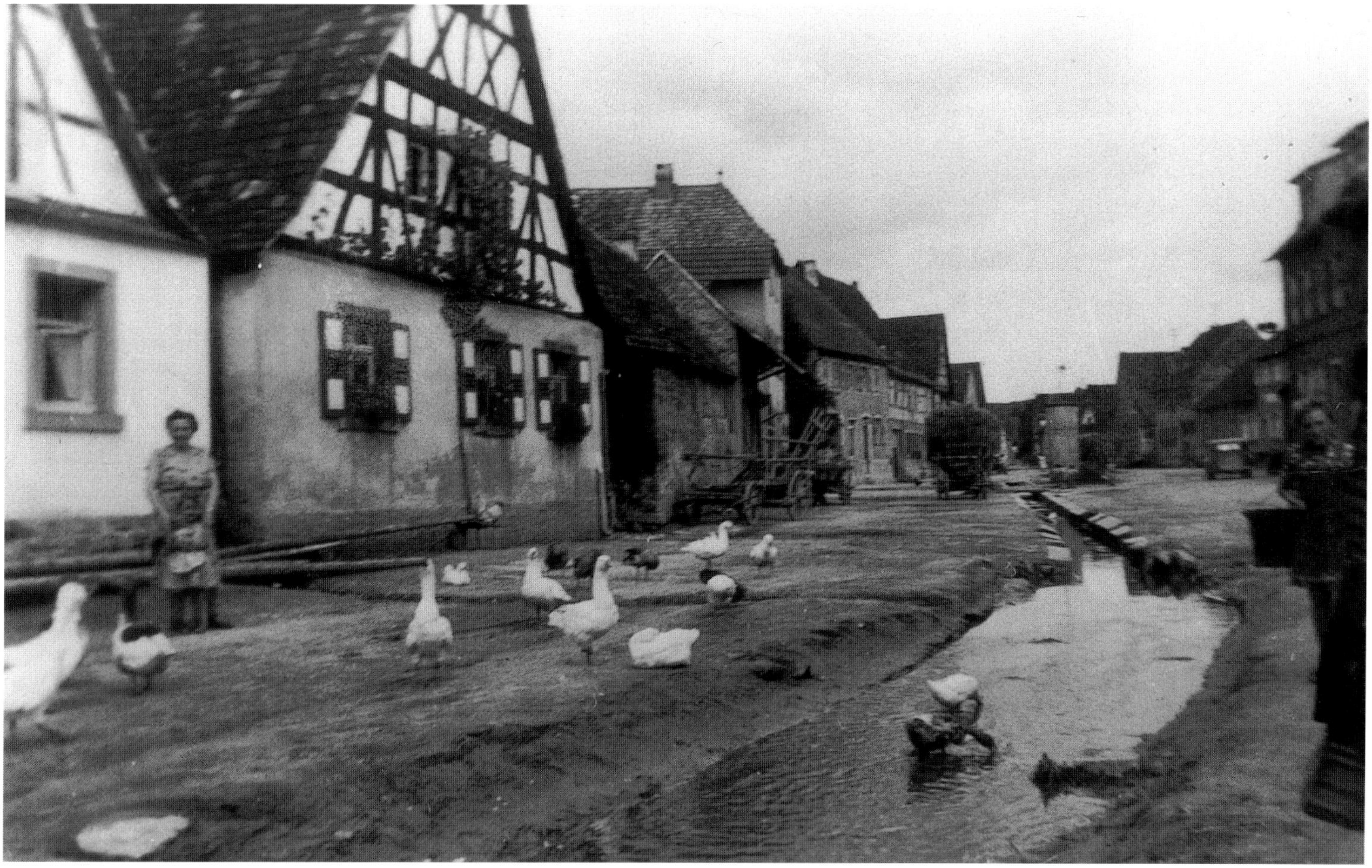

Als in Oberöwisheim
Gänse und Enten noch
das Schnattern hatten,
plätscherte auch der
„Jordan" noch offen
vor sich hin

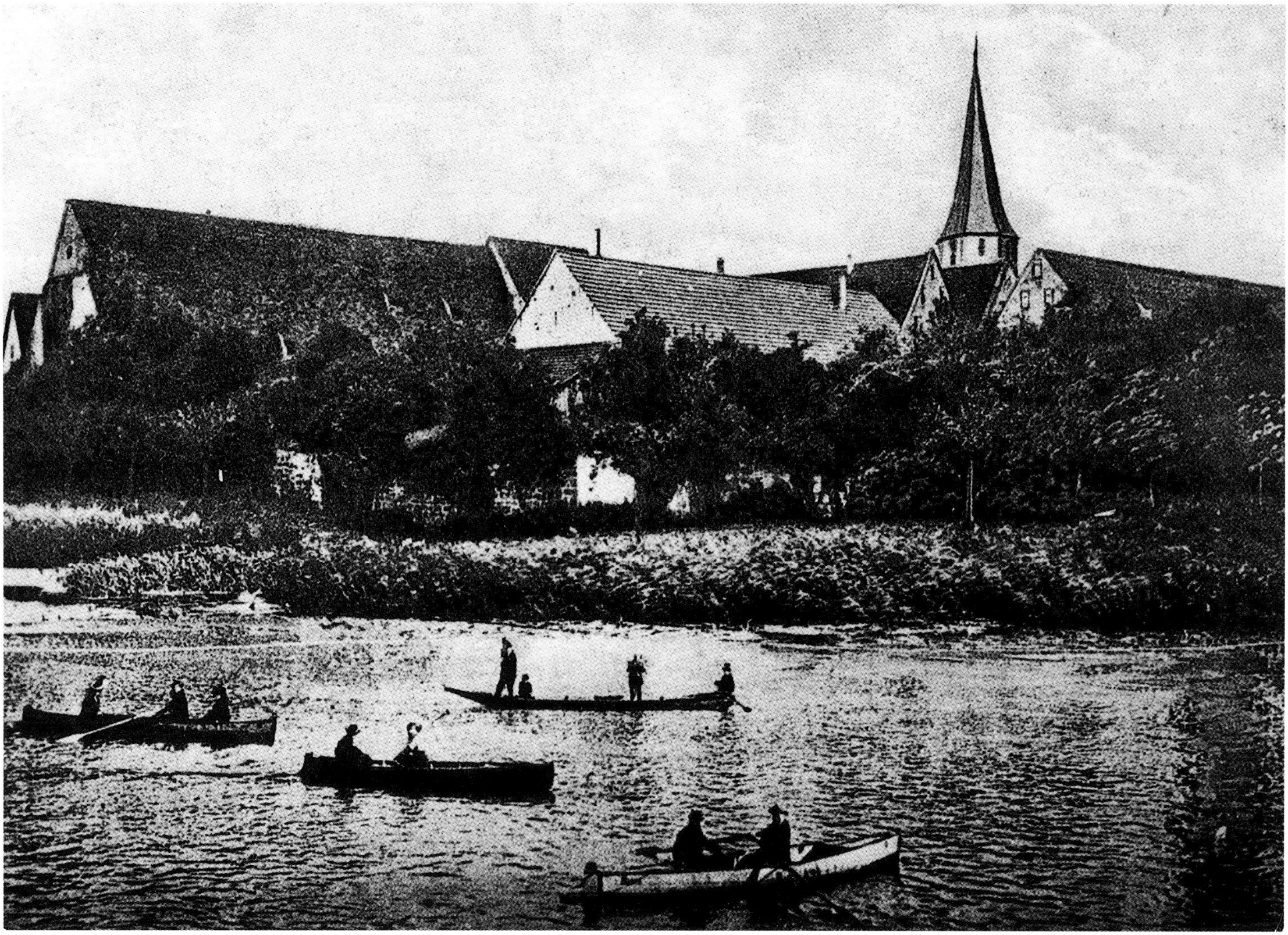

Der Amtshofsee in Oberderdingen vor 1935; dann wurde das Gelände Gartengebiet

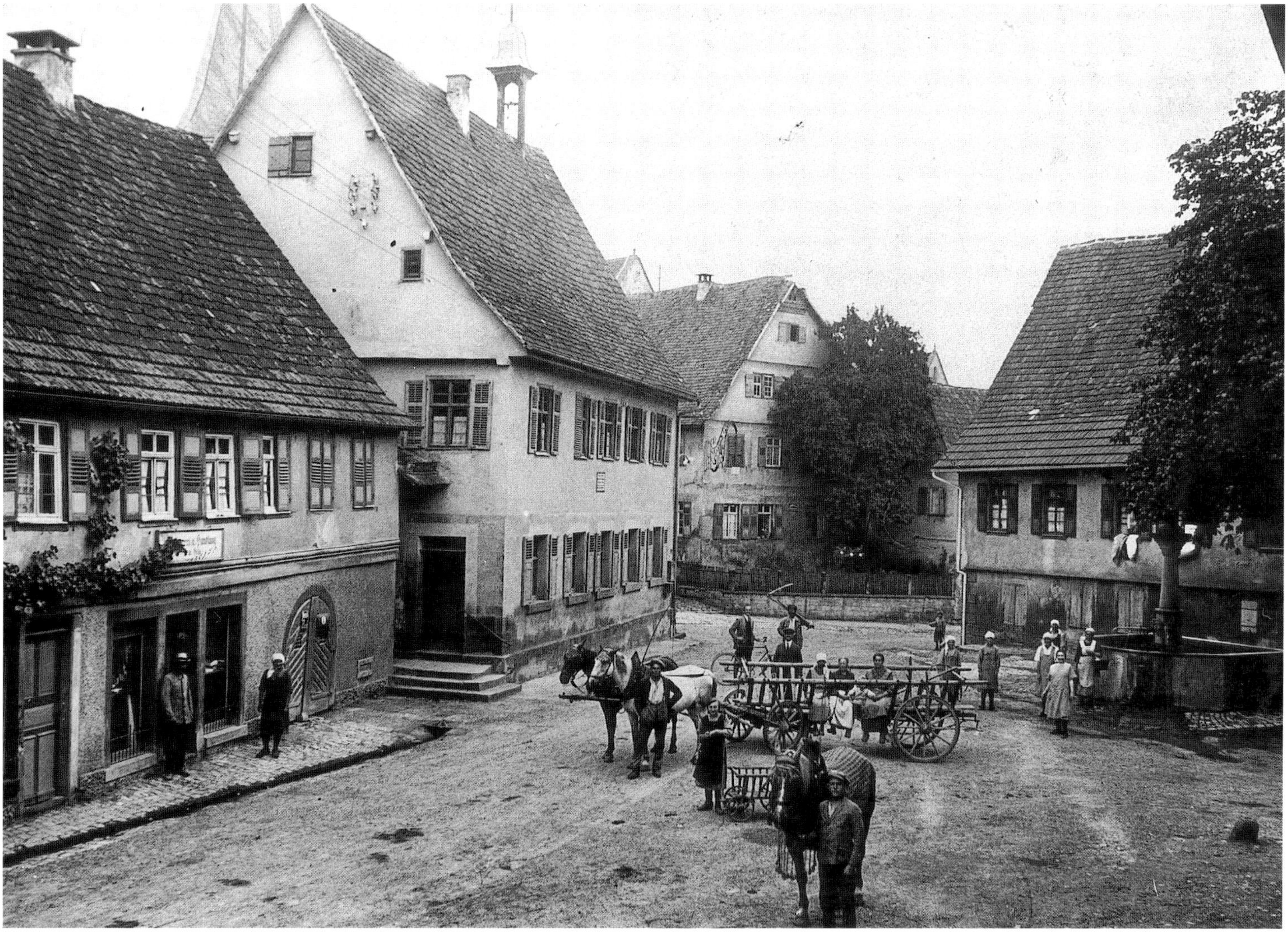

Bis weit in die 50er Jahre hinein prägten bäuerliche Szenen die Ortsmitte des Industrieorts Oberderdingen. Links das alte Rathaus mit überputztem Fachwerk und Dachreiter

Reichlich Holz vor dem Haus hatten die Bauschlotter, bevor die Ortsmitte, der Anger, neu gestaltet wurde

Im Unterhof in Bockschaft bei Kirchardt hat sich lange ein „Göpel" erhalten; ringsum die Abdrücke der Pferdehufe vom Rundlauf.
Der Göpel setzte eine Achse in Bewegung, mit der u. a. Futterschneidmaschinen, Rüben- oder Schrotmühlen angetrieben wurden

Schon vor dem Mähdrescher sollte der Hof im bäuerlichen Anwesen geräumig sein. In den 30er Jahren setzte die Mechanisierung ein; links die ersten Mähmaschinen auf eisernen Rädern, aber der alte Kastenwagen wurde noch lange benutzt.

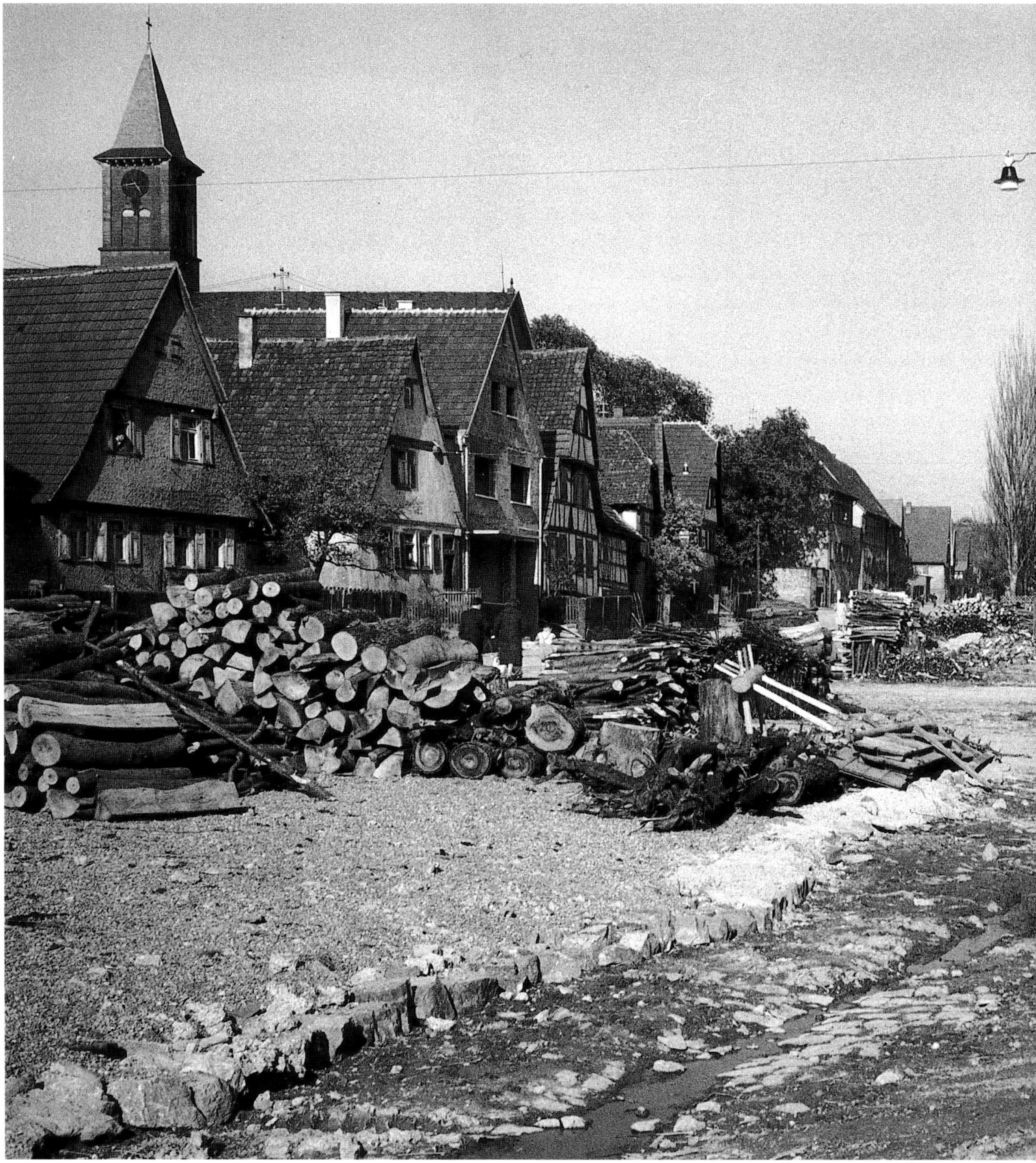

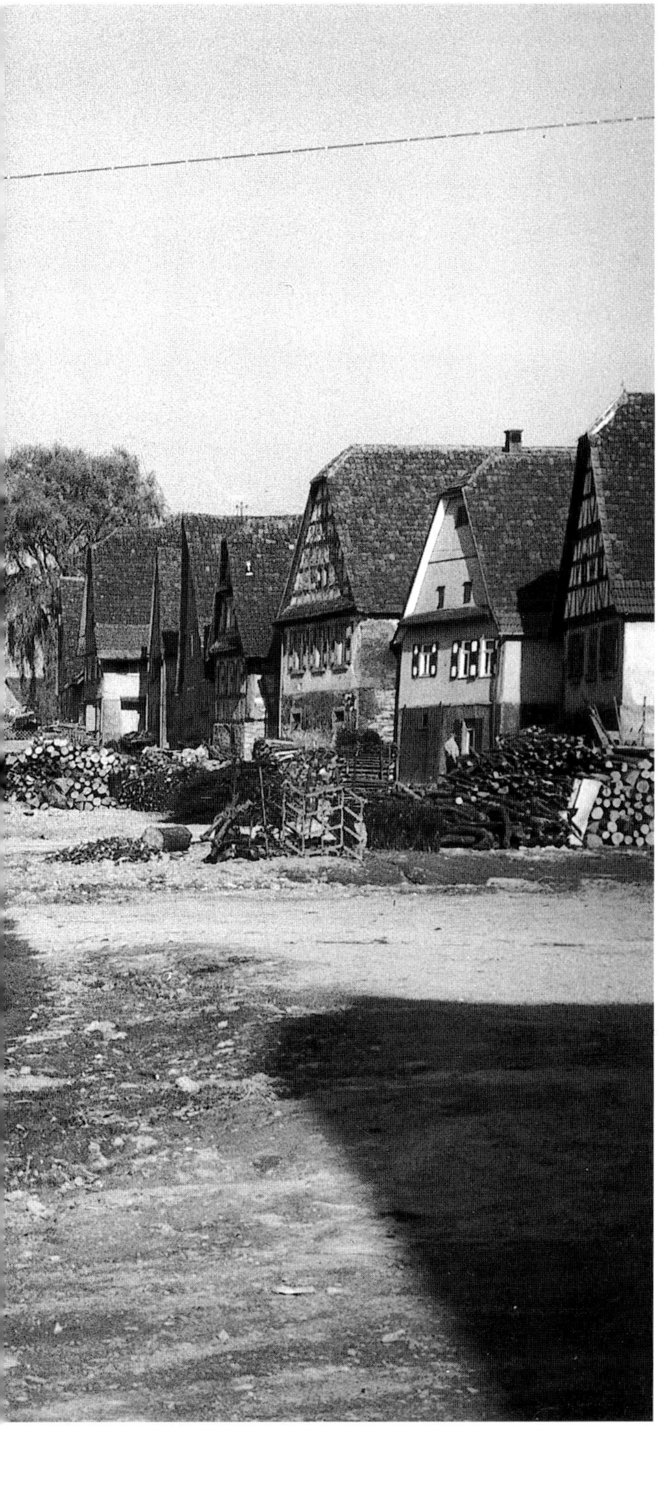

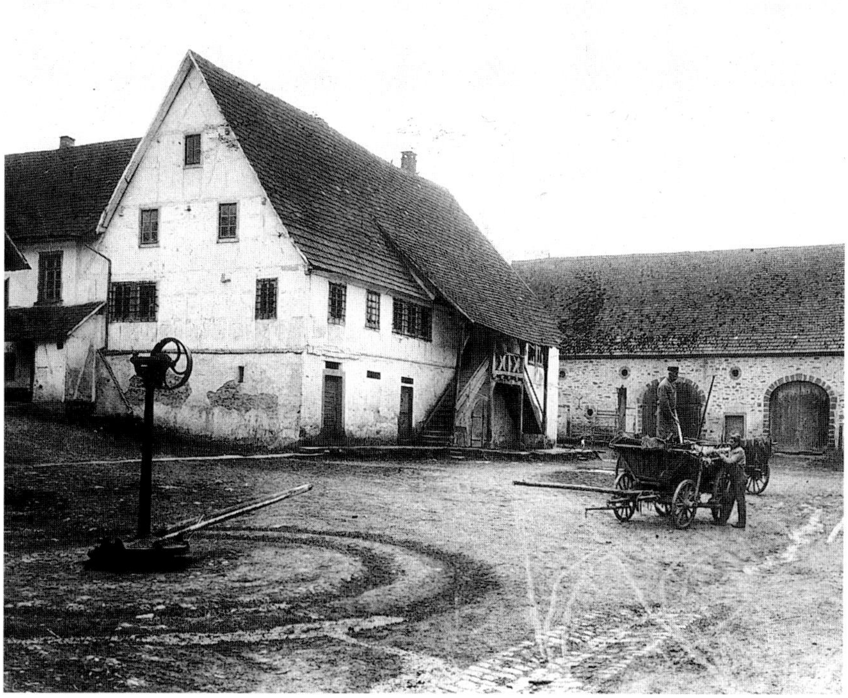

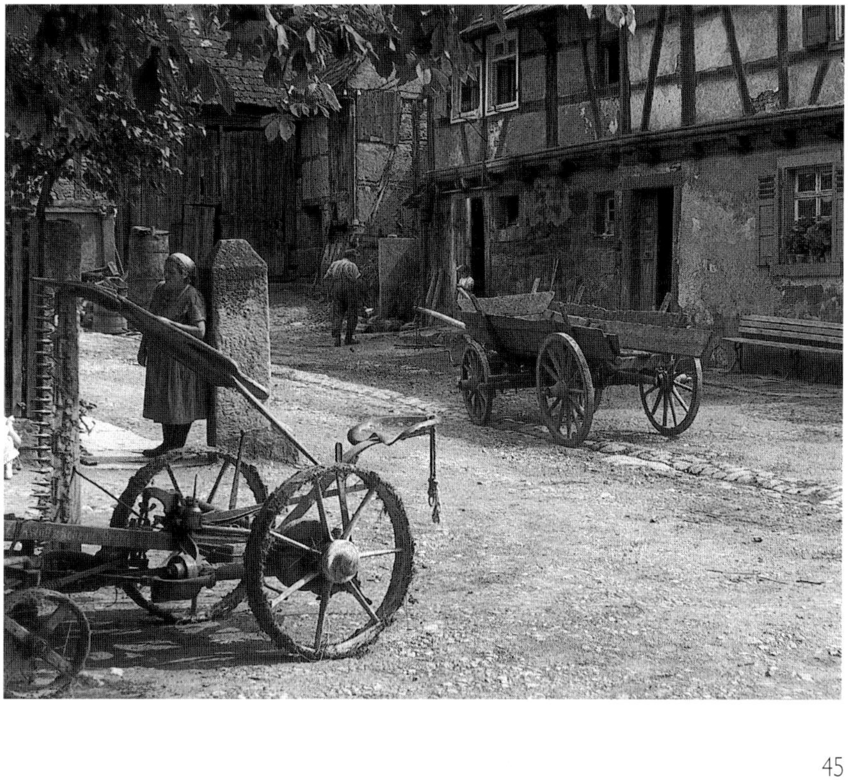

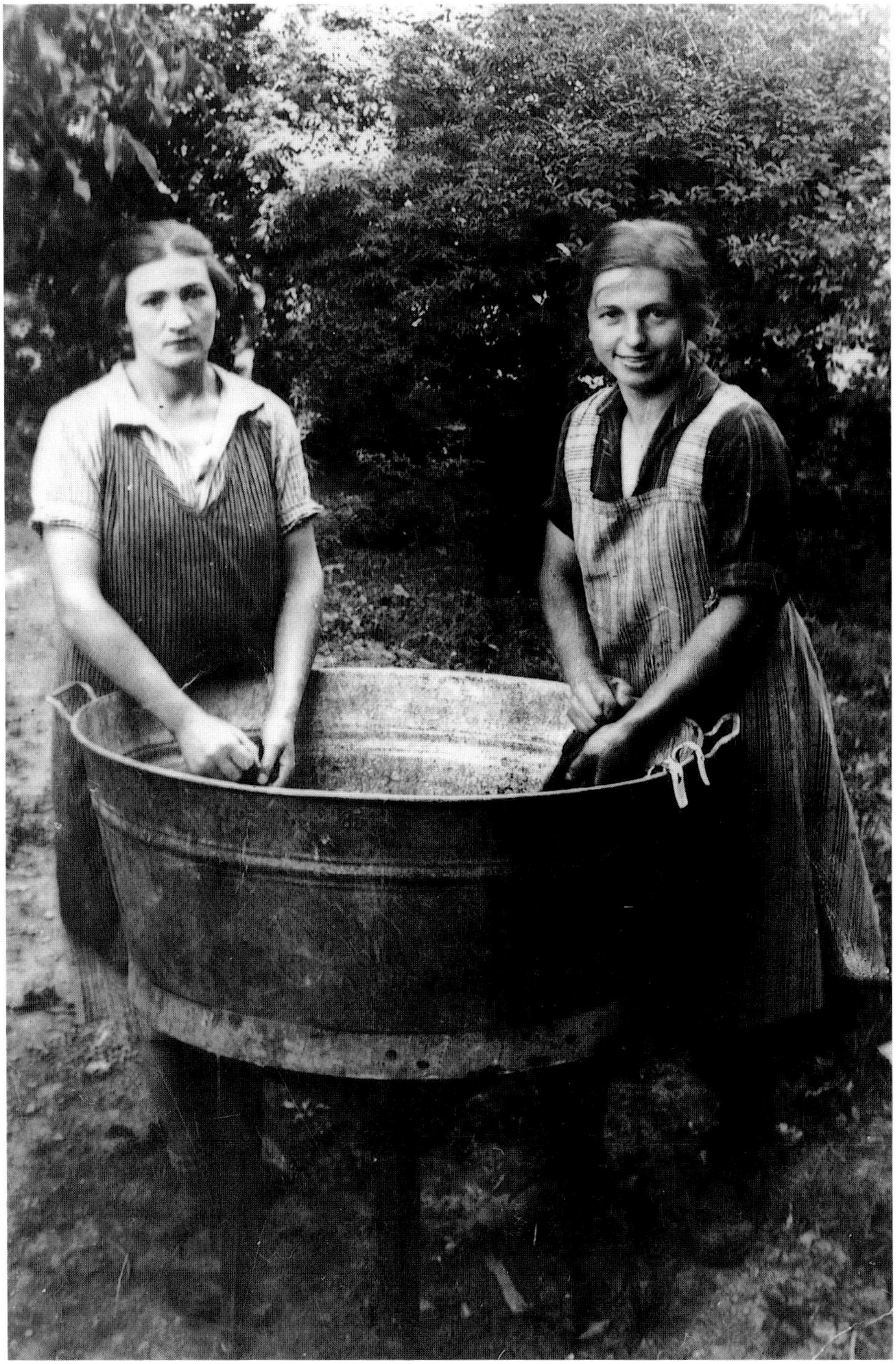

Zwei kräftige junge Frauen, eine große Wanne und viel Wasser genügten bis in die 50er Jahre hinein, um die Wäsche im großen Eulenhof bei Ehrstädt ins Reine zu bringen

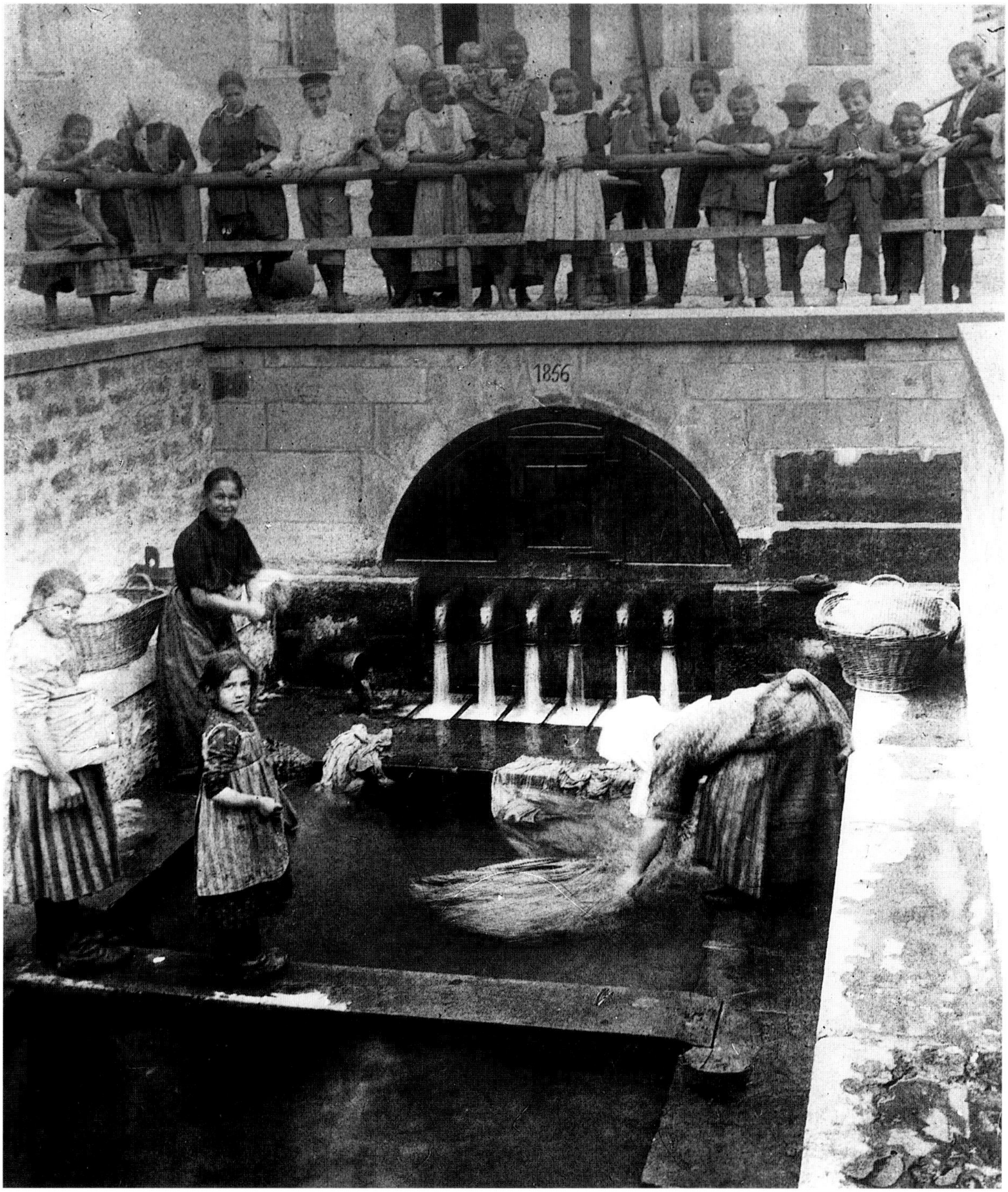

Bequemer hatten es da schon die Waschfrauen in Steinsfurt bei Sinsheim am Reisbrunnen. Ihnen stand, gut erreichbar, eine ausreichende Wasserfläche zur Verfügung – und die Kinder schauten genüßlich zu…

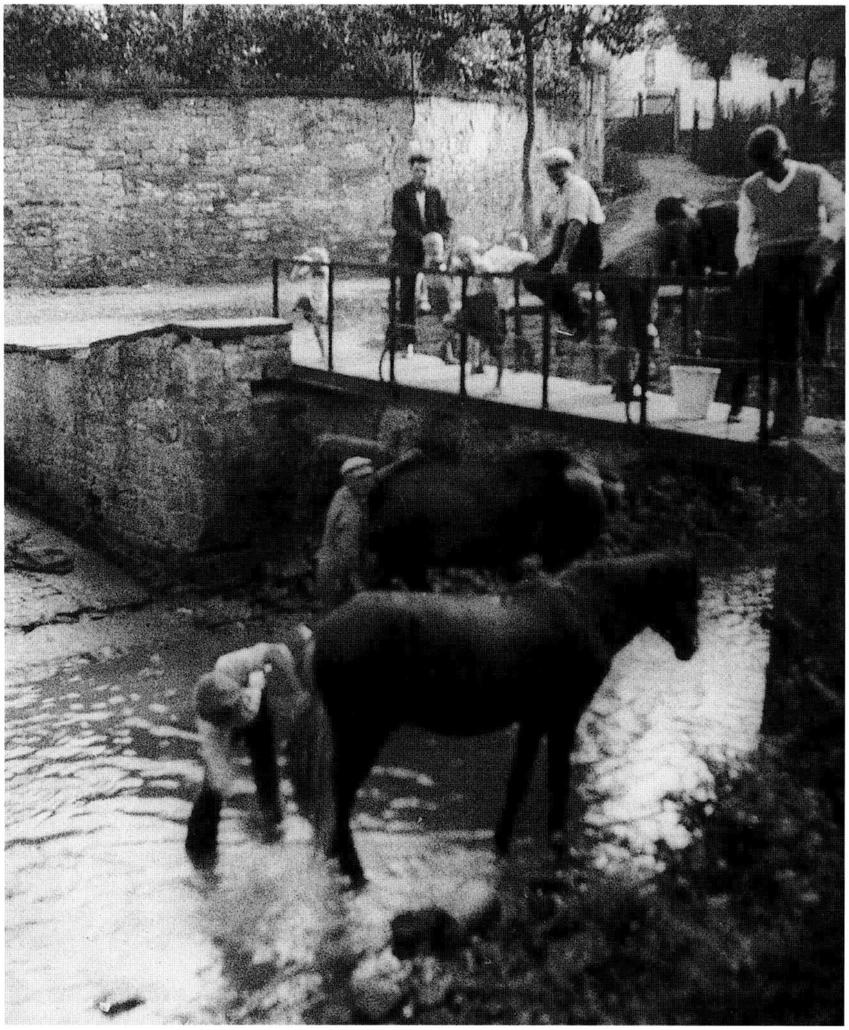

Die Pferde der Bauern waren nicht nur zu striegeln, sie sehnten sich gelegentlich auch nach einem Bad in der Ubstadter Pferdeschwemme

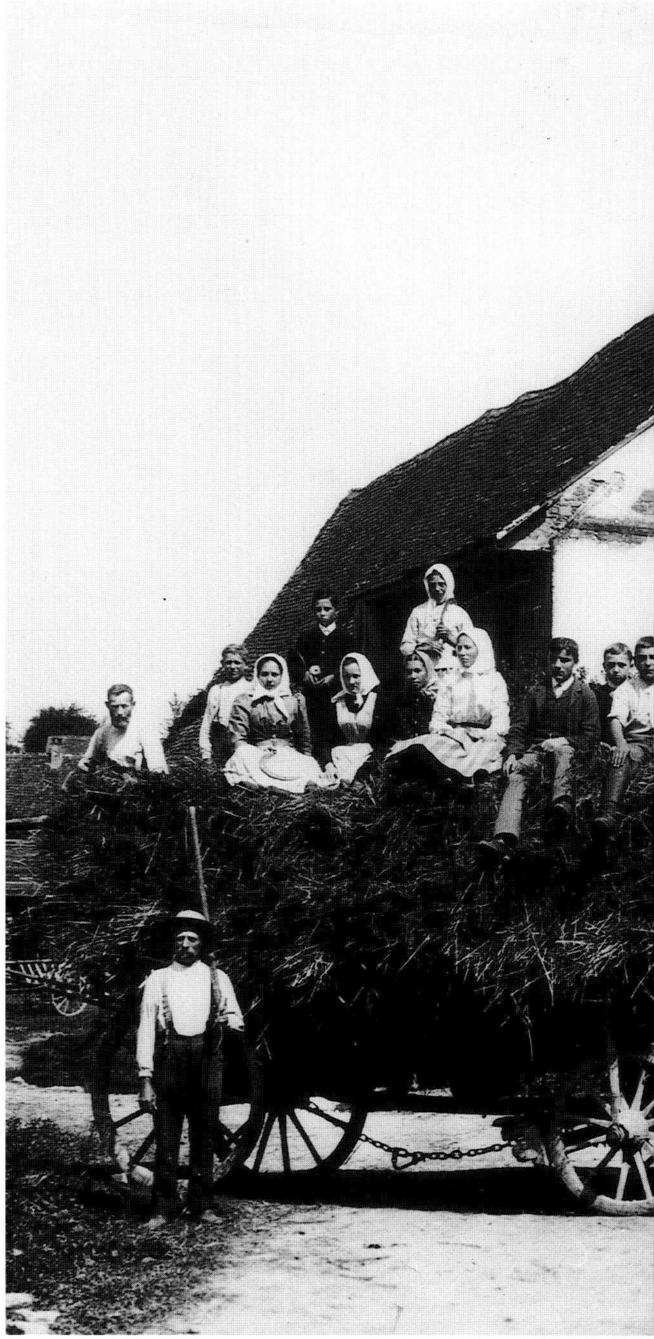

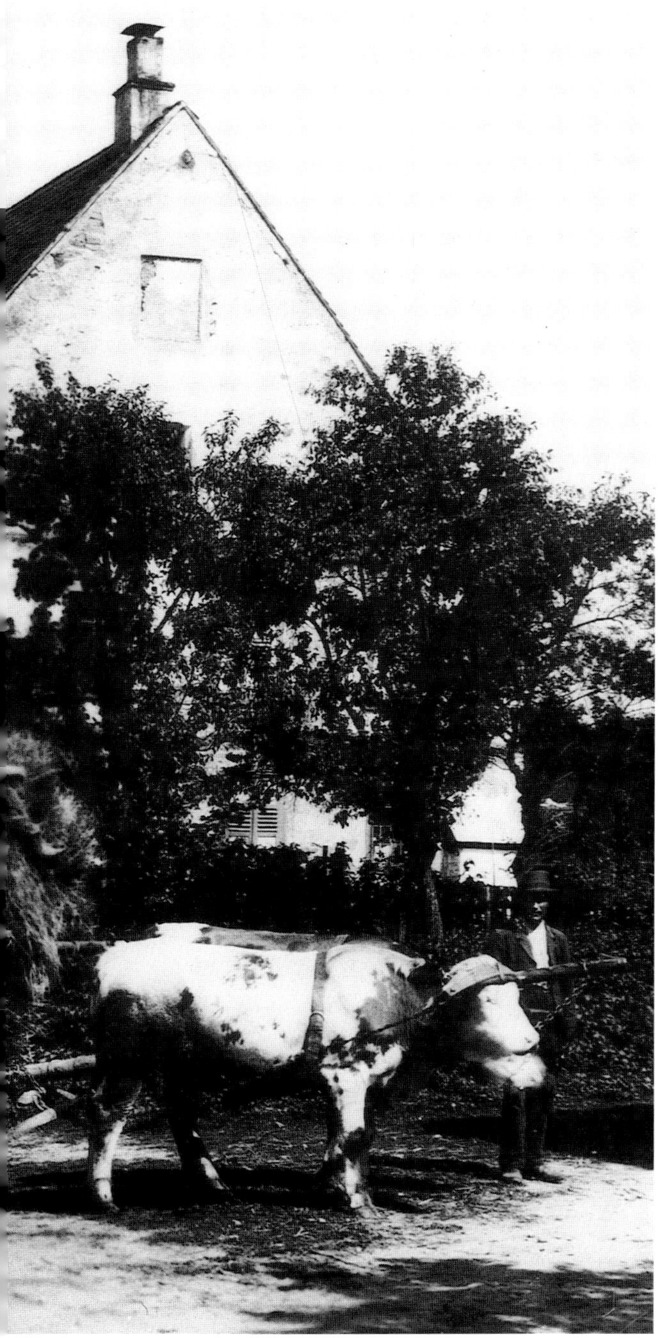

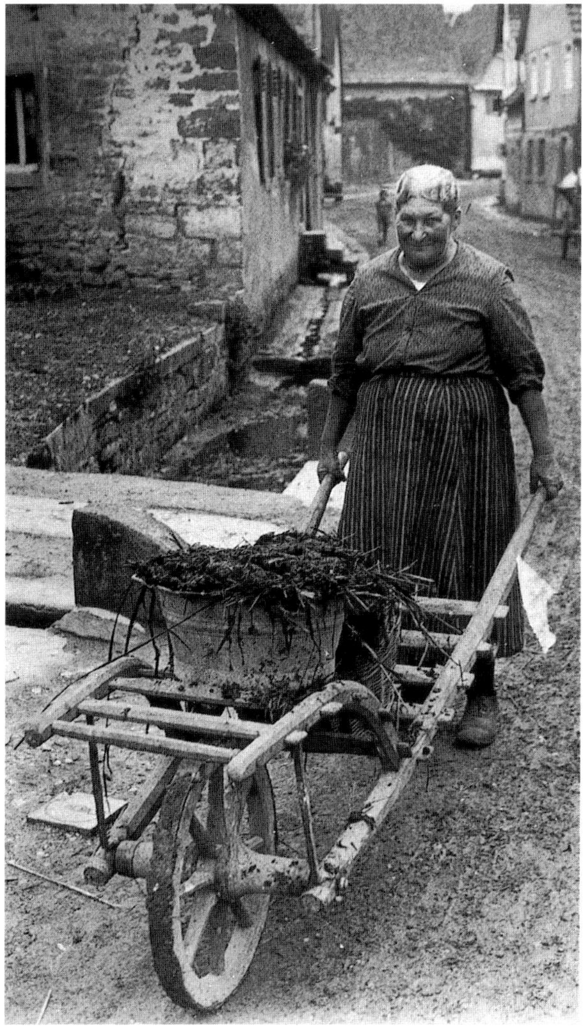

Selbst ist die Frau: Das Vielseitigkeitsfahrzeug Jahrgang 1928 diente der Kürnbacherin zum Dungfahren in kleineren Portionen.

Der Erntewagen als Transportmittel: Ein Fahrer, ein Begleiter und mindestens zwölf Fahrgäste hoch oben, 1928

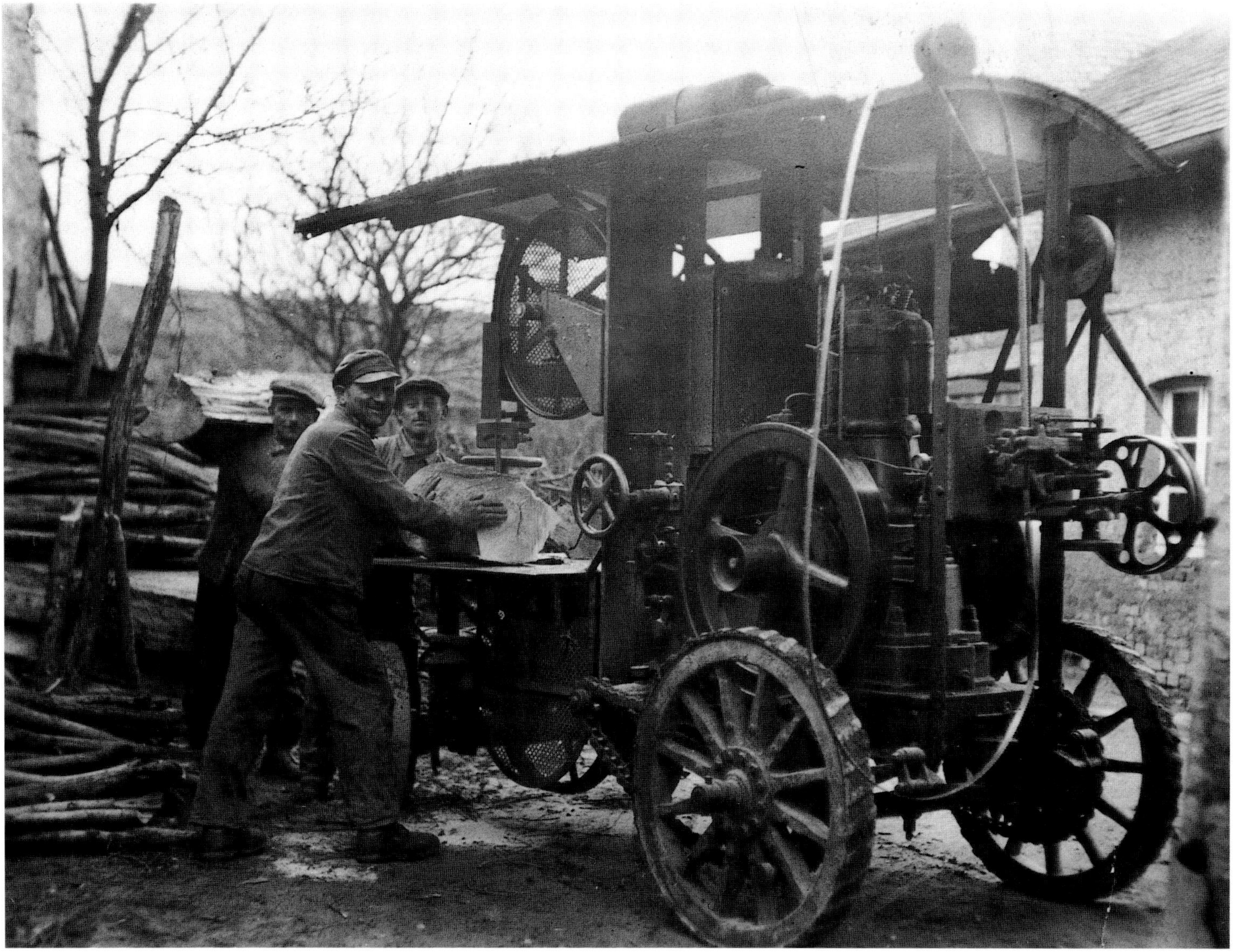

Die alten Sägmaschinen
auf Eisenrädern, später
auf Vollgummi, haben
sich im Ortsbild, hier in
Ubstadt, lange behauptet.
Holz ist noch immer
Heizmaterial „für alle
Fälle", 1935

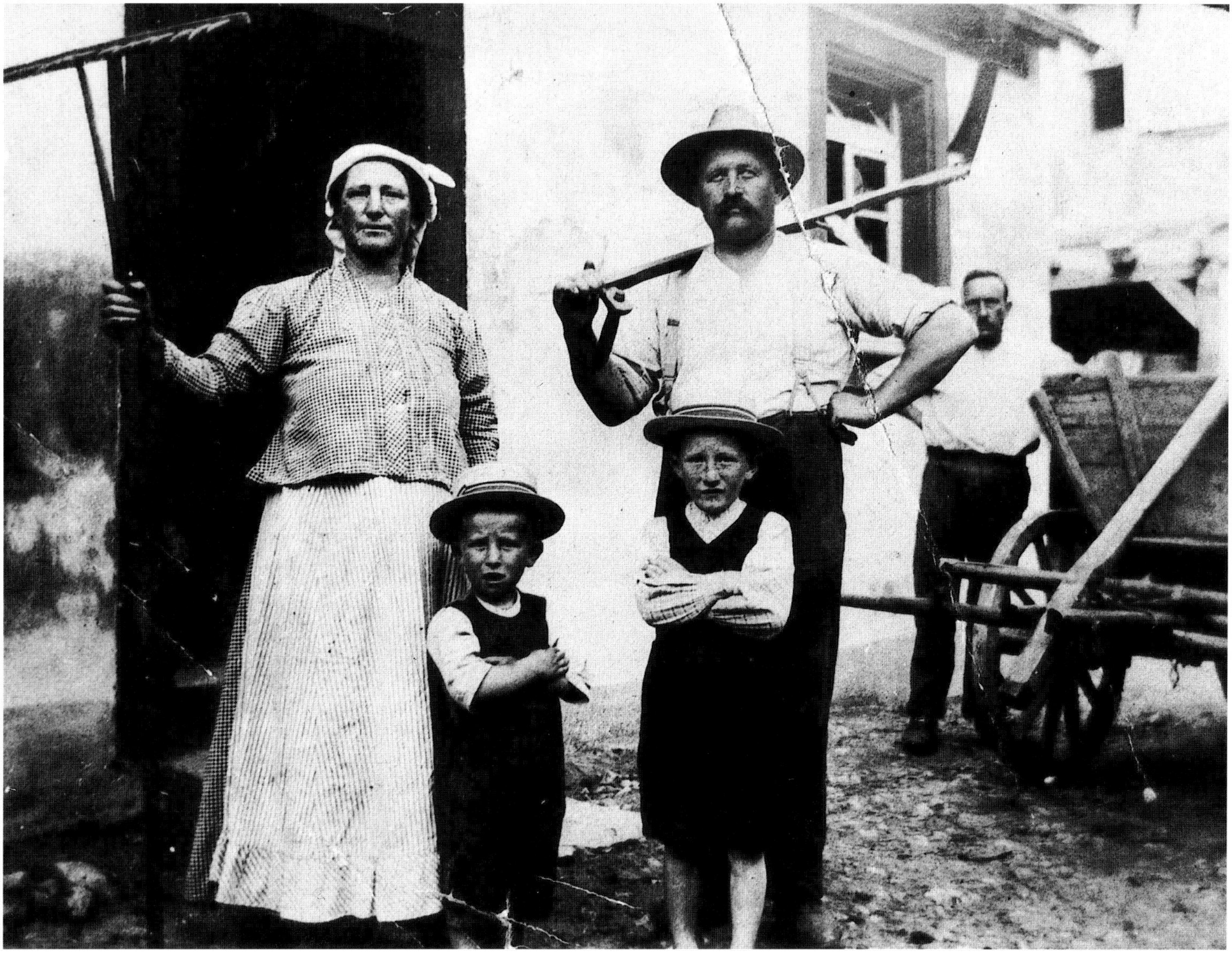

Bei vielen kleineren Landwirten mußten üblicherweise schon früh Kinder mithelfen. Während der Getreideernte waren u. a. die Garbenstricke zu legen oder von naßgeschwitzten Pferden die blutsaugenden Bremsen zu vertreiben

„Emte-ganz" wurde nach altem Kraichgauer Brauch durch die „Sichelhenke" oder den Schmuck der letzten Garbe angezeigt. Üblich war eine Art „Lese-ganz" mit einem Fähnchen auf dem Zuber nach dem letzten Eimer im Bereich des Winzerkellers Wiesloch

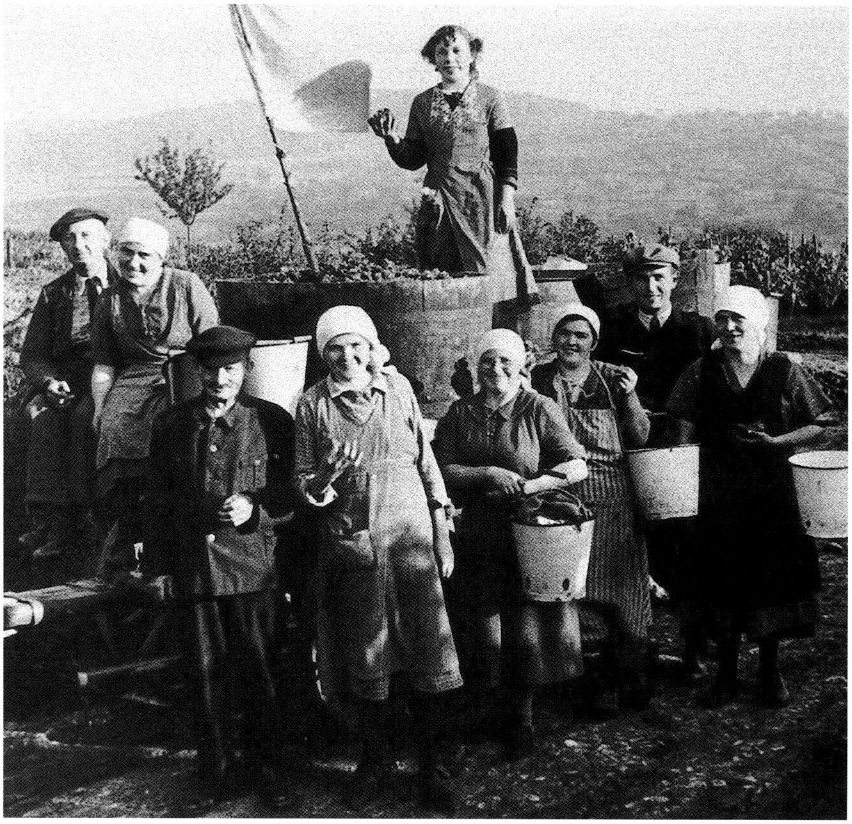

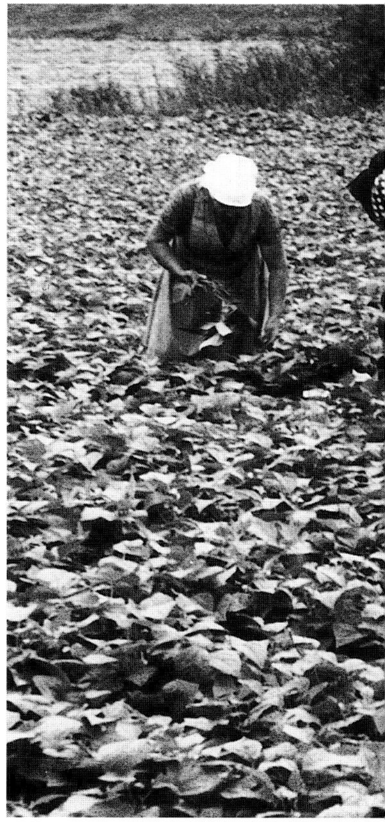

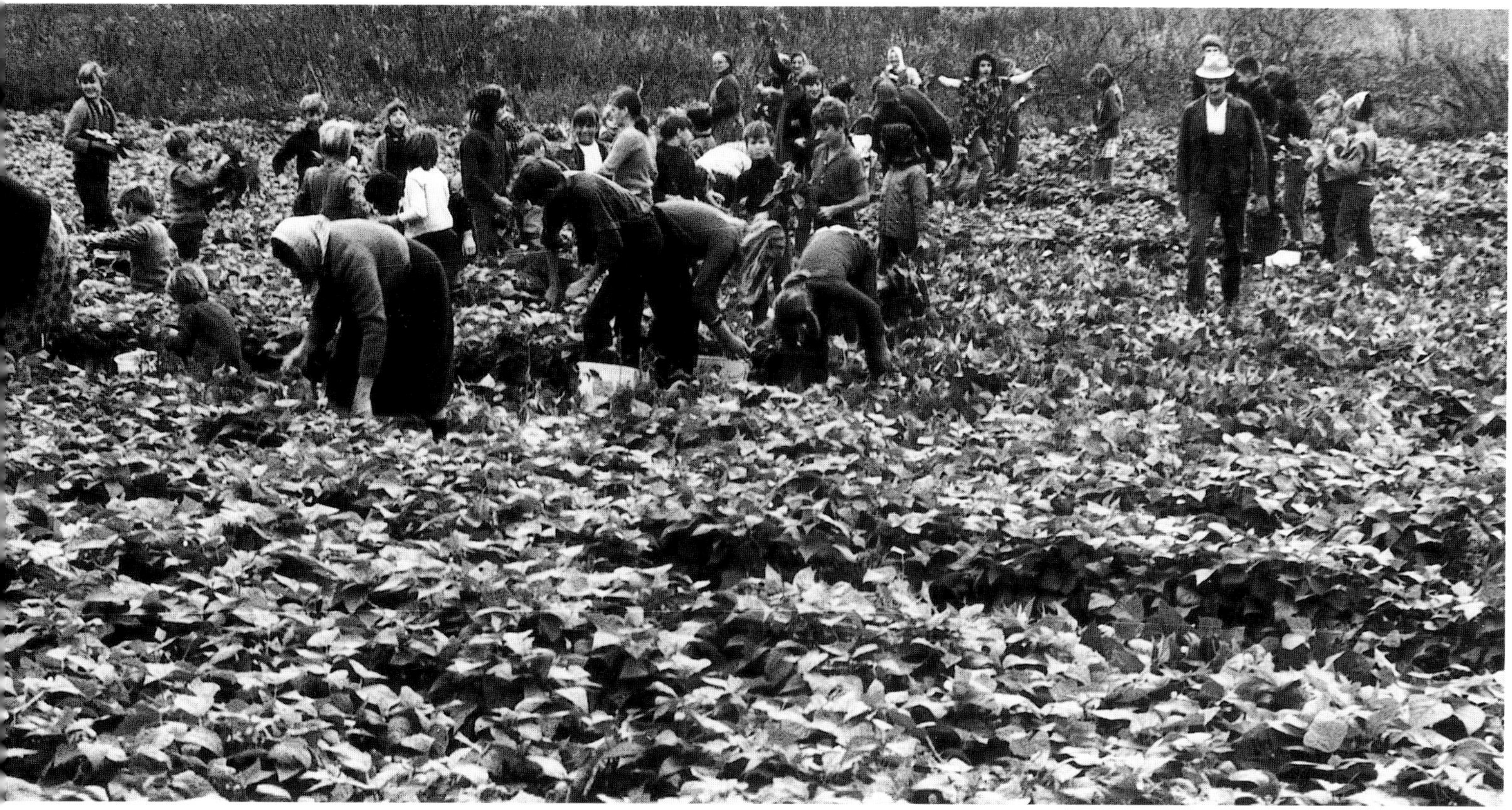

Sonderkulturen wie Gurken, Erbsen, Möhren oder Buschbohnen veränderten in mehreren Kraichgauorten das Bild auf vielen Gewannen. Hier bei der Buschbohnenernte in der Nähe des Luisenhofs bei Flehingen

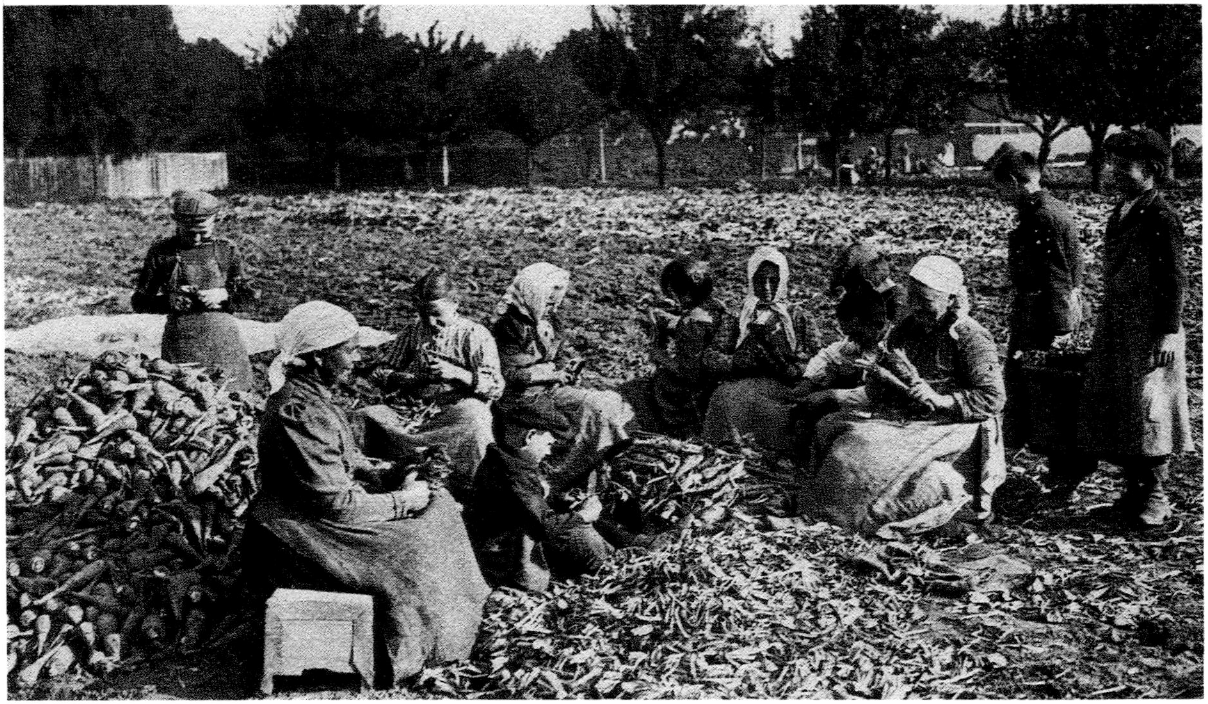

Zurückgedrängt worden ist dagegen der Zichorienanbau durch den Siegeszug der Kaffeebohne, die dem Landkaffee aus Malz und Zichorie den Rang abgelaufen hat. Das Abschneiden des Krauts war Handarbeit

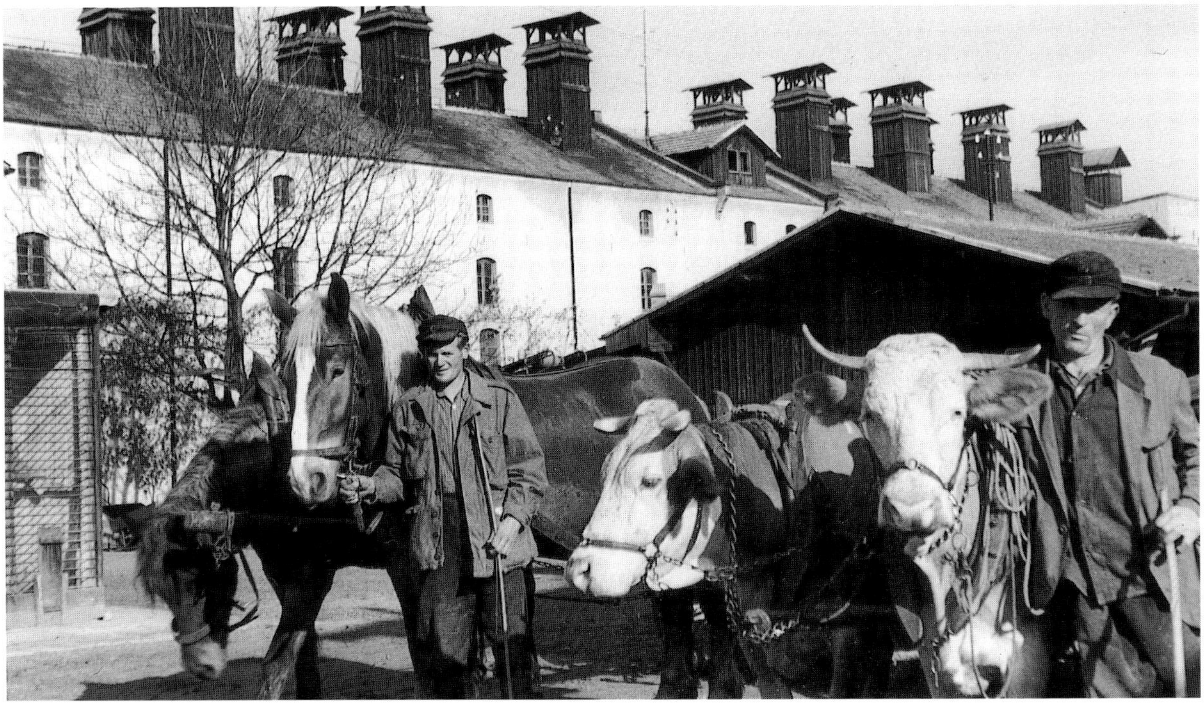

Demontiert wurden in den 60er Jahren die Zichoriendarren, hier in Bretten

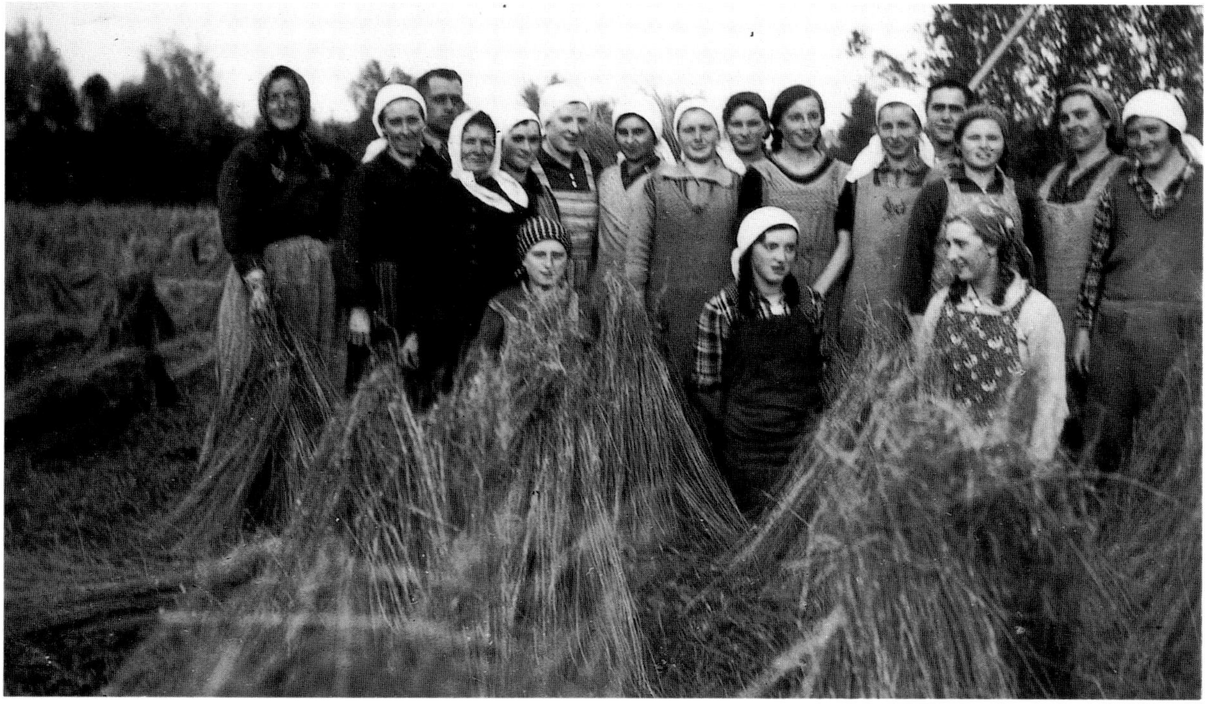

Der Flachs (Faserlein) hat im Kraichgau den Sprung in die Nachkriegszeit nicht geschafft. Letzter befohlener zentraler „Flachsort" war 1943/44 die Stadt Gochsheim

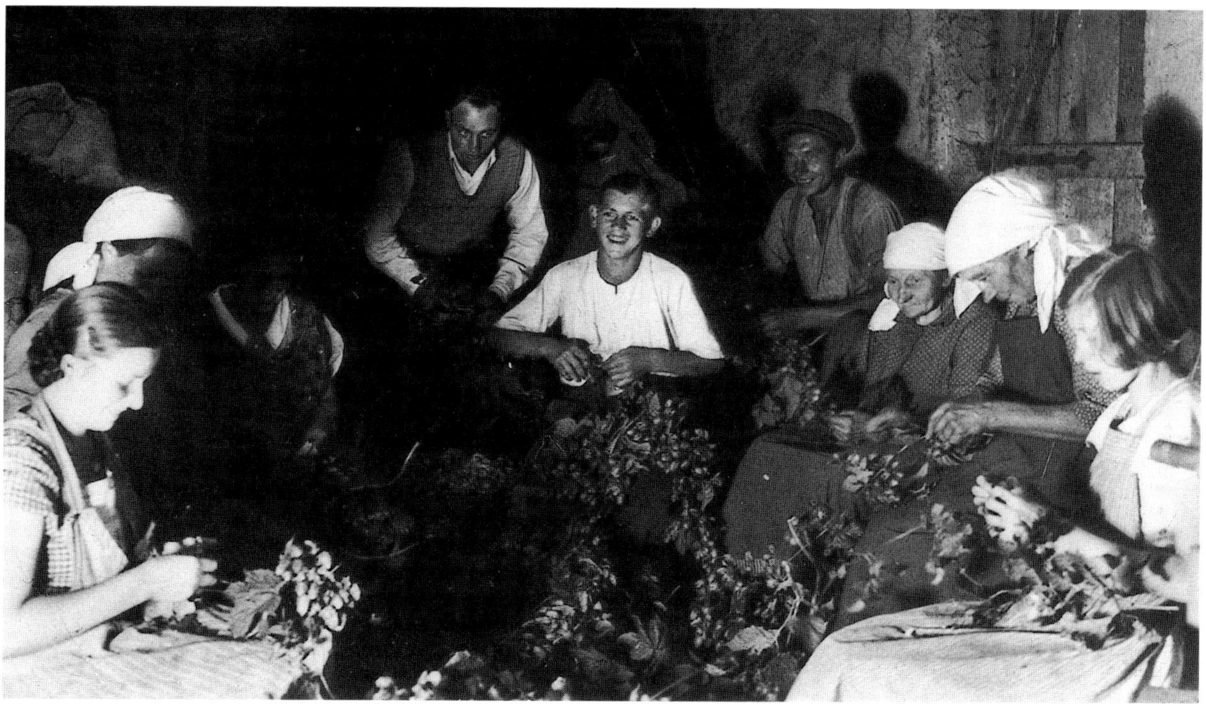

Den Hopfenpflanzern erging es ein klein wenig besser. Im Bruhrain und am Kraichgaurand wurden in den 50er Jahren noch Stangenanlagen erstellt. Die Preise für Hopfen schwankten indessen durch Überangebote so stark, daß der Anbau und auch das „Hopfezopfe" zum Erliegen gekommen ist

Nahezu verstummt sind in den Ortschaften die Hammerschläge der Schmiede. Die Schlepper hatten in der Landwirtschaft die Zugpferde oder Ochsen weitgehend verdrängt

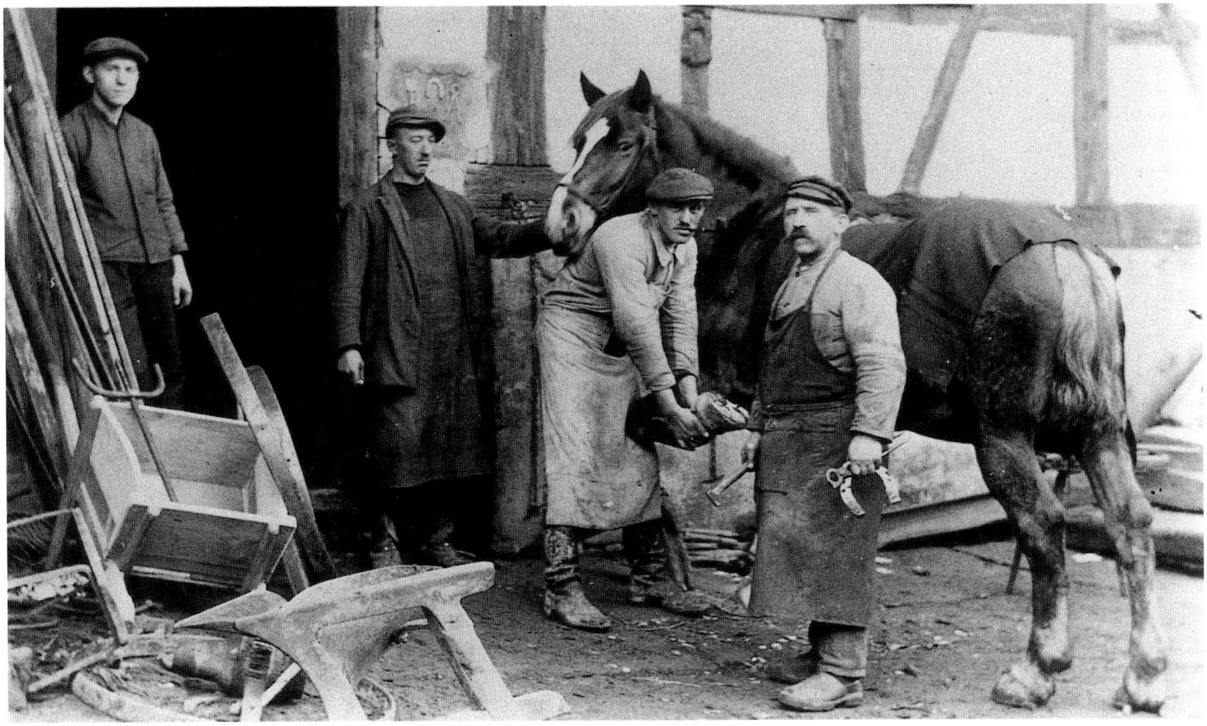

Nicht viel besser erging es den Gerbern, als Leder durch Kunststoffe oder Importe ersetzt worden ist, Gerberei in Sinsheim

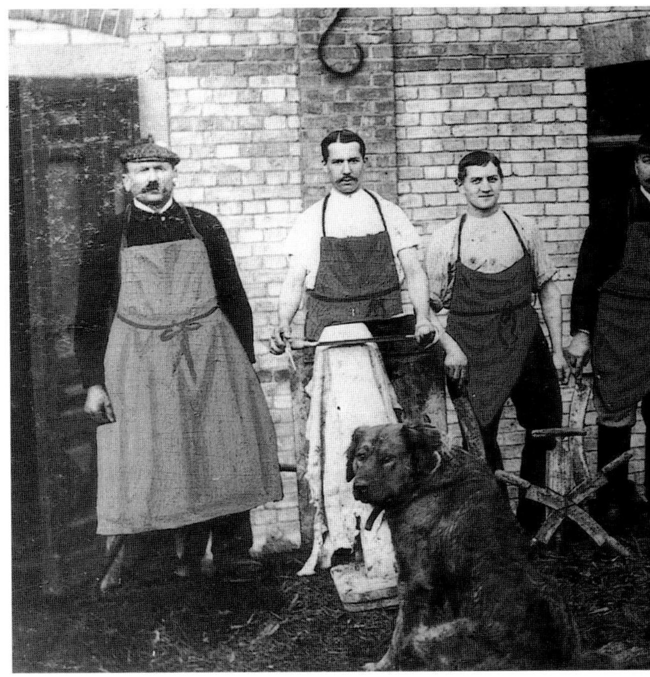

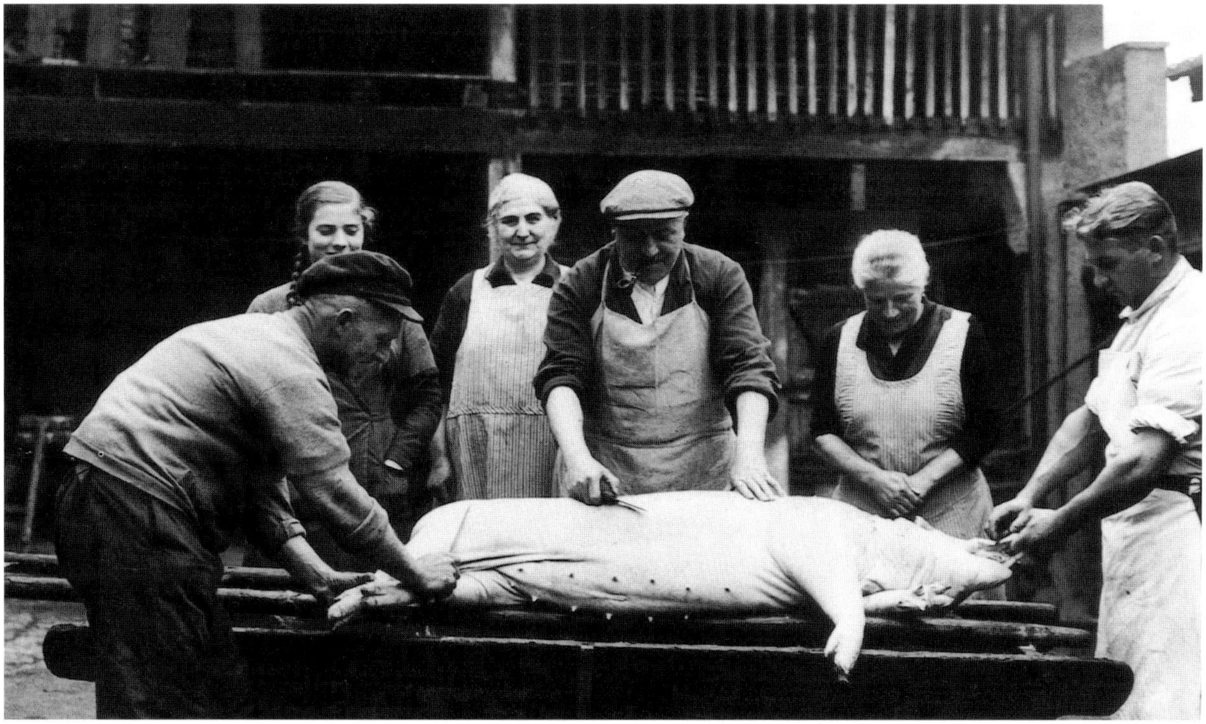

Nicht ganz arbeitslos wurden die Hausmetzger im Kraichgau. Deren „hohe Zeit“ klang zwar in den 60er Jahren aus, doch Feinschmecker halten weiterhin an „Hausmacher“ fest, 1936

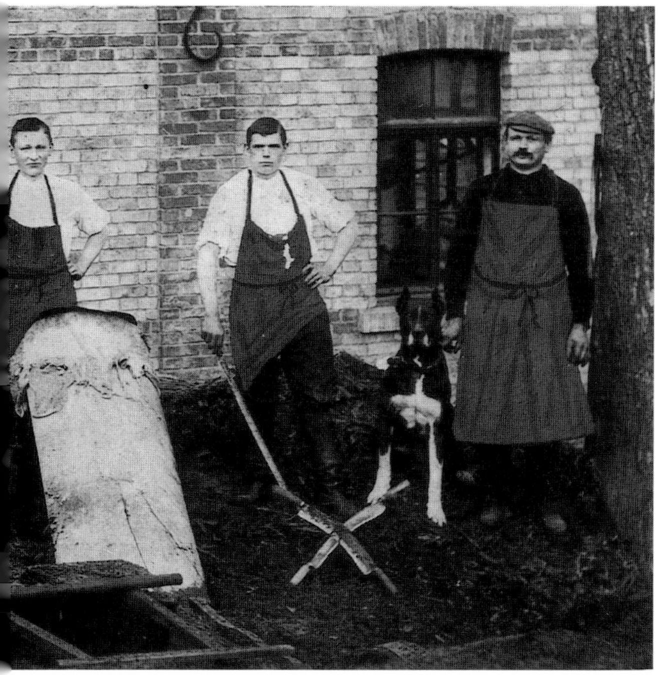

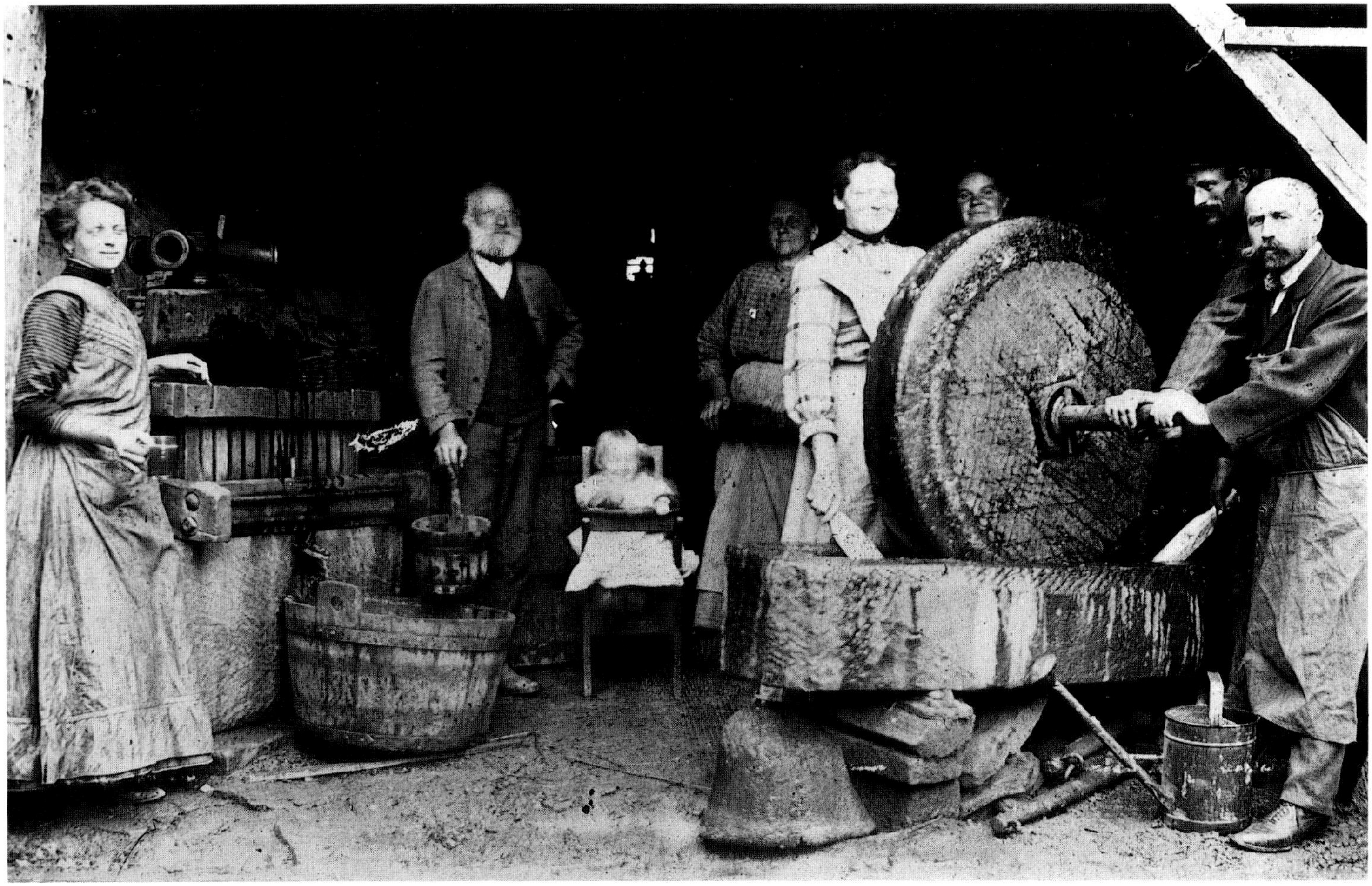

Zusehends seltener wurde privat gemostet – trotz moderner Technik. In den 20er Jahren hat man auch im Raum Rappenau noch mit Muskelkraft den steinernen „Wergel" bewegt, um Mostobst zu mahlen

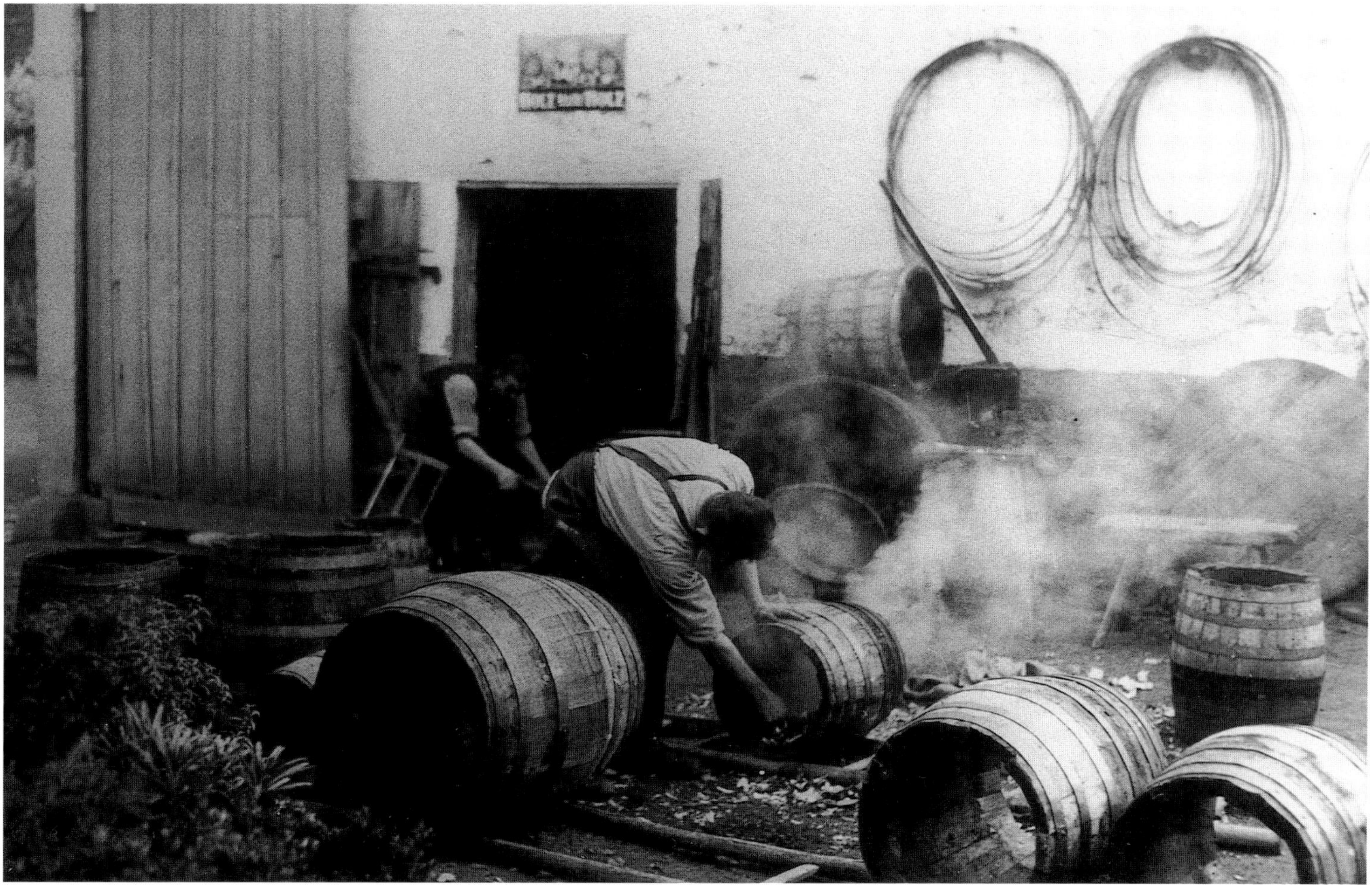

Für dichte und saubere Fässer war der Küfer zuständig, seit den 60er Jahren ein Beruf mit wenig Perspektiven

Industrie hatte es nicht eilig

Bemerkenswert spät setzte in der zweiten Hälfte des 19. Jahrhunderts fast zaghaft der Industrialisierungsprozeß auch im Kraichgau ein. Die enge Bindung der überwiegend konservativen Bevölkerung an den Boden wird hierfür verantwortlich gemacht. Behäbig, bieder, brav, teilweise einfach bis ärmlich lebend, blieben die meisten Kraichgauer der Scholle treu. Auf den Dörfern, aber auch in den Landstädtchen hatten die sogenannten Ackerbürger lange das Sagen.

Am Rande des Kraichgaus hatten die Industriepioniere erheblich früher kräftig zugeschlagen: In der Spinnerei & Weberei in Ettlingen waren Mitte des 19. Jahrhunderts bereits 1800 Mitarbeiter beschäftigt. Doch hatte die Rübenzuckerfabrik in Waghäusel, 1837 gegründet, „unter allen industriellen Etablissements in Baden den ersten Rang eingenommen", so schilderte der badische Historiker und Statistiker Heunisch. Für Waghäusel hatte dieser 560 ständige und 960 wechselnde Mitarbeiter festgehalten, während der Kampagne 2200 – willkommene Nebenverdienste für die Bauern.

Auch Bretten profitierte von Waghäusel, denn die Zuckerfabrik ließ beim Stadtausgang in Richtung Diedelsheim eine Trockenfiliale errichten, in der die Rüben vorgetrocknet und erst später zur Verarbeitung nach Waghäusel gefahren wurden. Noch wichtiger war für die Melanchthonstadt die 1866/67 errichtete Zichoriendarre der Firma Heinrich Franck in Ludwigsburg. Auch in Eppingen schmorten später Zichorienwurzeln bis in die Jahre nach dem Zweiten Weltkrieg. Nach der Währungsreform 1948 boomte in Bretten bis in die achtziger Jahre die Haushaltsgeräteindustrie.

Der große Einfluß der Landwirtschaft auf die Industrialisierung spiegelte sich außer in einer Unzahl von Kleinbrauereien später in einer Vielzahl von Tabakfabriken, in vielen Orten die erste, zwar kümmerliche Einnahmequelle für die in der Landwirtschaft nicht mehr benötigten Arbeitskräfte, überwiegend Frauen. Bei der Zigarrenproduktion ging die Kurve in rascher Folge auf und ab. Trotz geringem Entgelt und harter Arbeit bei nicht selten fast unzumutbaren Arbeitsbedingungen: Die Arbeitsplätze in der tabakverarbeitenden Industrie waren begehrt und volkswirtschaftlich äußerst wichtig, weil hier der Übergang von Landwirtschaft zur Fabrikarbeit, von Handarbeit zur Technik erfahren worden ist. Das war eine Voraussetzung für das einsetzende „Wirtschaftswunder" späterer Jahre.

Mit ausschlaggebend für eine zufriedenstellende Entwicklung auch im früheren Agrarland Kraichgau waren die Investitionen in die Infrastruktur. Hier wiederholte sich, was bei der ersten Stufe der Industrialisierung ab Mitte des 19. Jahrhunderts bereits abzulesen war: Wesentliche Voraussetzung für gesunde Betriebe sind die Verkehrslinien. Schon um 1850 bewirkte der Eisenbahnbau die Verbindungen u. a. Heidelberg-Bruchsal-Bretten in den Raum Stuttgart und Heidelberg-Bruchsal-Karlsruhe sowie Karlsruhe-Stuttgart.

Der Bau der Kraichgaubahn von Karlsruhe nach Eppingen Ende der siebziger Jahre förderte unverkennbar und grundlegend eine Verbesserung der wirtschaftlichen Struktur, wobei der enorme eigene Personalbedarf der Bahn nicht außer acht bleiben sollte. 1880 rollten die Züge der Kraichgaubahn auch zwischen Eppingen und Heilbronn, wenige Jahre später sogar zweispurig. Für die Nebenlinien Bruchsal-Odenheim oder Ubstadt-Menzingen ertönte 1896 der Startschuß.

Die Verbindung Heidelberg-Meckesheim-Steinsfurt bis Heilbronn wurde 1869 freigegeben; seit 1900 kann Steinsfurt aus Richtung Eppingen angesteuert werden. Und munter rollten die Züge zwischen Neckarbischofsheim und Waibstadt nach Hüffenhardt; später gesellten sich auf den meisten Strecken Omnibusse hinzu. Der Ausbau des Straßennetzes hielt mit dem Bahnbau nicht immer Schritt.

Außer den großen Plätzen am Rande des Kraichgaus wie Karlsruhe, Pforzheim, Heilbronn und Heidelberg/Mannheim setzte sich die Industrie vornehmlich in den Landstädten Wiesloch, Bruchsal, Bretten, Eppingen oder Sinsheim fest. Ausnahmen bildeten hauptsächlich Oberderdingen mit der Elektrogeräteindustrie als Zulieferer für die Herd- und Ofenbranche oder Östringen mit der Chemiefaserverarbeitung. Nahezu völlig verschwunden sind in den Jahren nach 1945 die tabakverarbeitenden Betriebe, weil sich die Zigarre gegenüber der rasant an Boden gewinnenden Zigarette nicht zu behaupten vermochte und neue Techniken von den Kleinunternehmen nicht zu bezahlen waren.
Nicht gerade reich gesegnet ist der Kraichgau mit eigenen Bodenschätzen, und doch gibt es sie. Überwiegend sind dies Salz, Schwefel oder Erdöl, ja sogar nach Silber wurde frühzeitig gegraben. „Schatzgräber" sollen bereits Kelten und Römer gewesen sein. Der Lorscher codex schrieb im 11. Jahrhundert Silbergewinnung in Wiesloch fest. Von größerer Bedeutung wird der Galmei ab dem 15. Jahrhundert, ebenfalls in Wiesloch, gewesen sein. Diese Bezeichnung für Zinkerze von damals, so Zinkspat und Kieselgalmei, ist heute kaum noch gebräuchlich. Nach dem 30jährigen Krieg waren jedoch die meisten Schächte und Schmelzen verfallen.
Obwohl wegen des zu geringen Eisengehalts die Rentabilität nicht gewährleistet war, gab man in Wiesloch damals nicht auf: Wiederholt wurden vom Kurfürsten Bergknappen und Steiger verpflichtet, um die Anlagen in der „Hessel" zwischen Wiesloch und Nußloch wieder in Schuß zu bringen; auch von Bergmeistern ist gelegentlich die Rede, die ihr Glück versuchen wollten. 1891 bewertete die Karlsruher Zeitung die Galmeiausbeute so: „Die Wieslocher Galmei (auch Galmey geschrieben) ist eine der ausgedehntesten und reichhaltigsten, die man kennt; schon die bis jetzt bekannte Ausdehnung und Mächtigkeit des Flötzes sichert den Bergbaubetrieb auf das nützliche Zinkerz, das Haupterz zur Herstellung des vielgebrauchten Zinkmetalls und der überaus wichtigen unter dem Namen Messing bekannten Legierung auf Generationen hinaus".
Tatsächlich sind in Wiesloch in den sechziger Jahren 300 bis 400 Arbeitskräfte beschäftigt gewesen. 1864 sollen aus den verschiedensten Stollen etwa 100 000 Kilo monatlich gefördert worden sein. Ein zweites Unternehmen brachte es 1853 sogar auf 400 000 Kilo Galmei, so wurde berichtet. Auch eine Erzwäsche nahm die Arbeit auf. Ende 1927 wurden 170 Bergleute arbeitslos, weil ein Preisverfall für Zink und Zinkmetalle die Betriebe erschüttert hatte.
Das Autarkiestreben des NS-Staats ließ 1934 die Produktion wieder aufleben. Zeitweise erreichte die Mitarbeiterzahl in Wiesloch eine Spitzengröße von 400. Das Kriegsende erlebte die Grube nicht mehr, sie war infolge Strommangels regelrecht abgesoffen. Nach der Währungsreform 1948 ein neuer Anlauf mit 300 bis 350 Beschäftigten, aber erneut brachten enorme Preiseinbrüche das Unternehmen ins Stottern. Ein Glück war beim wohl endgültigen Aus des Wieslocher Bergbaus, daß neue Industriebetriebe die wackeren Bergleute mit offenen Armen aufgenommen haben.
Wenige Jahre später ging auch den Erdölförderern im Raum Ubstadt, Weiher und Forst die Luft bzw. der Saft aus. Zu Beginn der zwanziger Jahre unseres Jahrhunderts wurden bei Forst Erdöllagerstätten erschlossen. Schon 1925 mußten die Hahnen wieder zugedreht werden. Ein neuer Anlauf, der aufhorchen ließ, folgte 1934: Das Erdöl war gerade im Krieg willkommen, aber auch nach Kriegsende ist weiter gebohrt worden. Das Bild der Bohrtürme an der Grenze zwischen Kraichgau und Rheintal spiegelt ein Stück Wirtschaftsgeschichte des Raums. Wie Generalkonsul Hermann von Rautenkranz, Ehrenbürger von Forst, errechnet hat, sind insgesamt 96 000 Tonnen Erdöl aus etwa 600 Meter Tiefe heraufgepumpt worden; allein 1949 waren es zusammen 6 000 Tonnen, das bedeutete ein Prozent des damaligen bundesdeutschen Jahresbedarfs. Verladen worden ist das Öl auf der Bahn, Ende des Krieges 1945 ein gerne angesteuertes Ziel der alliierten Tiefflieger.

Das Salz aus dem Kraichgau hat – ähnlich wie der Schwefel – anscheinend lediglich im Salzbad Ubstadt und als Heilwasser in den weithin berühmten Bädern von Bad Schönborn bzw. Bad Rappenau eine Überlebenschance. Schon die Fürstbischöfe von Speyer erlitten Schiffbruch mit ihrer Saline in Bruchsal, die aus Quellen bei Ubstadt gespeist worden ist. Die bedeutendste Kraichgau-Saline in Bad Rappenau erzielte laut Michael Konnerths „Die Rappenauer Saline und ihre Geschichte" 1962 mit einer Jahresproduktion von 22000 Tonnen ihren absoluten Rekord. Zwölf Jahre später sind die Kamine in Rappenau gesprengt worden: nach 150 Jahren hatte die Saline ausgedient, die Produktion war zu teuer geworden.

Das Autarkiestreben im Hitler-Reich machte eigene Erdölvorkommen am Kraichgaurand wie bei Ubstadt-Weiher oder Forst interessant. Entlang der Bundesbahnstrecke Bruchsal–Heidelberg standen bis in die 60er Jahre hinein Bohrtürme

Eine wichtige Rolle spielten die wiederholt totgesagten Steinbrüche des Kraichgaus, zumeist nahe dem Waldgürtel von Strom- und Heuchelberg gelegen. „Der Lettenkohlensandstein und der Schilfsandstein (Keuper) gehören zu den edelsten Bau- und Hausteinen der Welt; sie sind feinkörnig und zu den zartesten Bildhauerarbeiten geeignet und dabei von einer Wetterbeständigkeit, so daß die Klosterbauten von Maulbronn von der Stauferzeit her noch in einer Frische dastehen, als wären sie erst seit einem Jahr vom Gerüst befreit".

Dieses Loblied auf die Steinbrüche u.a. von Maulbronn, Freudenstein, Knittlingen, Oberderdingen, Kürnbach, Ochsenburg, Sulzfeld, Mühlbach, Eppingen bis Weiler am Steinsberg stimmte der namhafte Geologe Robert Gradmann an. Konjunkturelle Wellenbewegungen setzten einigen Brüchen doch zu und auch die Stubensandbauern von Sternenfels mußten zuschauen, wie ihrem natürlichen Putzmittel von der Chemie der Garaus gemacht worden ist. Modernen Steinbruchunternehmen hat der Denkmalschutz zeitweise Hochkonjunktur beschert.

Überwiegend die Technisierung hat bislang recht und schlecht das Überleben der Natursteinindustrie im Kraichgau bewirkt. Die traditionellen Fäustel, Krönel, Knüpfel, Klöpfel, Bossierhammer, Rief-, Zahn- oder Spitzeisen allein waren hierzu ebenso wenig imstande wie Preller, Setzer, Zirkel oder Krätze.

Die Werbung für „Badisches Erdöl" aus dem Rheintal entsprach nicht immer der wirtschaftlichen Realität

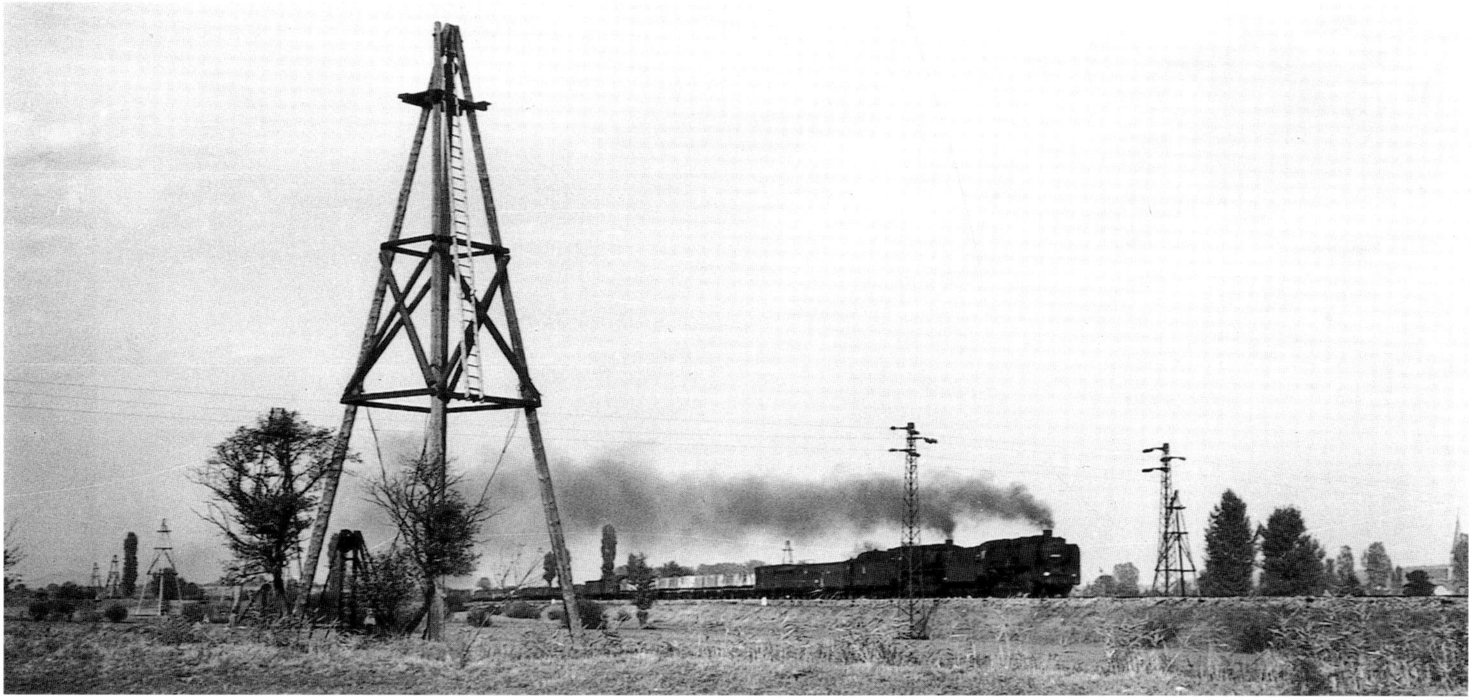

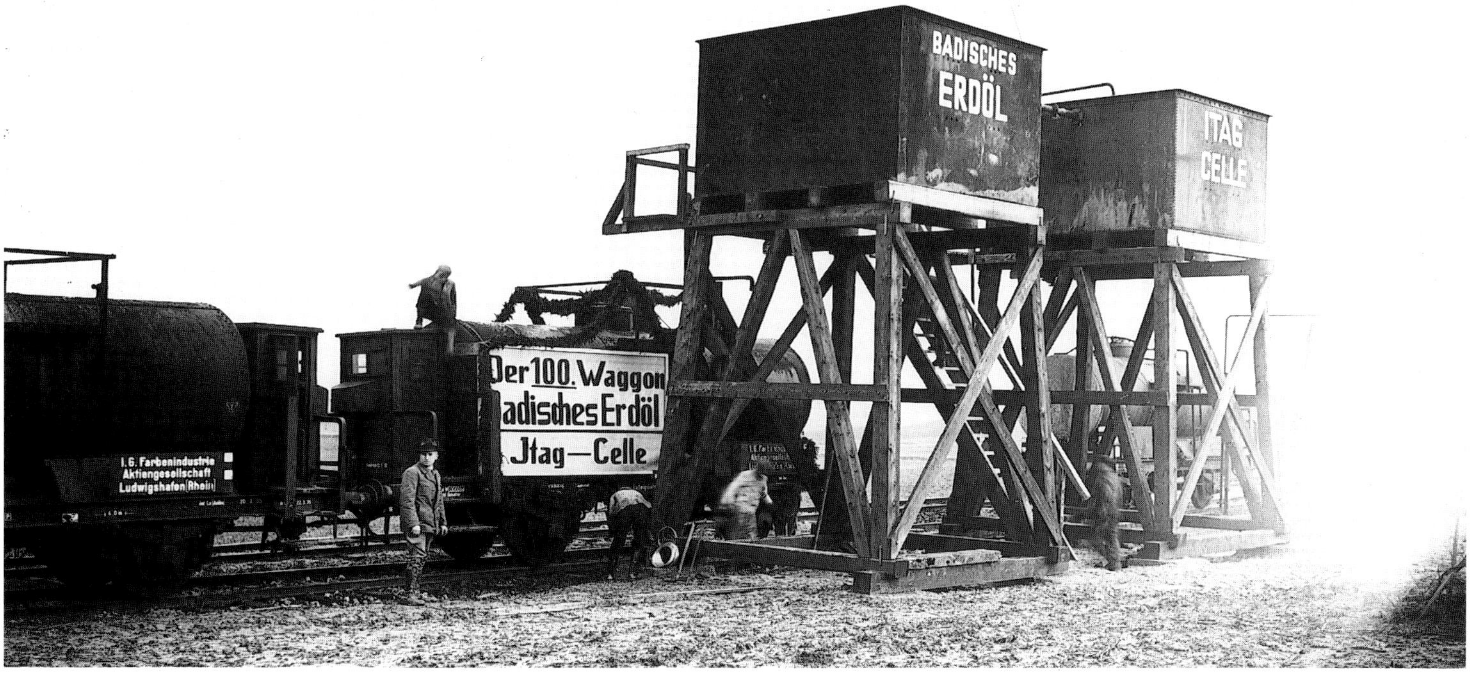
BADISCHES
ERDÖL
ITAG
CELLE
Der 100. Waggon
adisches Erdöl
Jtag—Celle
I. G. Farbenindustrie
Aktiengesellschaft
Ludwigshafen (Rhein)

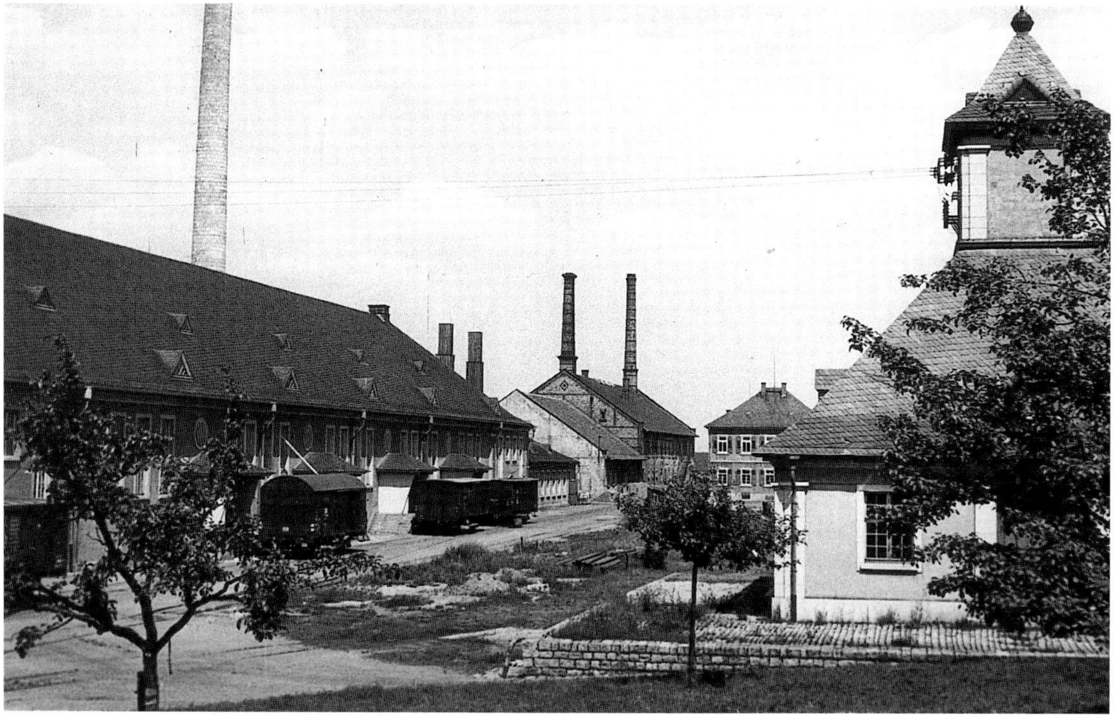

Rappenauer Siedesalz hatte weithin einen guten Namen. Die älteren Anlagen entstanden in den 20er Jahren des 19. Jahrhunderts. 60 Meter hoch ragten die Kamine in den Himmel; 1974 wurden sie gesprengt

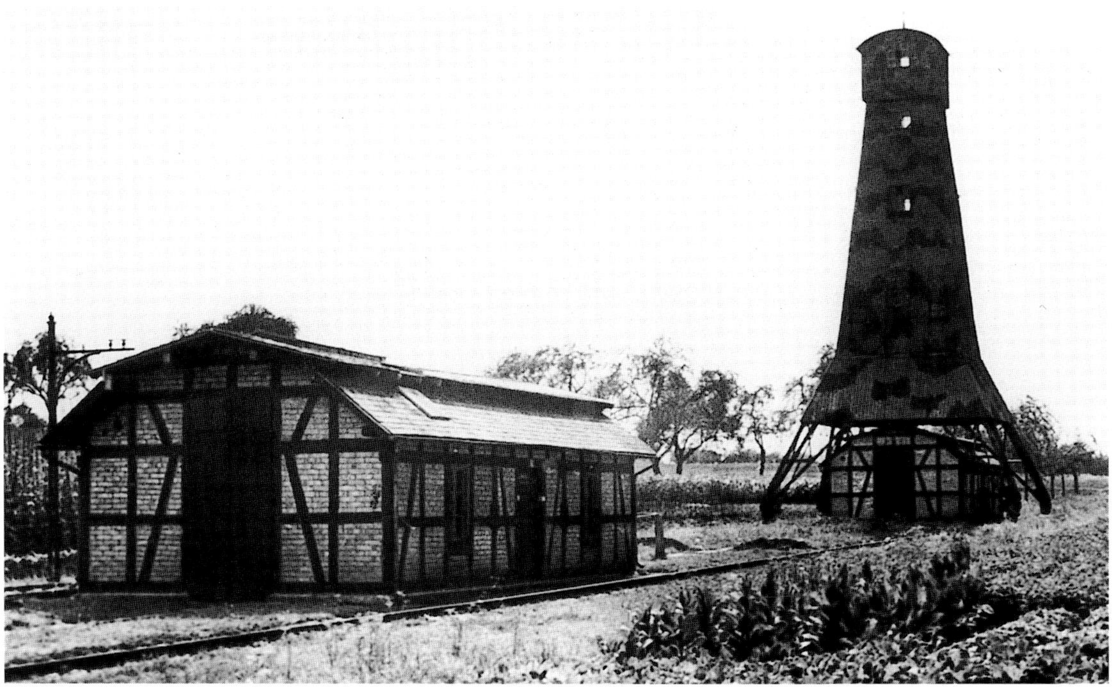

Zu Beginn des 20. Jahrhunderts hatten fahrbare Bohrtürme die Aufgaben der Treträder übernommen. Wahrscheinlich war letztlich der Personal- und Brennstoffbedarf zu groß geworden, um mit moderneren Unternehmen konkurrieren zu können

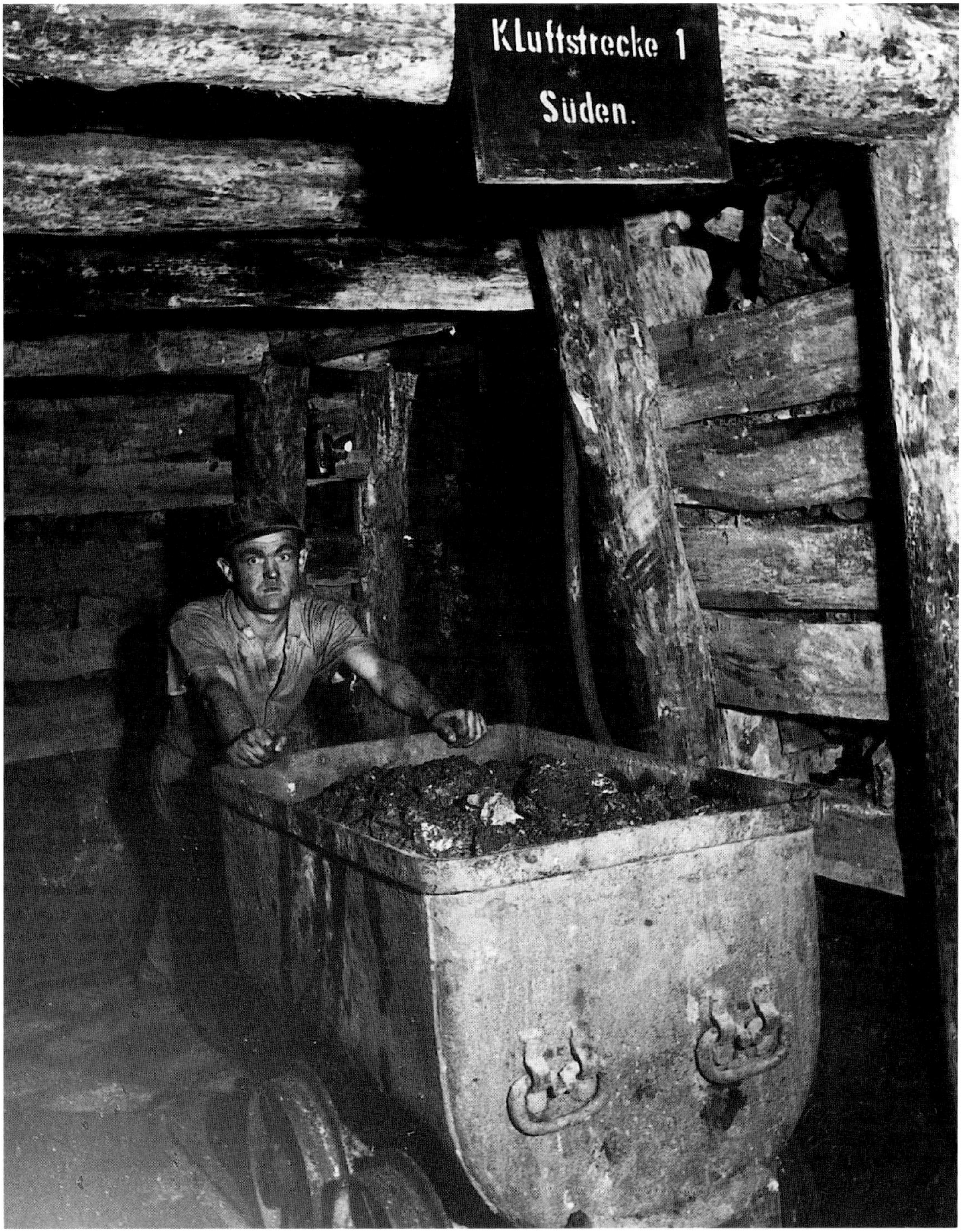

Nur noch Erinnerung ist der Bergbau in Wiesloch; wiederholt wurden neue Anstrengungen unternommen, doch die Zechen sind wahrscheinlich nie wieder zu beleben

Der Schilfsandstein im Kraichgau bot zeitweise viele Arbeitsplätze für Steinhauer und -brecher. In Kürnbach gab es zeitweise um die 300 Arbeitsplätze in den Steinbrüchen, ebenso im benachbarten Sulzfeld und Mühlbach

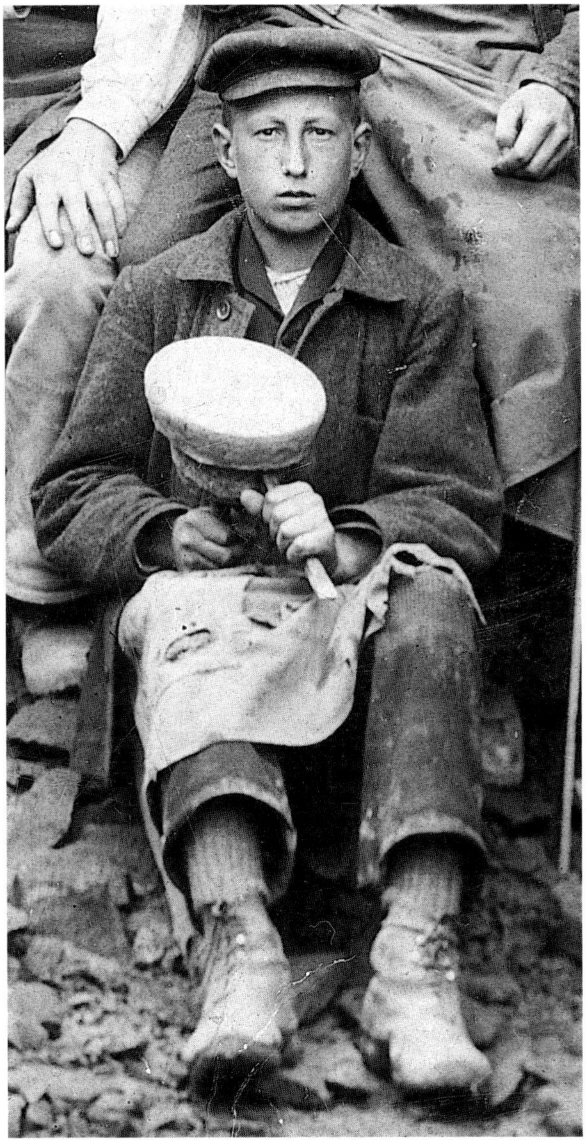

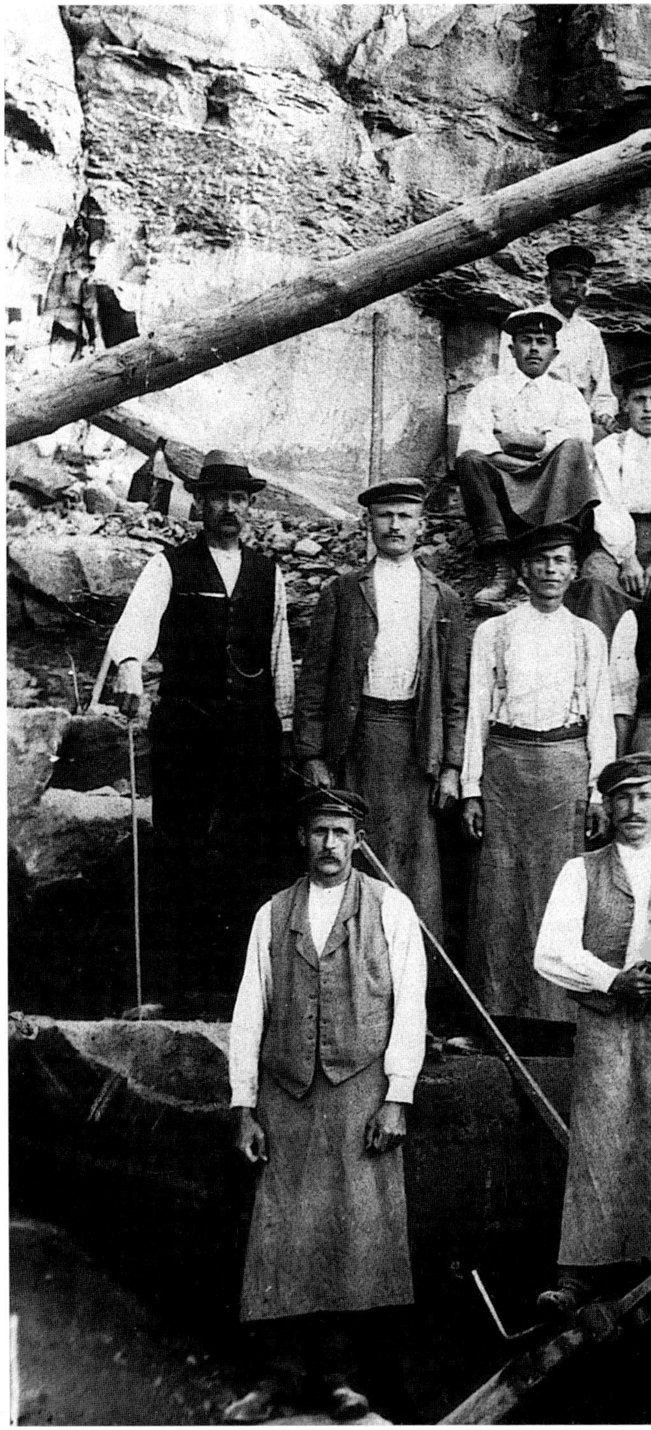

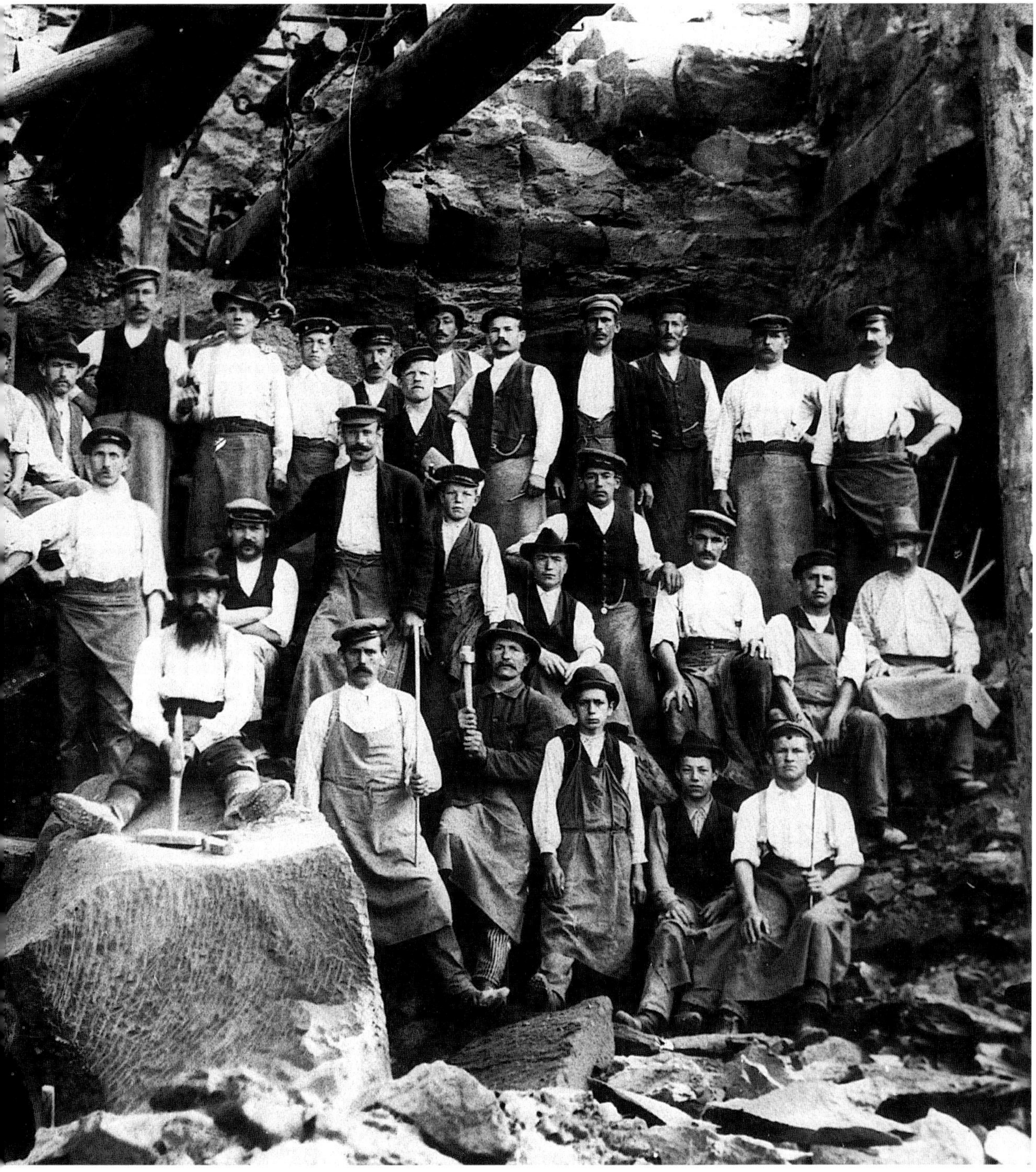

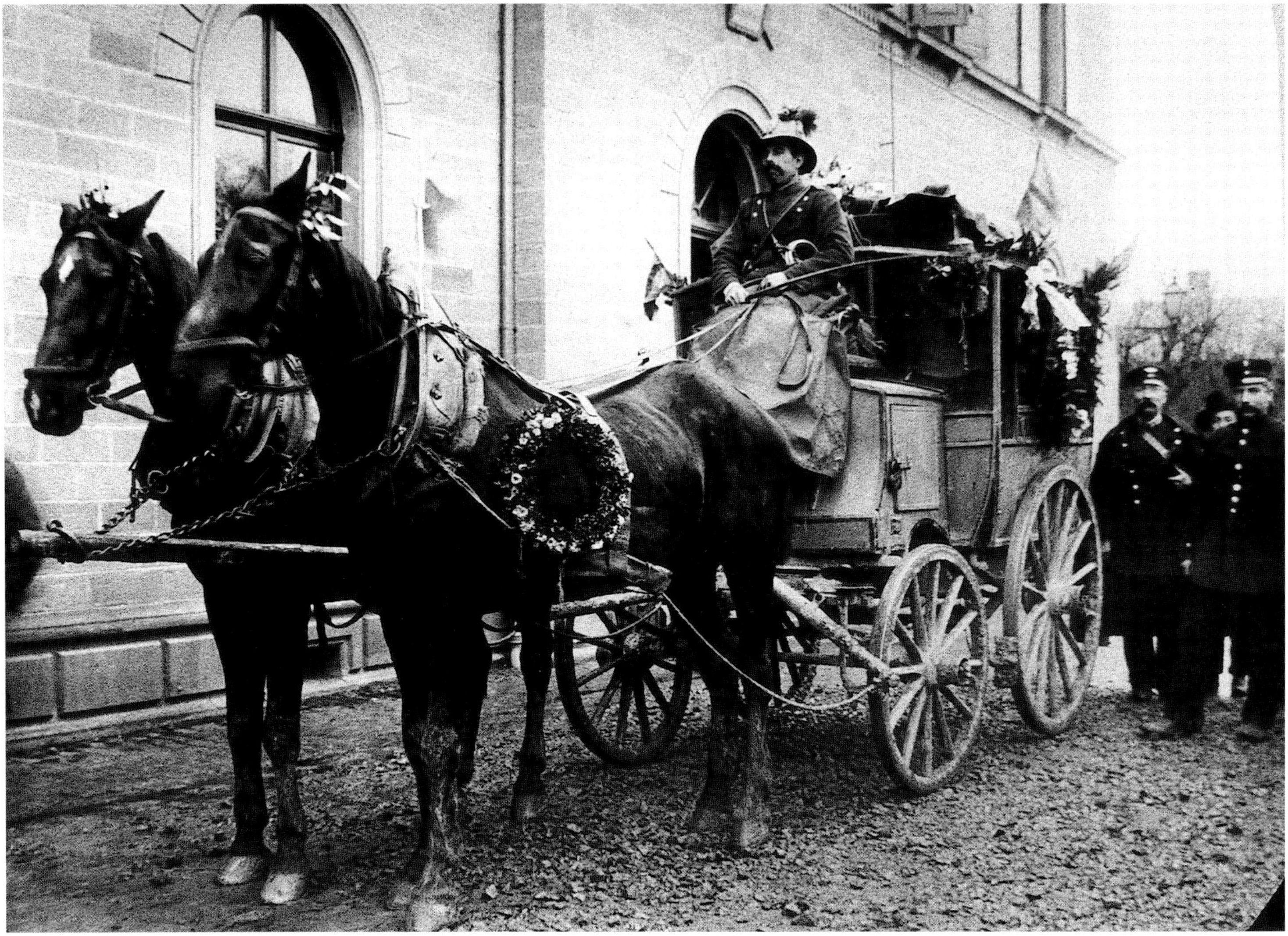

Abschied von der Postkutsche nahmen mehrere Gemeinden bei Sinsheim bereits am 15. November 1900. Die Schiene hatte ihr den Garaus gemacht.

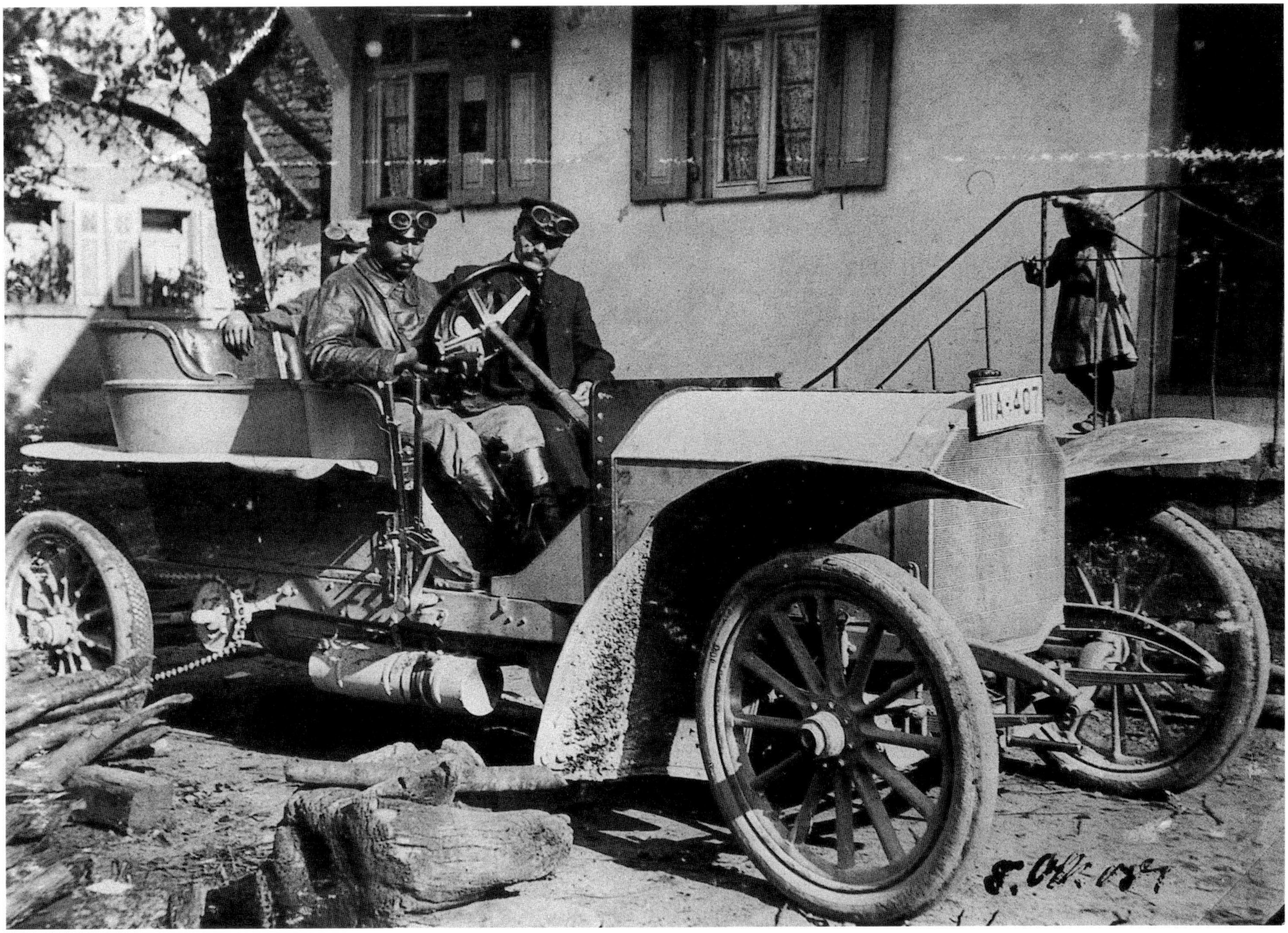

Schon 1908 steuerte Ingenieur Gotthilf Dürrwächter bei Daimler sein Vehikel mit Kettenantrieb und Vollgummireifen in die Waldensergemeinde Großvillars, in seine Heimat.

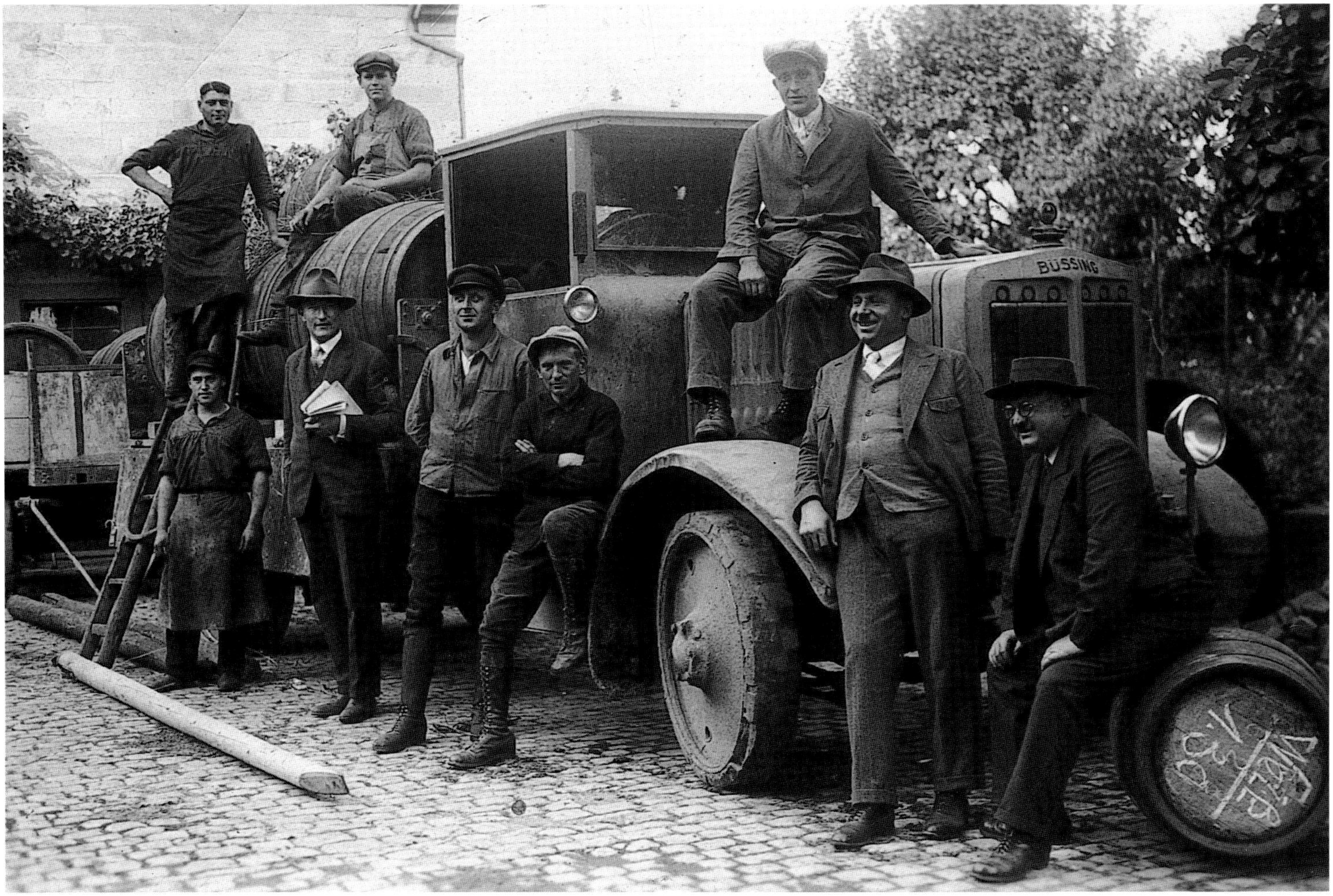

Vielbewundert wurde in den 20er Jahren der erste Lastentransporter auf Vollgummireifen in Sulzfeld. Die Winzer hofften in kritischen Jahren angesichts der Motorisierung auf eine Neubelebung des Weinabsatzes.

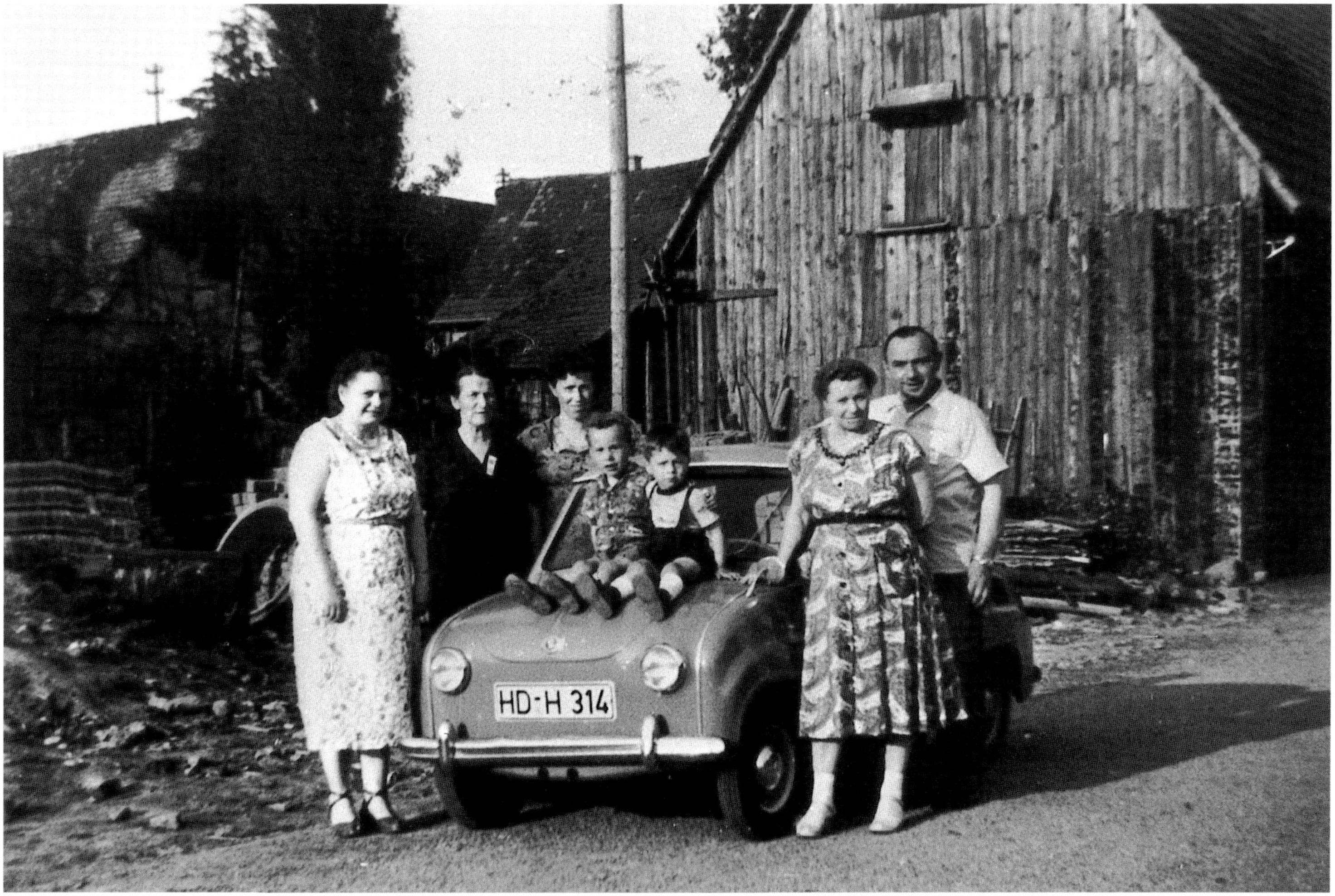

Nein, nicht alle Bewunderer des kleinen „Gogo" aus dem Raum Heidelberg hatten nach der Währungsreform Platz in dem „Mini". Und er rollte und rollte auch im Kraichtal …

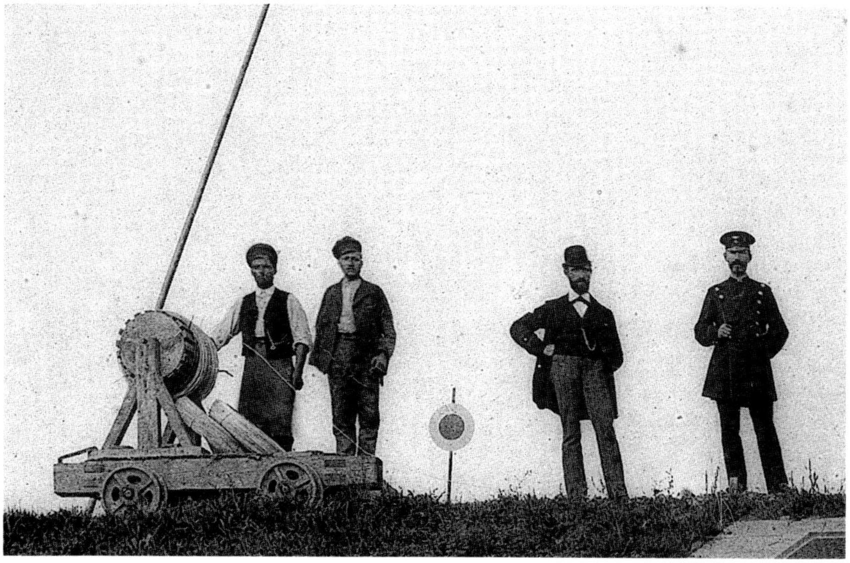

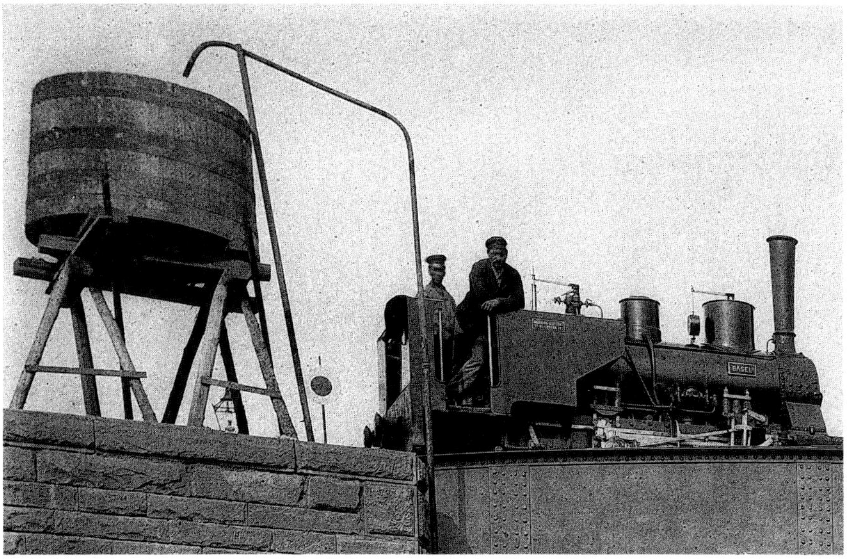

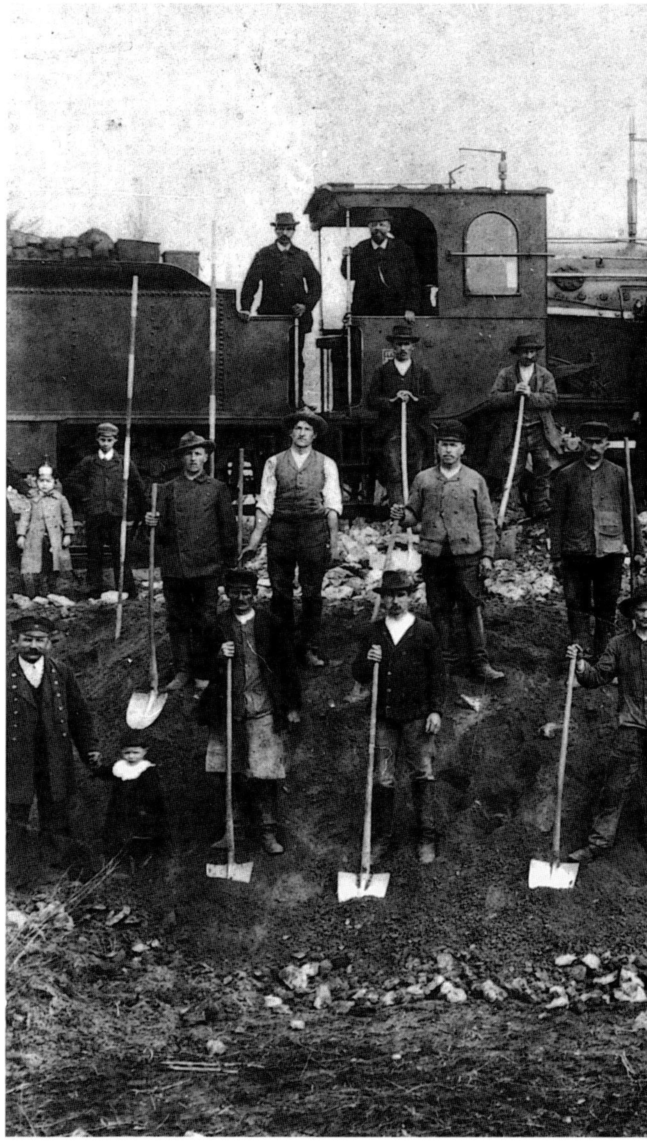

Primitiv waren noch
die Vorrichtungen beim
Eisenbahnbau, so
Winden oder Wasser-
behälter für die Loks

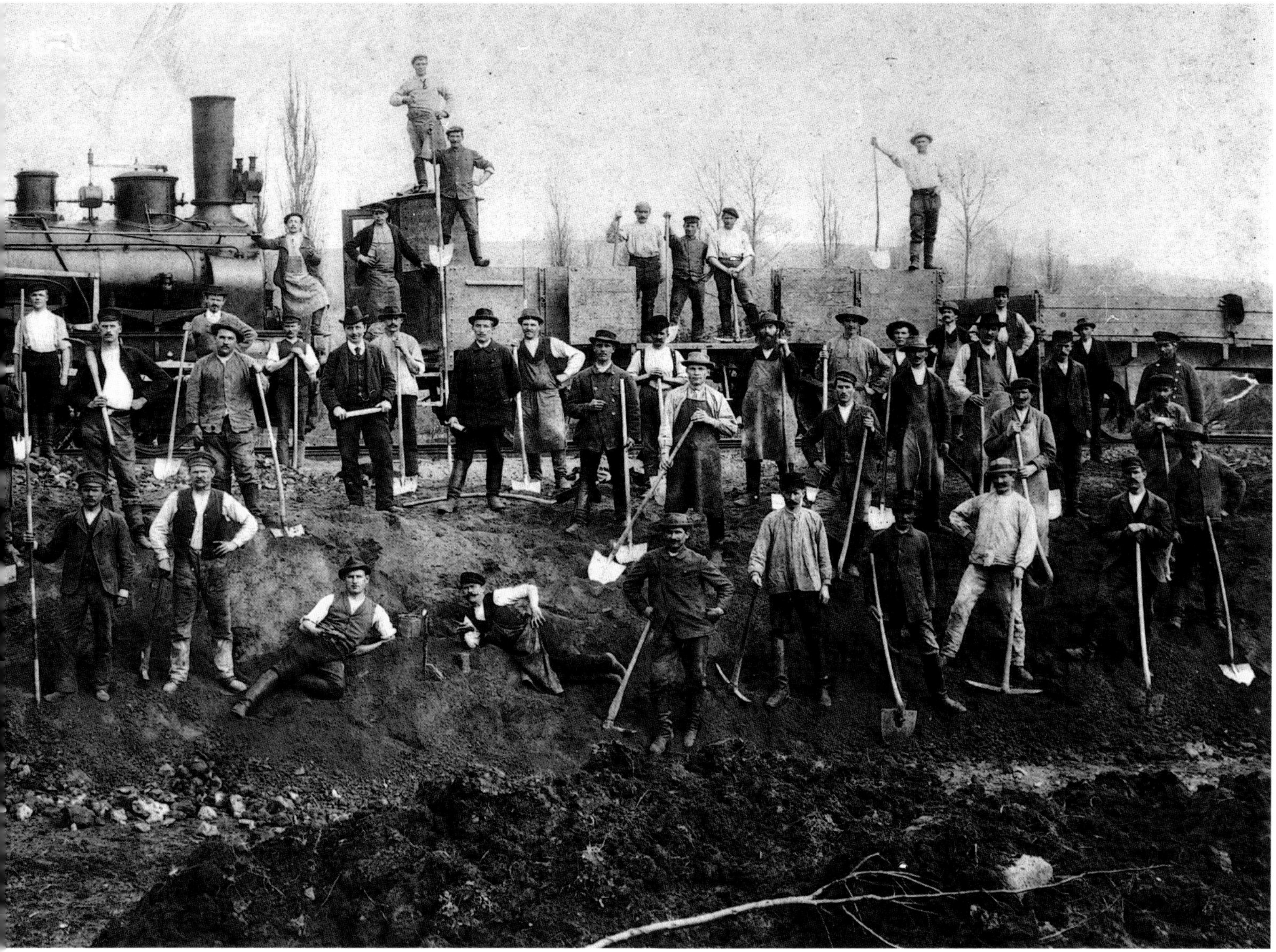

1869 war in Steinsfurt eine Großbaustelle der neuen Eisenbahnlinie. Zur Verfügung standen den Bauarbeitern damals lediglich Schaufel, Pickel und Spaten. In Güterwagen wurde der Abraum abgefahren

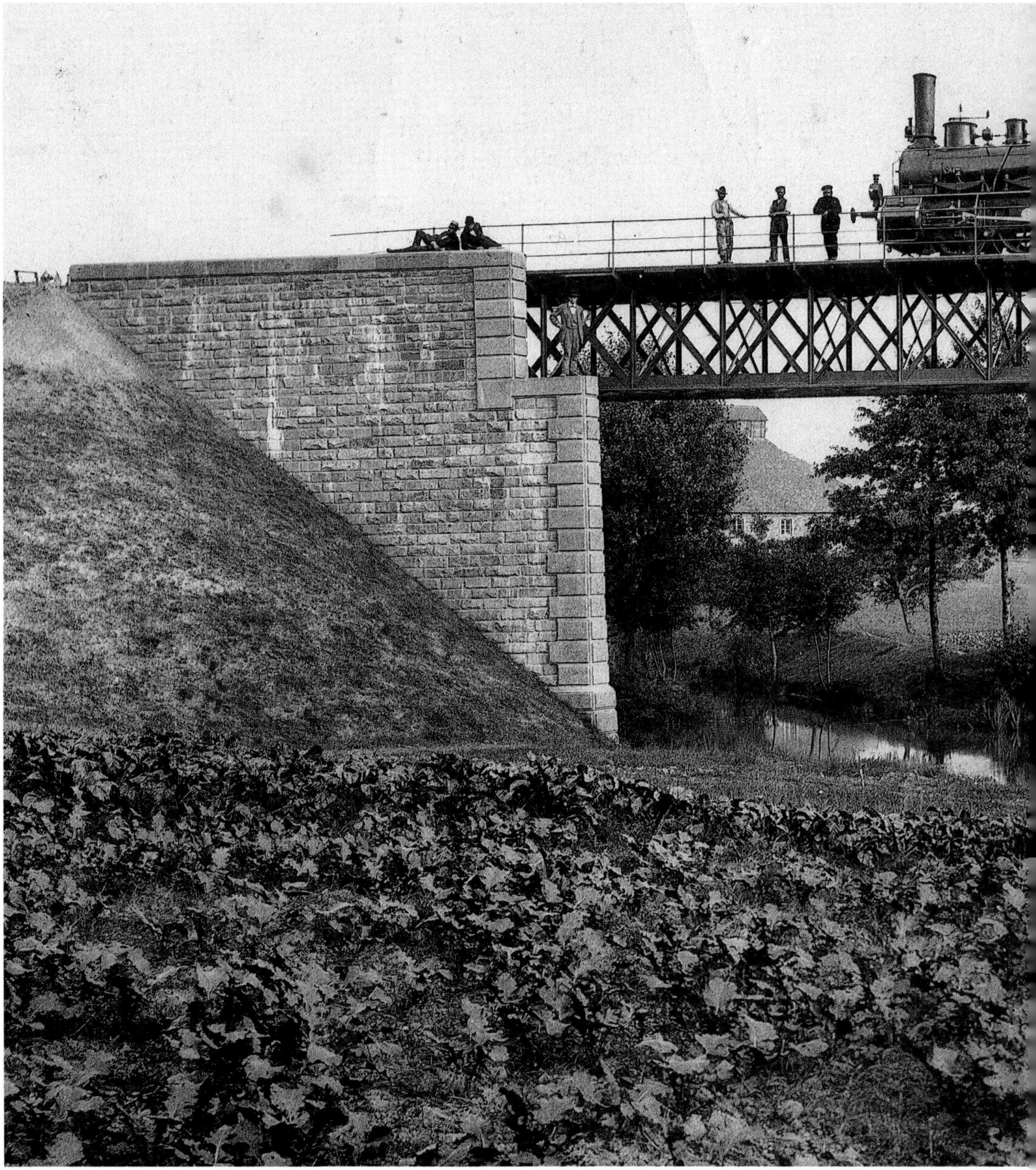

1879 rollten die ersten Züge auf der Kraichgaubahn von Karlsruhe bis Eppingen, einige Jahre später auch nach Heilbronn. Innerhalb relativ kurzer Zeit waren Brücken, Tunnels, Bahnhöfe und der Bahnkörper fertiggestellt worden. Elegant wurde die Pfinz bei Grötzingen überspannt

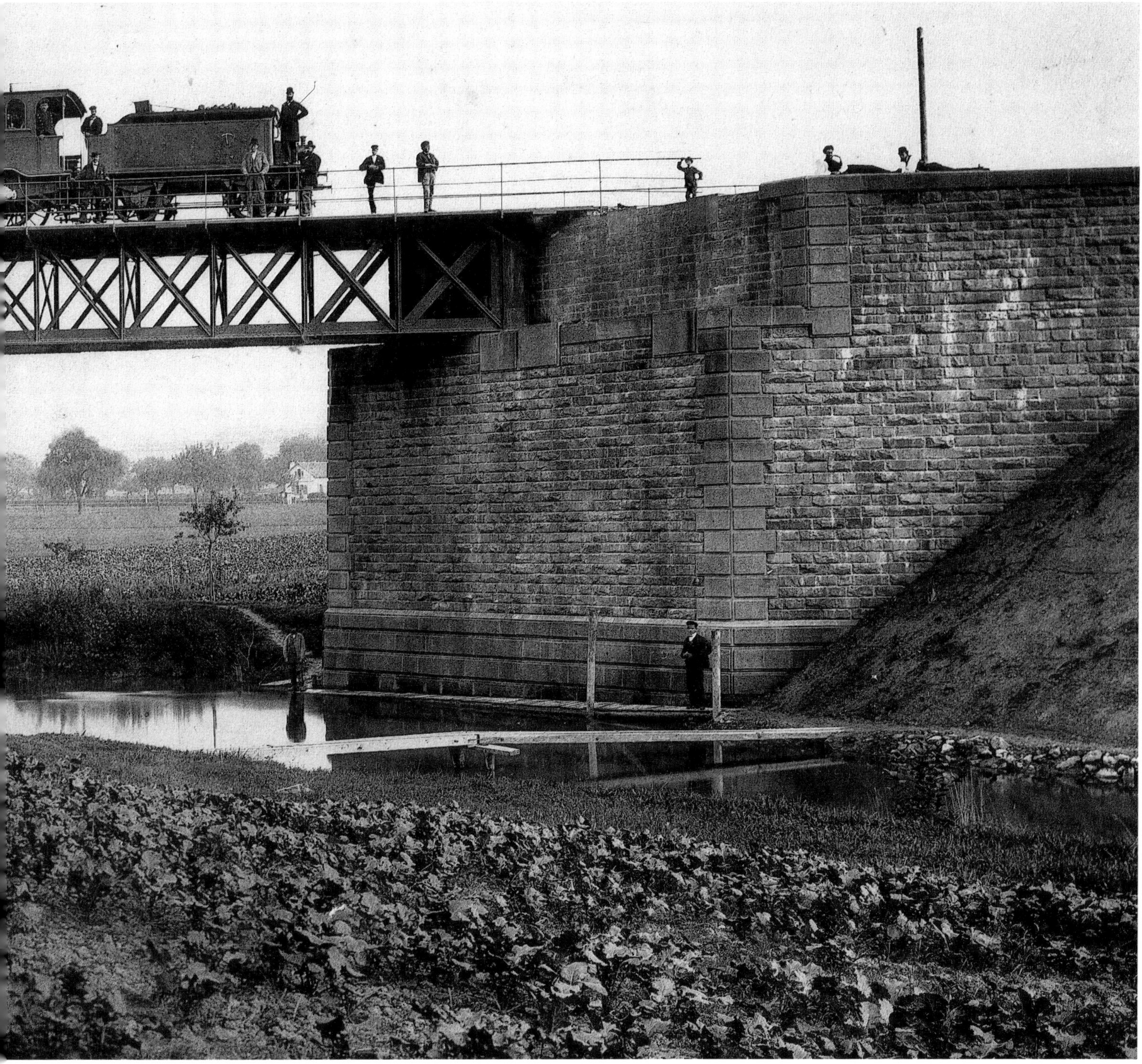

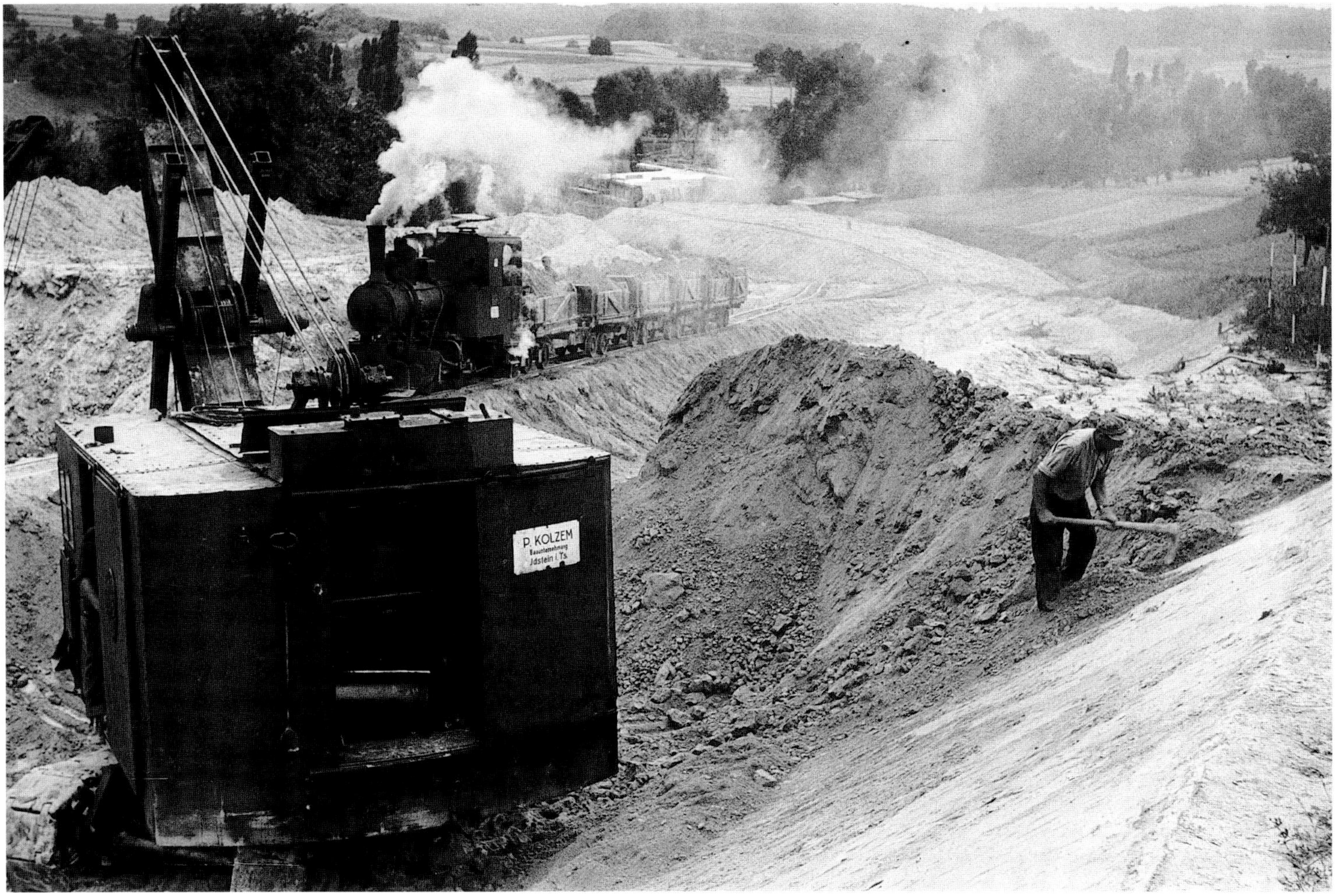

Großbaustelle bei Diedelsheim für die neue B 35/293. Hier dampfte zum letzten Mal in unserem Gebiet eine Schmalspurbahn mit dem Erdaushub

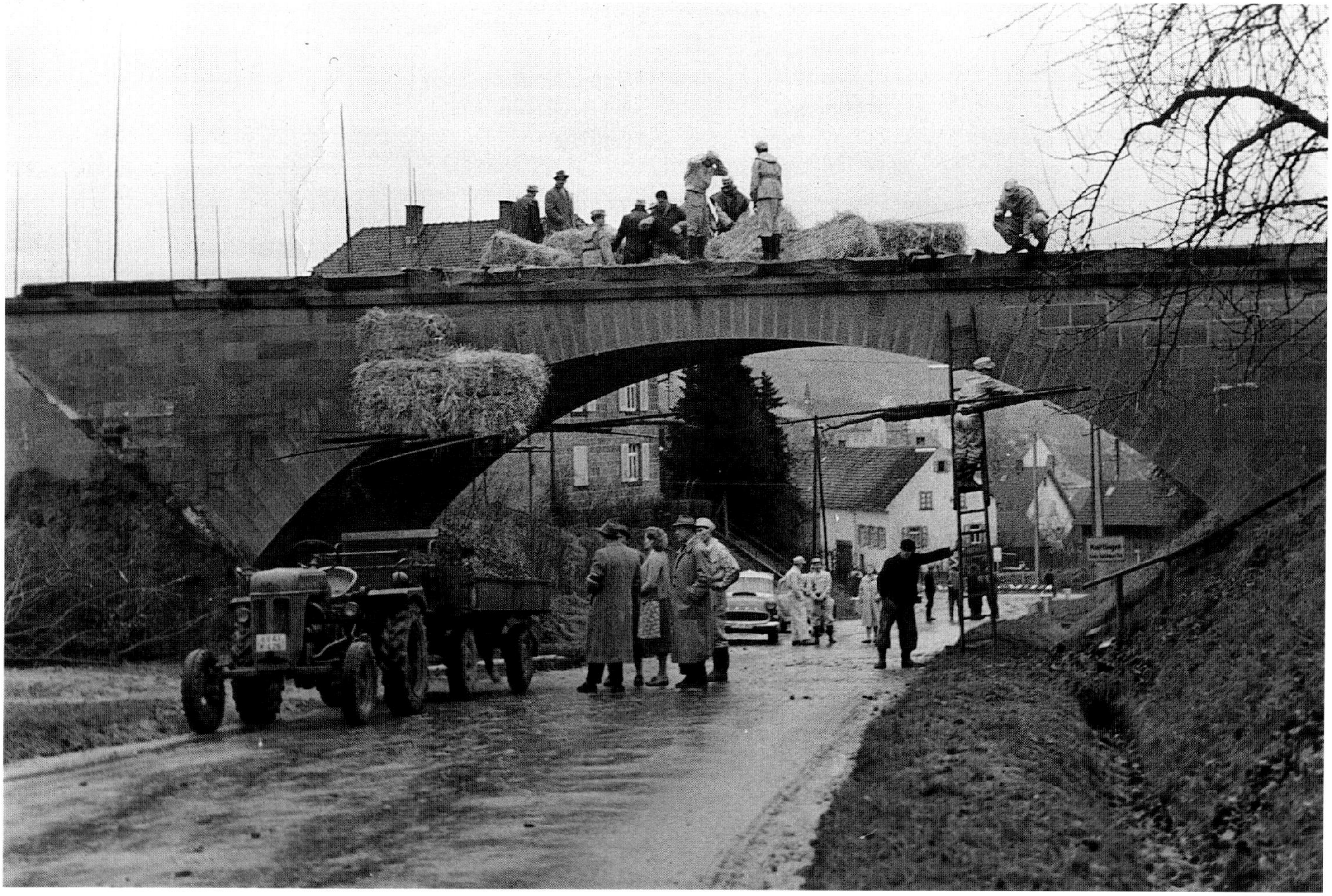

Weniger glücklich verlief der Bahnbau für die projektierte Zabergäubahn ab Bretten über Knittlingen, Derdingen, Kürnbach in Richtung Sternenfels und Zabergäu. Diskutiert wurde ausgiebig, entschieden nicht. Knittlingen erlebte in den 50er Jahren die Sprengung einer Eisenbahnbrücke

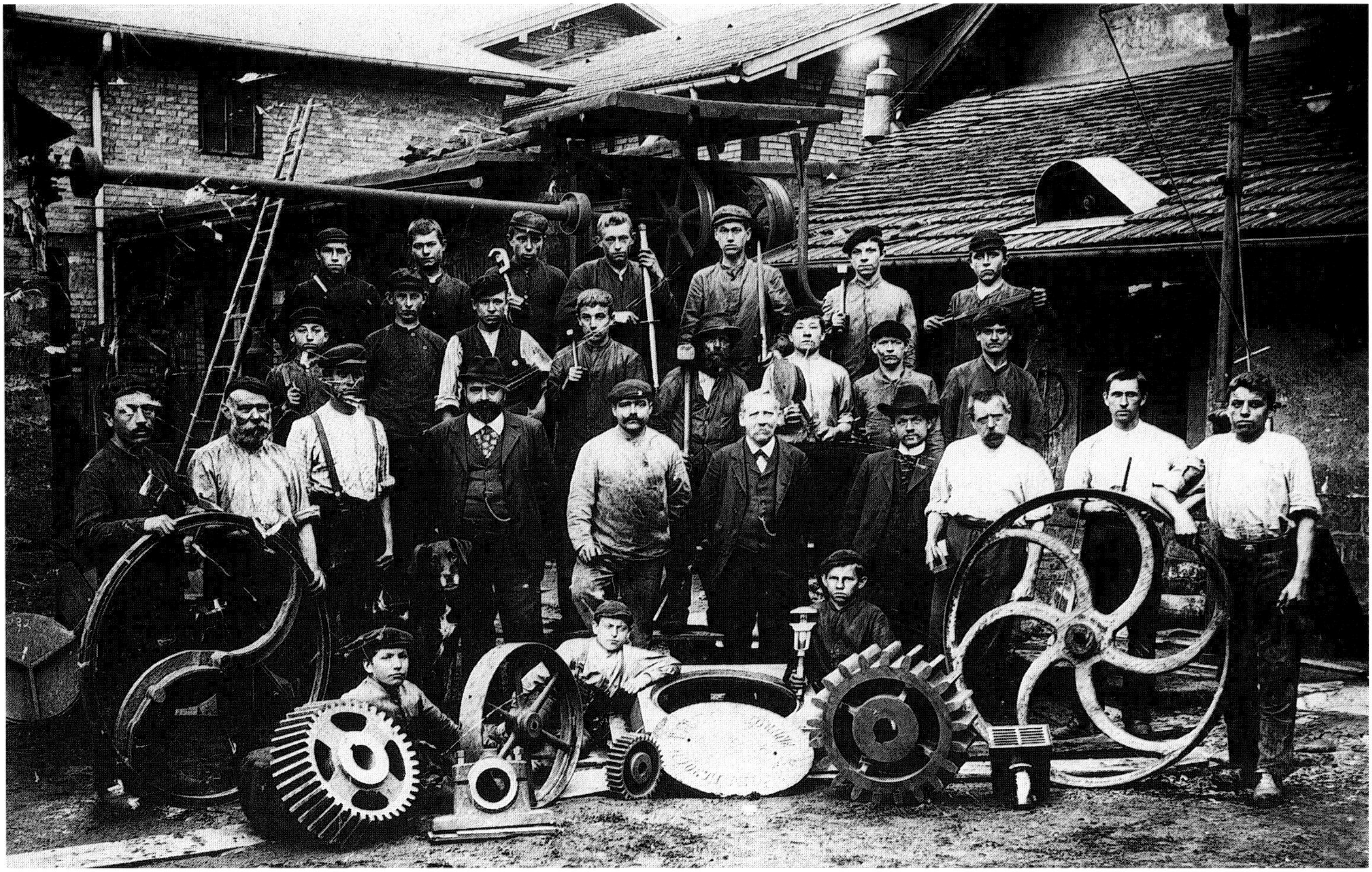

Von der Eisenbahnstrecke Bretten-Mühlacker die ersten Erfolgsmeldungen: Bei Ötisheim siedelte sich 1895 das erste Industrieunternehmen, eine Maschinenfabrik, an, die die Chance des verbesserten Verkehrs wahrgenommen hat

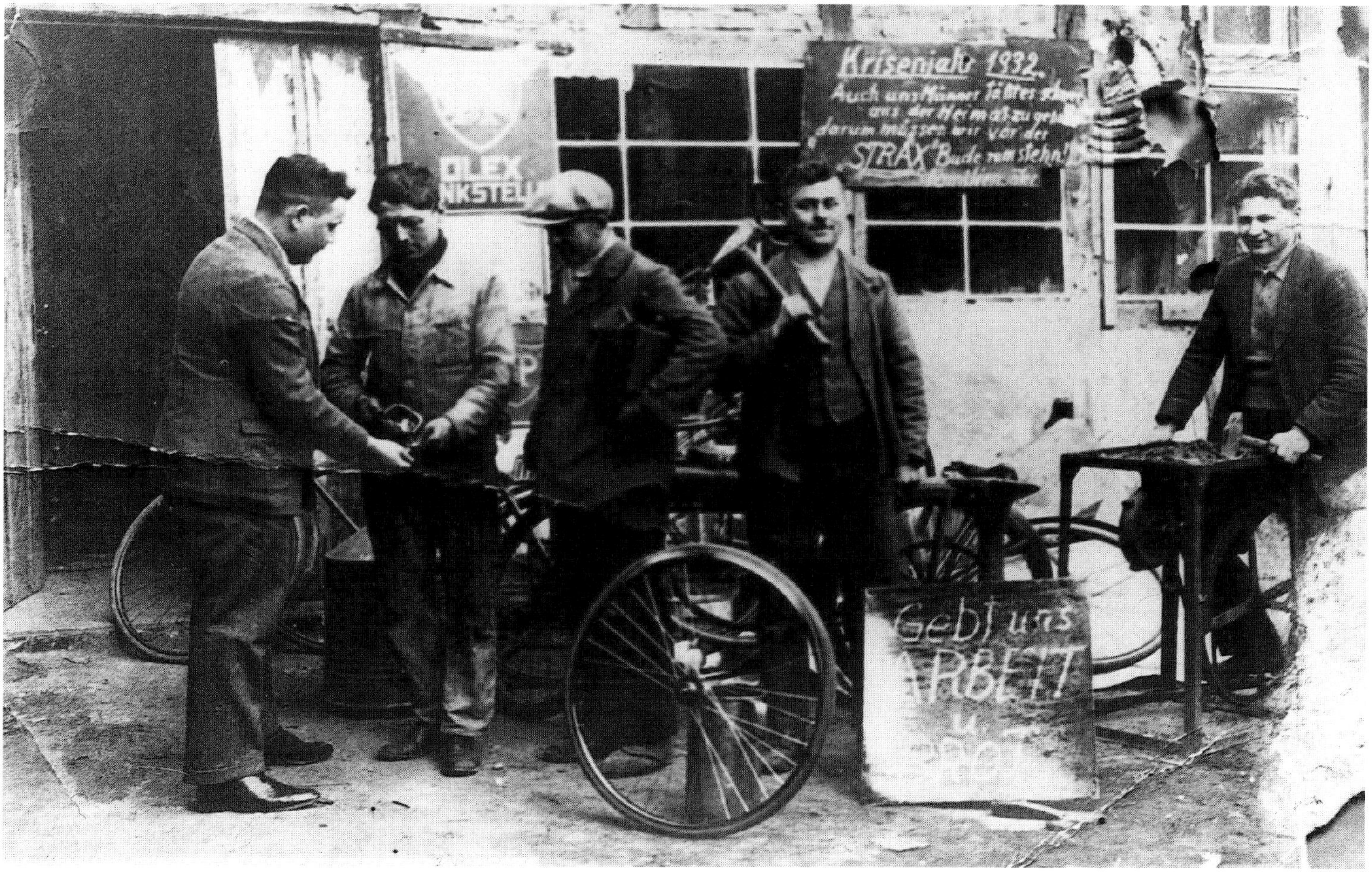

Gebt uns Arbeit und Brot, so klagten arbeitslose Handwerker in Ubstadt vor ihren Werkstätten im Krisenjahr 1932

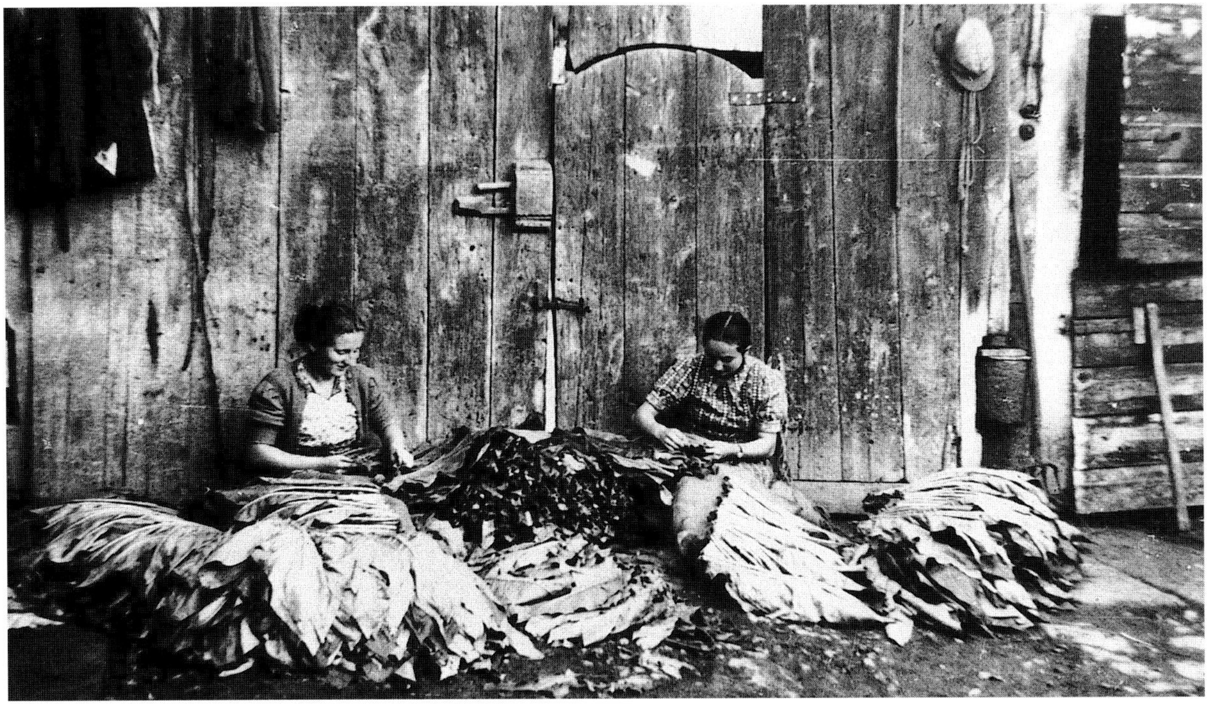

Die Arbeit am Tabak begann auf dem Feld und setzte sich nach der Ernte mit dem Einfädeln der verschiedenen Blattgruppen fort

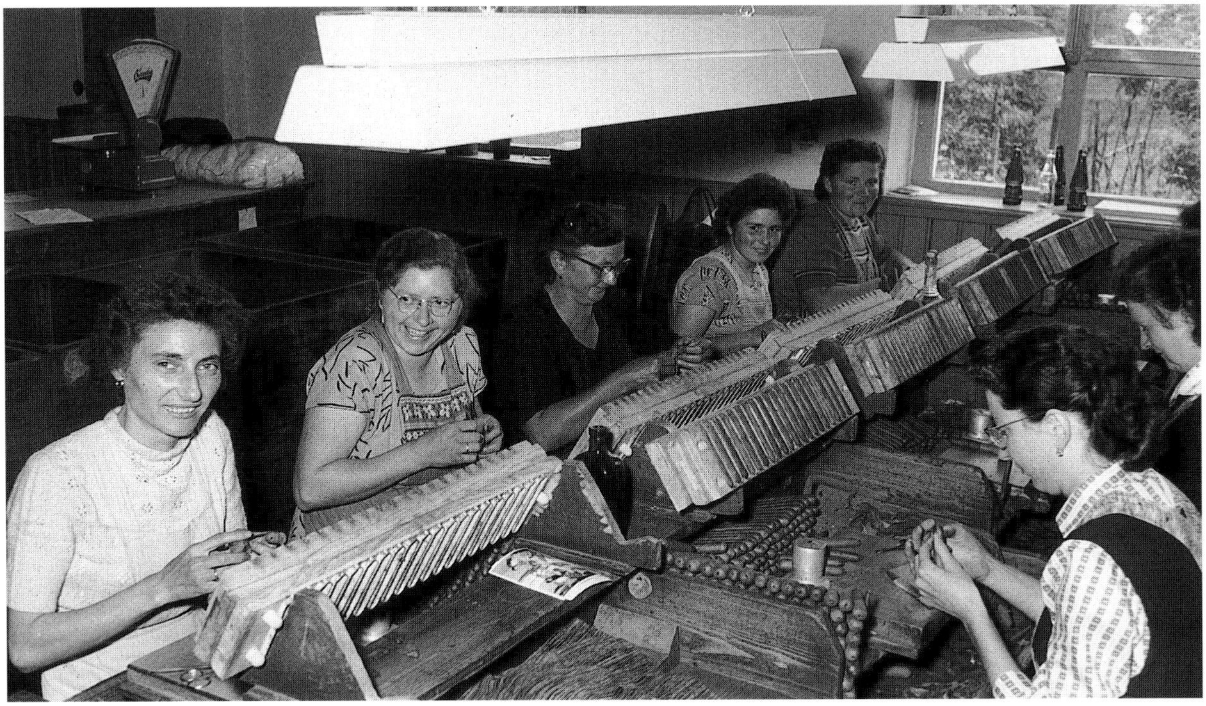

Auf und ab ging es wiederholt in der Zigarrenindustrie, zeitweise dem mit Abstand bedeutendsten Arbeitszweig im Kraichgau. Qualitätsarbeit war besonders beim Zigarrenmachen und -wickeln angezeigt

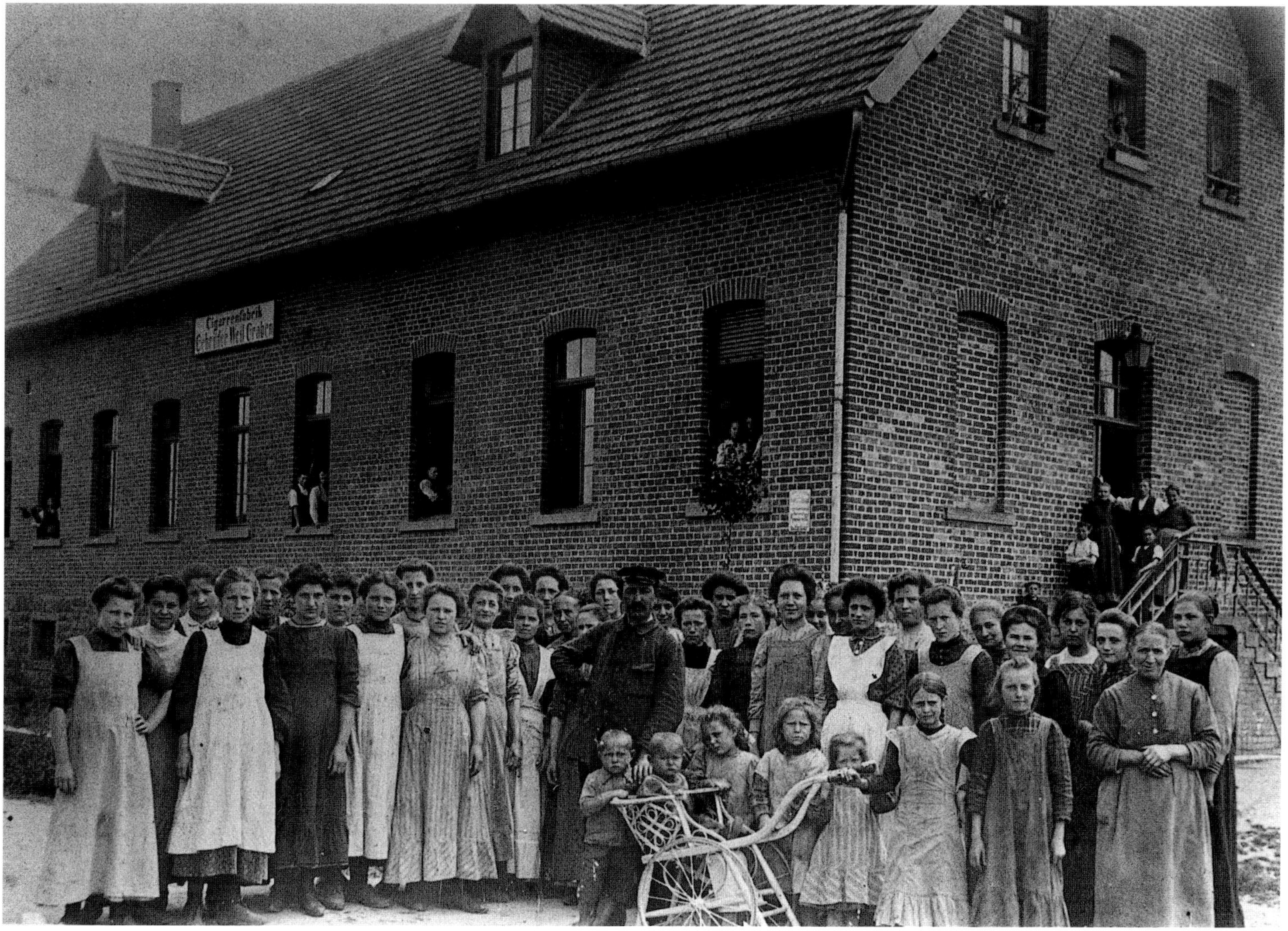

In vielen Orten des Kraichgaus entwickelten sich die schmucklosen Bauten der Tabakindustrie, hier in der Nähe des Nebenbahnhofs Münzesheim

Kraichgau – Kriege und immer wieder Kriege

Wer wollte sie zählen, die zumeist sanft ineinanderschwingenden Hügelketten des Kraichgaus? Eben ist der Kraichgau fast nirgends. Viele der aus dem Hügelland herausragenden Kuppen krönten jahrhundertelang trutzige Burgen, überwiegend funktionstüchtige Herrensitze, von denen nach Kriegen und Zerfall nicht selten wüste Steinhaufen übriggeblieben sind.
David Chyträus, der in Menzingen aufgewachsene Reformator und jüngere Freund Philipp Melanchthons, nannte 1558 in der ersten ernstzunehmenden Kraichgaubeschreibung 60 Rittergeschlechter zwischen dem nördlichen Vorland des Schwarzwalds und den südlichen Waldkuppen des Kleinen Odenwalds sowie zwischen Rhein- und Neckartal. Reinhard von Gemmingen hat 1631 bereits 87 und der aus Mingolsheim stammende Historiker Franz Josef Mone (1796 – 1871) 109 Kraichgauer Adelsfamilien festgehalten.
Von Burgen und Schlössern im weiten Umfeld der Kraich – sie entspringt dem Stromberg unterhalb von Sternenfels und mündet südlich von Schwetzingen in den Rhein – kamen ungezählte Grafen, Barone, Freiherren und Ritter in die Verwaltungssitze der Kurfürsten von der Pfalz, in die Bischofssitze von Speyer, Worms, Trier oder Mainz, Würzburg und Bamberg, in die Paläste der Herzöge von Württemberg oder der Markgrafen von Baden.
Etwas älter als die Kraichgau-Lobpreisung von Chyträus ist die Erwähnung des Hügellands im Umfeld der Kraich von Sebastian Münster in der 1544 erstmals veröffentlichten „Cosmographia-Beschreibung der gantzen Welt". Münster erinnerte schon damals an die „namhafftige Edelleut" und an die mächtigen Kraichgaugrafen. Für Münster war der fruchtbare Kraichgau „fast das Land der Edelleut."

Das oft zitierte „Durchgangsland Kraichgau" war, wie die Spaten der Archäologen zutage förderten, schon sehr früh und dann fortwährend besiedelt. Nicht ohne Stolz wird hervorgehoben, daß der „Homo heidelbergensis", 1907 aus einer Sandgrube bei Mauer geborgen, recht eigentlich der (bis jetzt) erste Kraichgauer gewesen sein muß. Der weltberühmte Unterkiefer des „Homo" wird neuerdings auf runde 600 000 Jahre geschätzt.
Archäologen begegneten im Kraichgau fast allen Kulturen lange vor den Römern; diese hatten in Germanien und Gallien die Kelten bezwungen, ihre „Erben", die Alamannen, erlagen dem Angriffsschwung der Franken und sie, wie später u. a. Salier, Staufer und schließlich die Habsburger oder Preußen, schrieben bis in die Neuzeit hinein europäische Geschichte. Nach Bauernunruhen und Glaubenskämpfen im 16. Jahrhundert, erst recht im kriegerischen 17. und 18. Jahrhundert, geriet das Agrarland Kraichgau sichtlich aus den Fugen. Auch Hunger und Seuchen setzten der Bevölkerung zu und sogar die adligen Grundherren gerieten teilweise in finanzielle Bedrängnis. Ihre Fehden prägten zeitweise den Alltag.
Der oft zitierte „Flickenteppich" als Landkarte bis weit in das 19. Jahrhundert mit der „Flurbereinigung" unter Napoleon, mit der Säkularisation und dem empfindlichen Zugriff auf viele Besitzungen und Rechte der früheren Grundherren bis hin zu den Kirchen bewirkten einen epochalen Wandel zugunsten neuer Herrschaftsgebiete wie der Großherzogtümer Baden und Württemberg. Für die Kurpfalz bedeutete der Reichsdeputationshauptschluß 1803 ebenso das Aus wie für das Fürstbistum Speyer. Der Rheinbund, unter dem Druck des nimmersatten Korsen entstanden, führte schließlich zum Ende des alten Römischen Reichs Deutscher Nation und zum Verlust der reichsritterschaftlichen Souveränität auch im Kraichgau.
Die Geschichte des Kraichgaus bedeutete also für viele Generationen die grausame Geschichte der Kriege. Diese schrecklichsten der Schrecken waren nicht nur die Flächenbombardements während

Hitlers „Endkampf" 1944 und 1945, sondern auch der 30jährige Krieg (1618 – 1648) und die Serie der sogenannten Erbfolgekriege hauptsächlich unter dem Franzosenkönig Ludwig XIV. und dessen aggressiven Generälen wie Turenne, Duras, Melac und dem einfallsreichsten Festungsbauer Europas, Vauban.
Laut Befehl des Barockkönigs sollte die Pfalz verbrannt werden, weil er vermeintliche Erbansprüche an die „Palatina" geltend machte. Aber mit der Kurpfalz diesseits und jenseits des Rheins sanken viele Dörfer und Städte der Bistümer Speyer, Worms, Mainz und Trier sowie der badischen Markgrafschaft und des Herzogtums Württemberg in Schutt und Asche. Reichsritterschaftliche Gebiete wurden ebenfalls nicht geschont. Fast ohne Verschnaufpausen gesellten sich zu dem sogenannten Pfälzer Erbfolgekrieg ebenso brutale Waffengänge um spanisches, polnisches und habsburgisches Erbe. Tatsächlich blieb, wie ein Zeitgenosse festgehalten hat, mancherorts „auch nicht ein Obdach für einen Vogel, geschweige denn für einen Menschen" stehen.
Ein Lichtblick in Glanz und Elend Napoleons: Die Festung Philippsburg, gerade noch rechtzeitig zum 30jährigen Völkermorden fertiggestellt, wurde um 1800 auf Befehl der Franzosen endgültig geschleift. Diese wiederholt monatelang umkämpfte Festung mit den jeweiligen Angreifern und Verteidigern forderte nicht nur innerhalb des früheren Bischofssitzes Udenheim oder im Bruhrain, sondern ebenso im Kraichgau immense Opfer an Blut und Gut.
Auch ohne den Kraichgauadel auf hervorragenden Plätzen der Residenzen verbleiben noch viele Namen, die über Deutschlands Grenzen hinaus Klang haben: Der Magier Dr. Faustus stammt aus Knittlingen, die Reformatoren Philipp Melanchthon, David und Nathan Chyträus aus Bretten bzw. Menzingen; der Renaissance-Baumeister Hans Schoch, dem wir außer dem Friedrichsbau des Heidelberger Schlosses bedeutende Bauwerke in Straßburg und Karlsruhe verdanken, wurde in Königsbach (Enzkreis) geboren und der Humanist Johannes Heynlin in Stein. Schließen wir mit einem der maßgeblichen Erfinder des Fernsehens: Prof. August Karolus aus Reihen bei Sinsheim: 1924 legte der Kraichgauer Bauernsohn als erster ein Fernseher-Modell zur Übertragung von bewegten Gegenständen, bestehend aus 48 Bildzeichen und 12 Bildwechseln pro Sekunde, der Fachwelt vor: Eine neue Zukunft hatte begonnen.
Allein die verhängnisvollen Bauernkriege der ersten Hälfte des 16. Jahrhunderts, die in der Regel nur von kurzer Dauer waren, forderten überwiegend in Südwestdeutschland um die 100 000 Tote. Hunderte Burgen, Schlösser, Kirchen und Klöster sowie ungezählte Wohngebäude fielen in Schutt und Asche. Weniger Menschenleben forderten dagegen die Schlachten der Freiheitskämpfer 1848/49 in Baden. Einige andere Waffengänge kleineren Ausmaßes sind im Kraichgau weitgehend vergessen. Wer denkt noch an den Schmalkaldischen Krieg zwischen Kaiser Karl V. und dem Schmalkaldischen Bund der Kurfürsten Johann Friedrich von Sachsen und Landgraf Philipp von Hessen? Ausgerechnet an Weihnachten 1547 plünderten und verwüsteten damals spanische Truppen die stolze Burg der Göler von Ravensburg oberhalb von Sulzfeld.
Fast zwei Jahrhunderte zuvor sanken gleich drei Kraichgauer Herrensitze in längst vergessenen Fehden in Trümmer: 1353 waren sich die Herren von Sickingen und die Stadt Speyer in die Haare geraten. Die Sickinger wurden unterstützt von den Burgherren zu Flehingen und zu Münzesheim; Sieger waren die Speyerer, und die drei Burgsitze der Verlierer blieben als Trümmerhaufen zurück.
Die frühe Geschichte des Kraichgaus schrieben indessen nicht nur Kriege, Revoluzzer oder fehdesüchtige Ritter und Landsknechte.

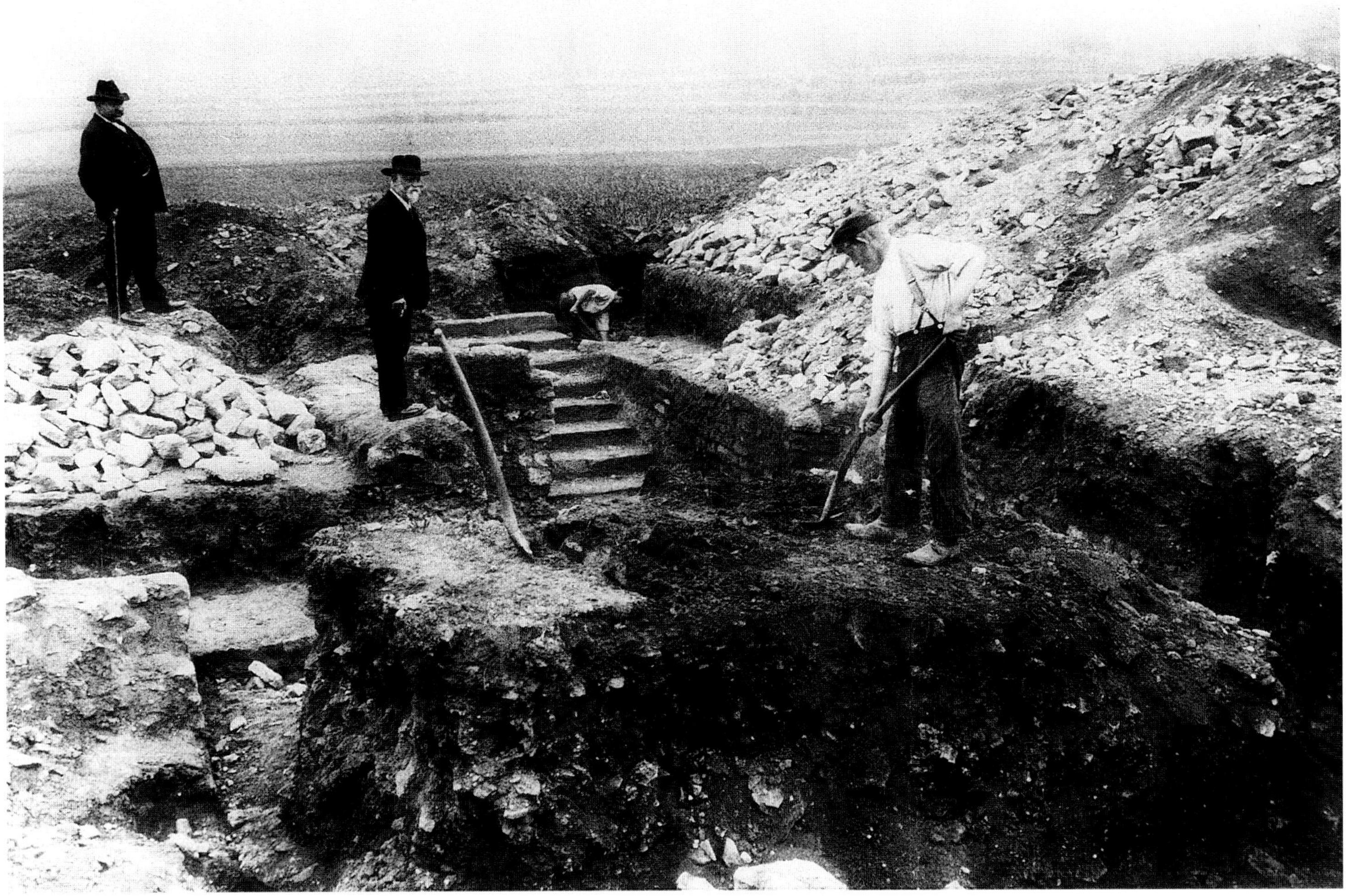

Relativ früh waren die ersten Archäologen aus Karlsruhe im Kraichgau aktiv. 1908 wurde einer der zahlreichen römischen Gutshöfe bei Ubstadt freigelegt

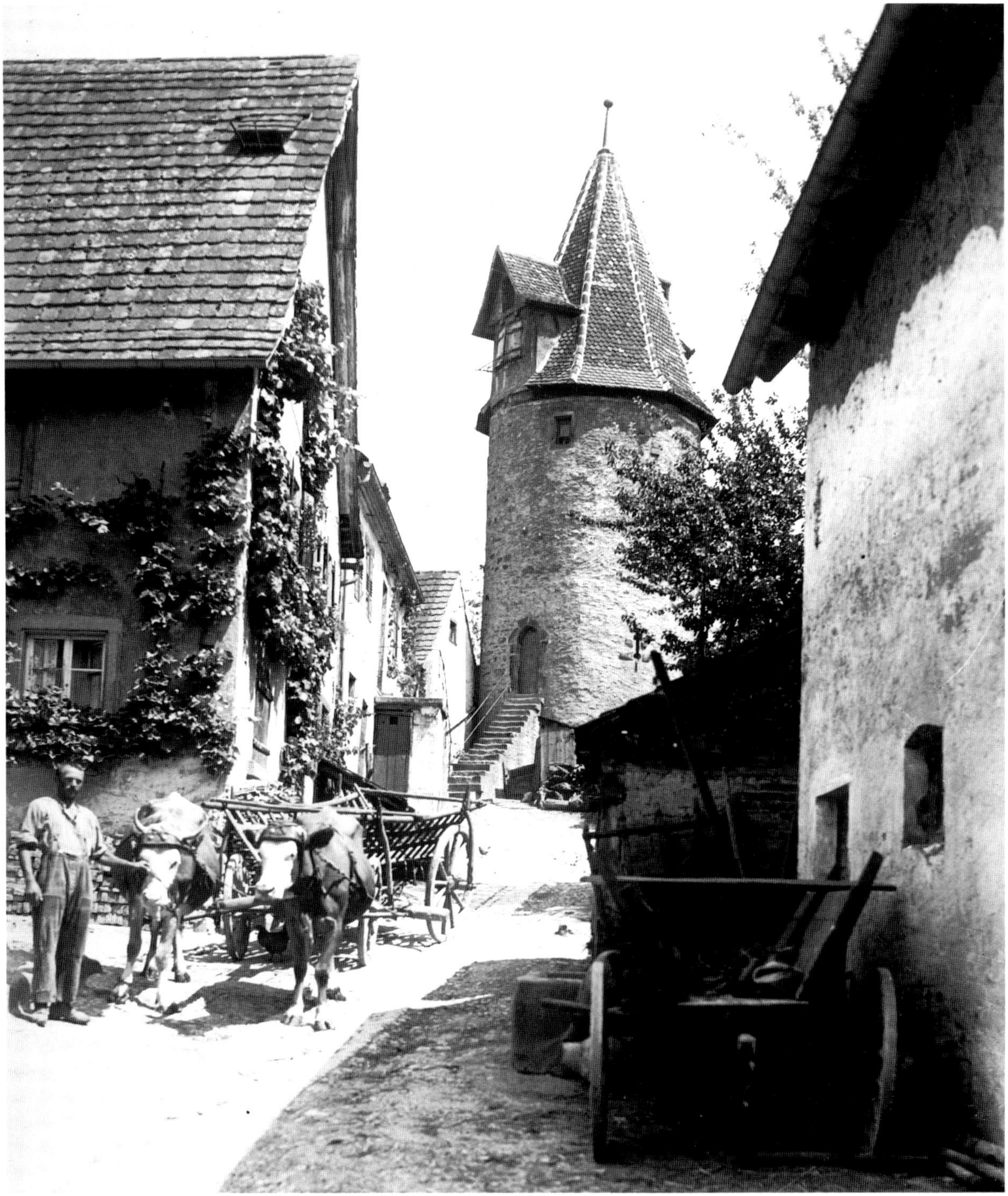

Katzenturm in Heidelsheim.
Im Eckturm an der Südwestecke der Stadtmauer wohnte einst der Turmwächter, vor 1930

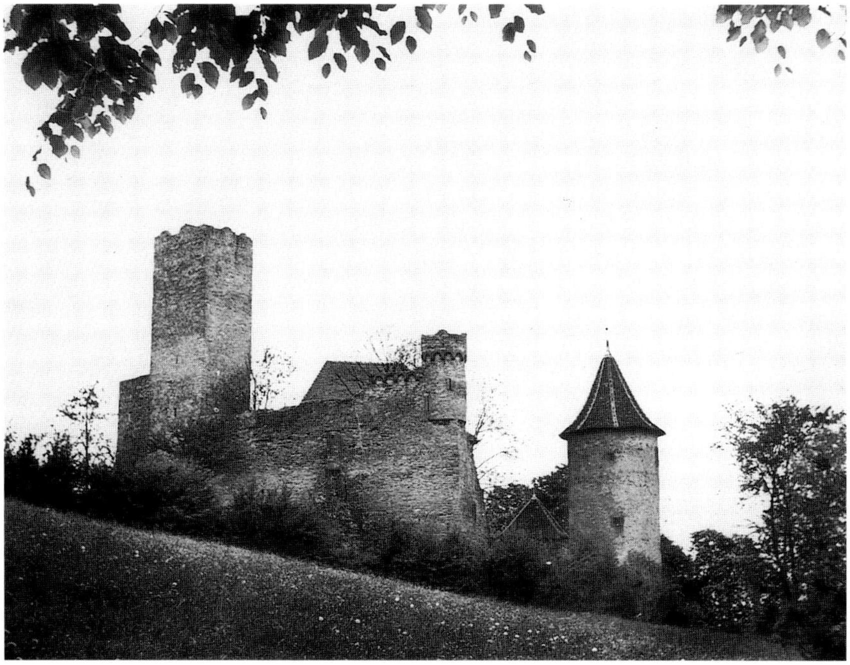

Die Venningen-Burg
Neidenstein Ende des
19. Jahrhunderts

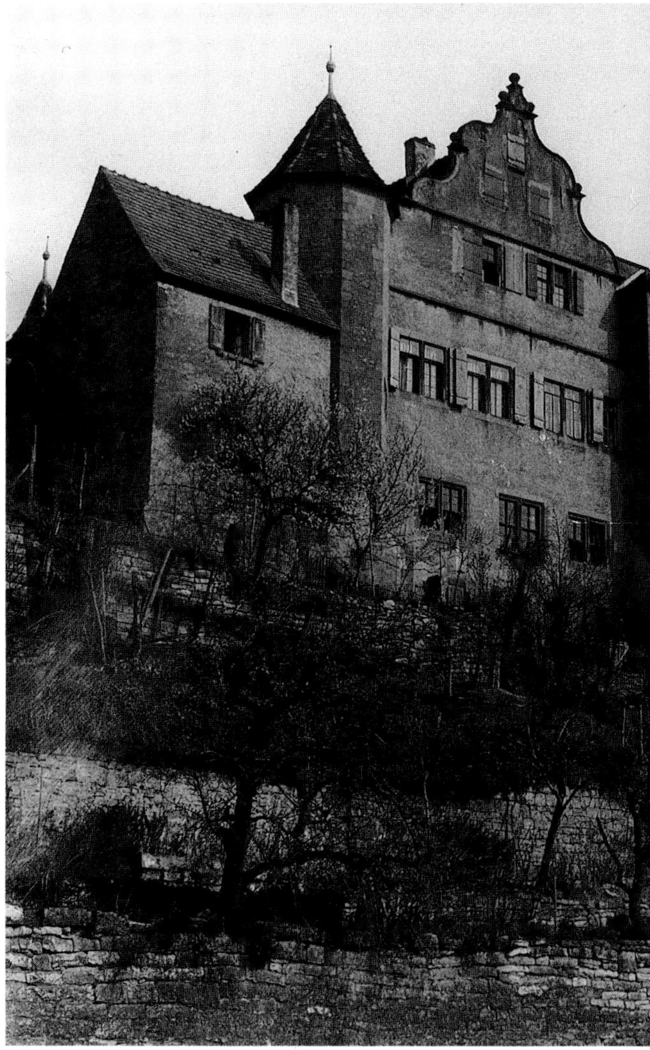

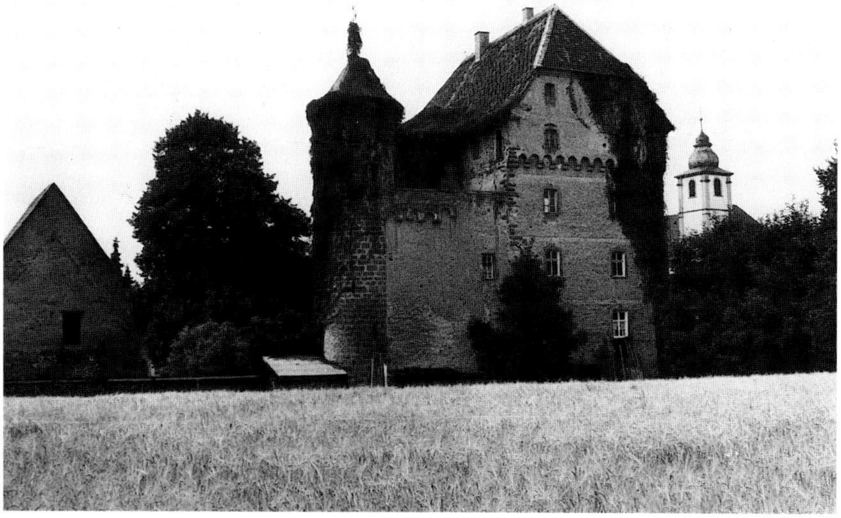

Das Schloß in Grombach
bei Bad Rappenau ist
inzwischen Privat-
wohnhaus geworden

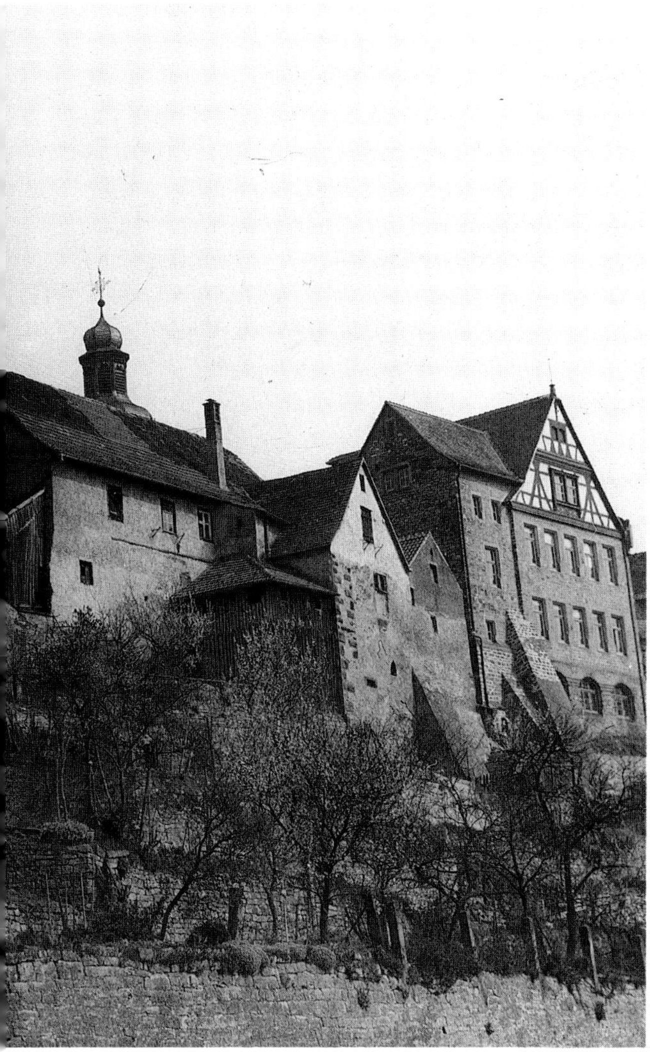

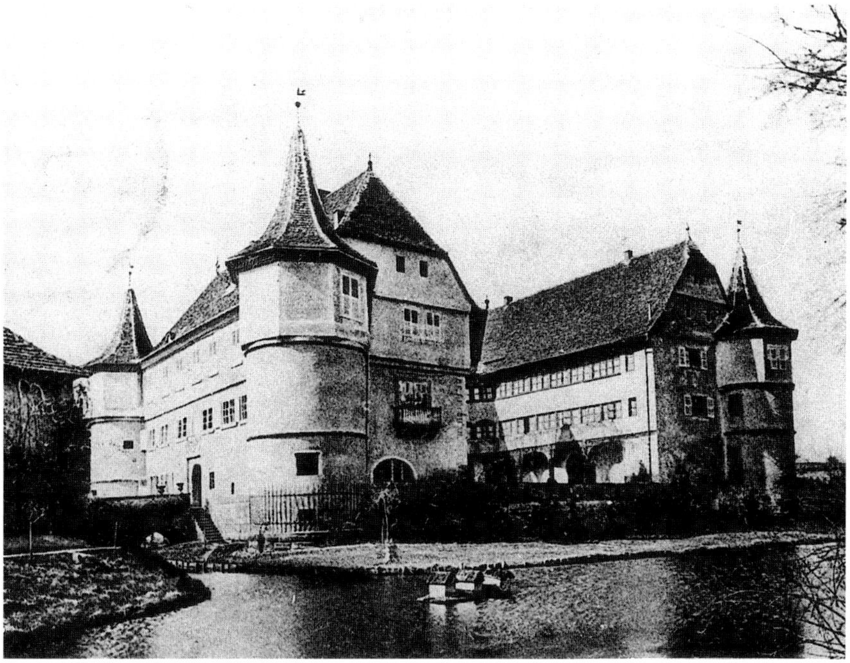

Das Renaissanceschloß in Menzingen, wie es sich bis zur Zerstörung kurz vor Kriegsende 1945 dargeboten hat: Das wohl schönste Wasserschloß des Kraichgaus sank sinnlos in Trümmer

Wiederholt umgestaltet worden ist das Schloß der Ebersteiner in Gochsheim. Noch gut erhalten waren auf dieser Darstellung die Kalkstein-Trockenmauern mit den Gärten

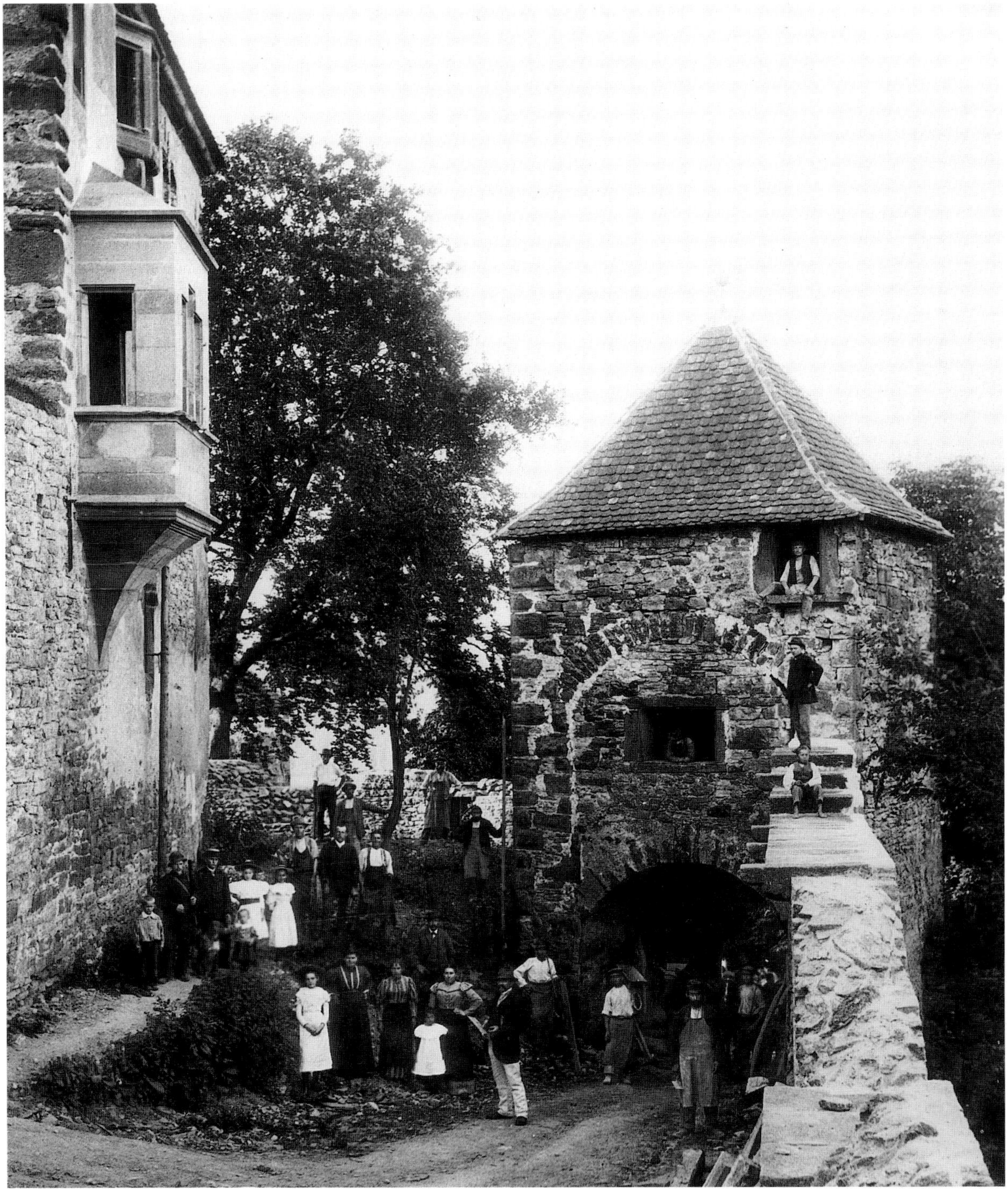

Wiederholt restauriert wurde das Schloß Neidenstein; im Bild Arbeiten an der oberen Zufahrt um die Jahrhundertwende

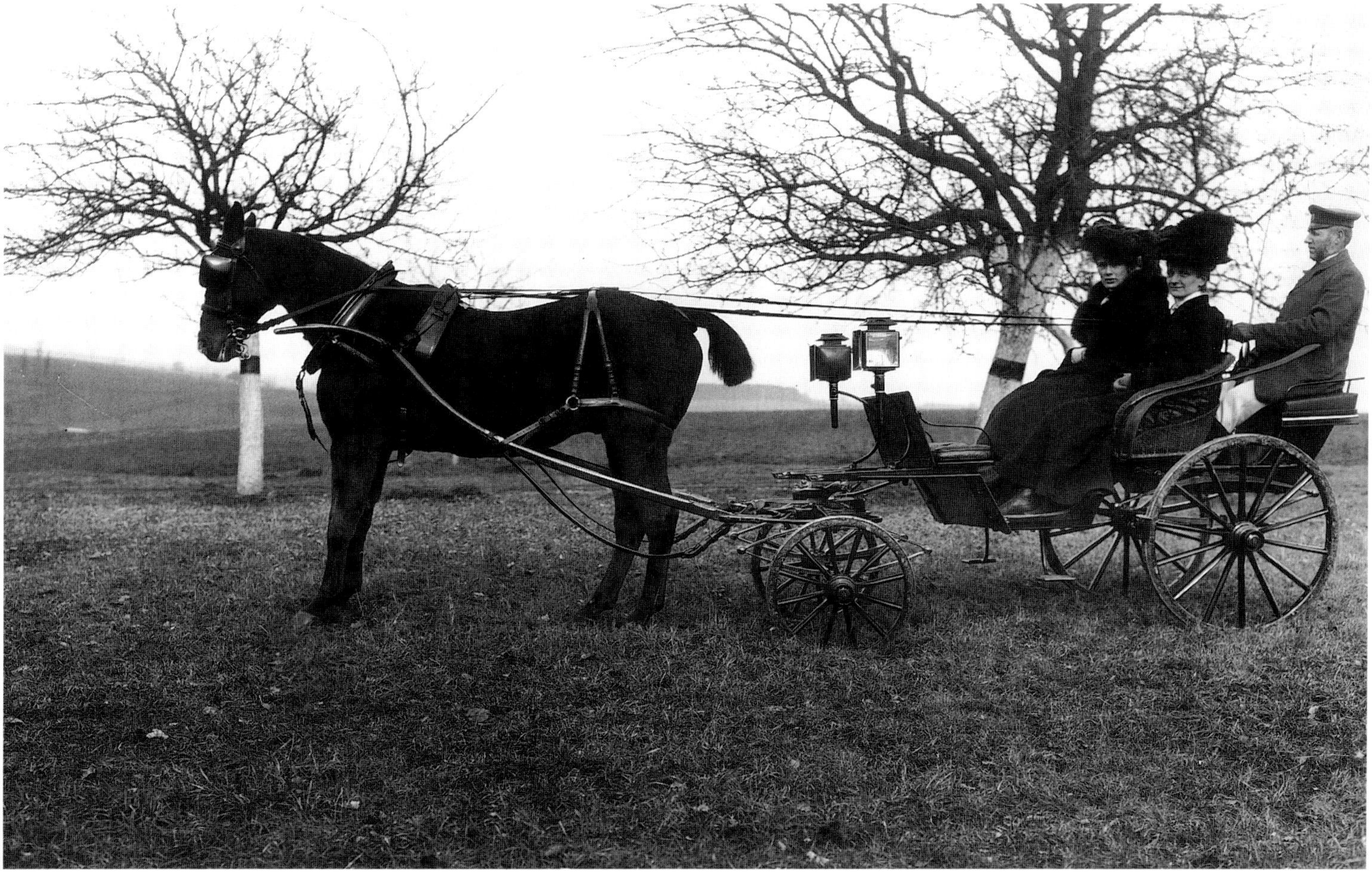

Ausfahrt der Gräfin Valesca mit Hausdame und Kutscher Hoffmann in den 20er Jahren, als das Douglas-Schloß in Gondelsheim noch von der gräflichen Familie bewohnt war

Der weithin sichtbare Steinsberg ging von den Venningen in den Besitz der Stadt Sinsheim über; rechts die St. Anna-Kapelle mit Wallfahrtstradition. Der Blütenzauber am Hang ist teilweise Vergangenheit, seit fast ringsum Reben angelegt worden sind

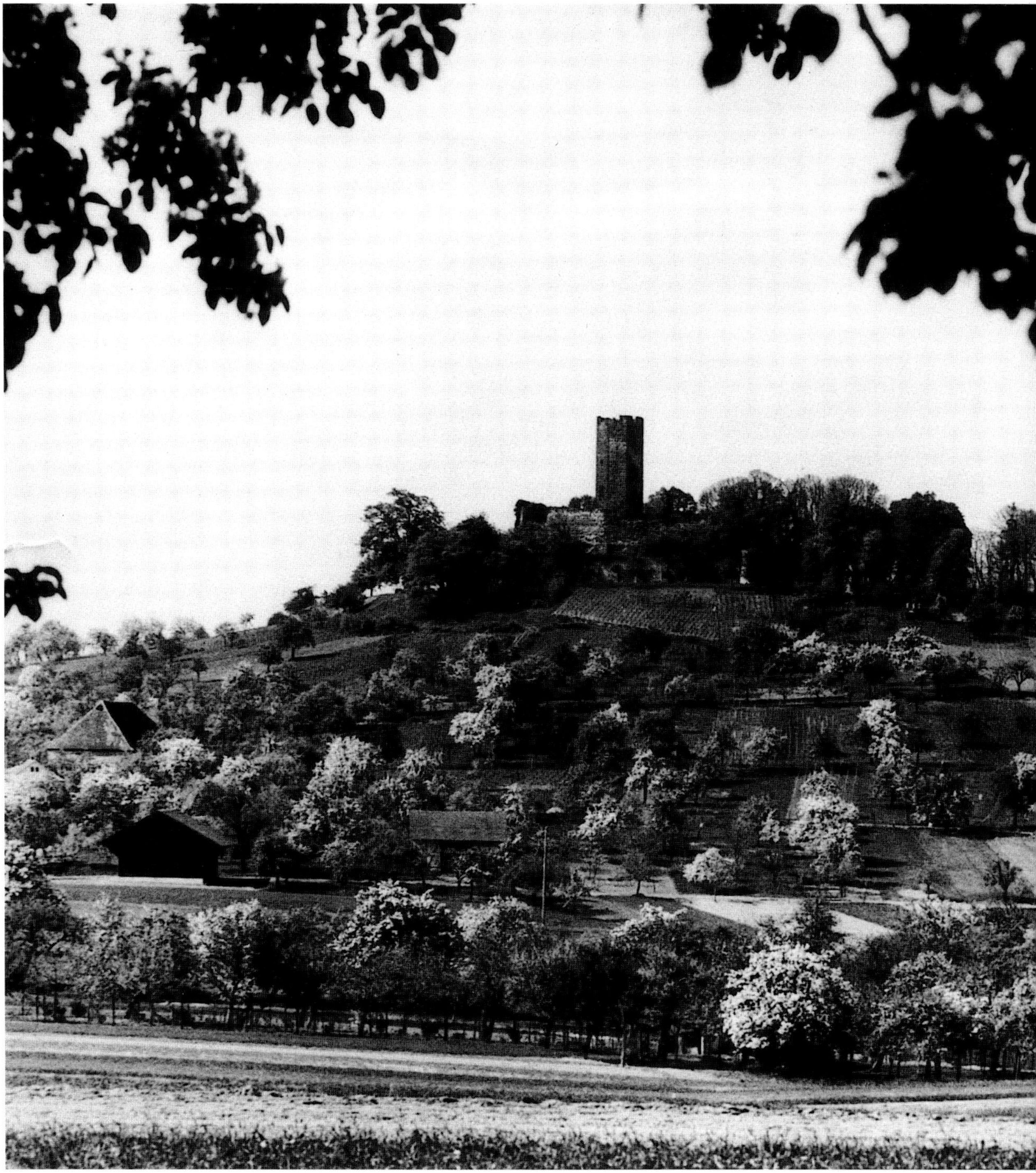

Das Scharfrichterhaus in Gochsheim stammt aus dem Jahr 1615. Der recht mürrisch dreinblickende, angeblich letzte Scharfrichter aus dem Kraichgau ist eine Arbeit aus den 30er Jahren

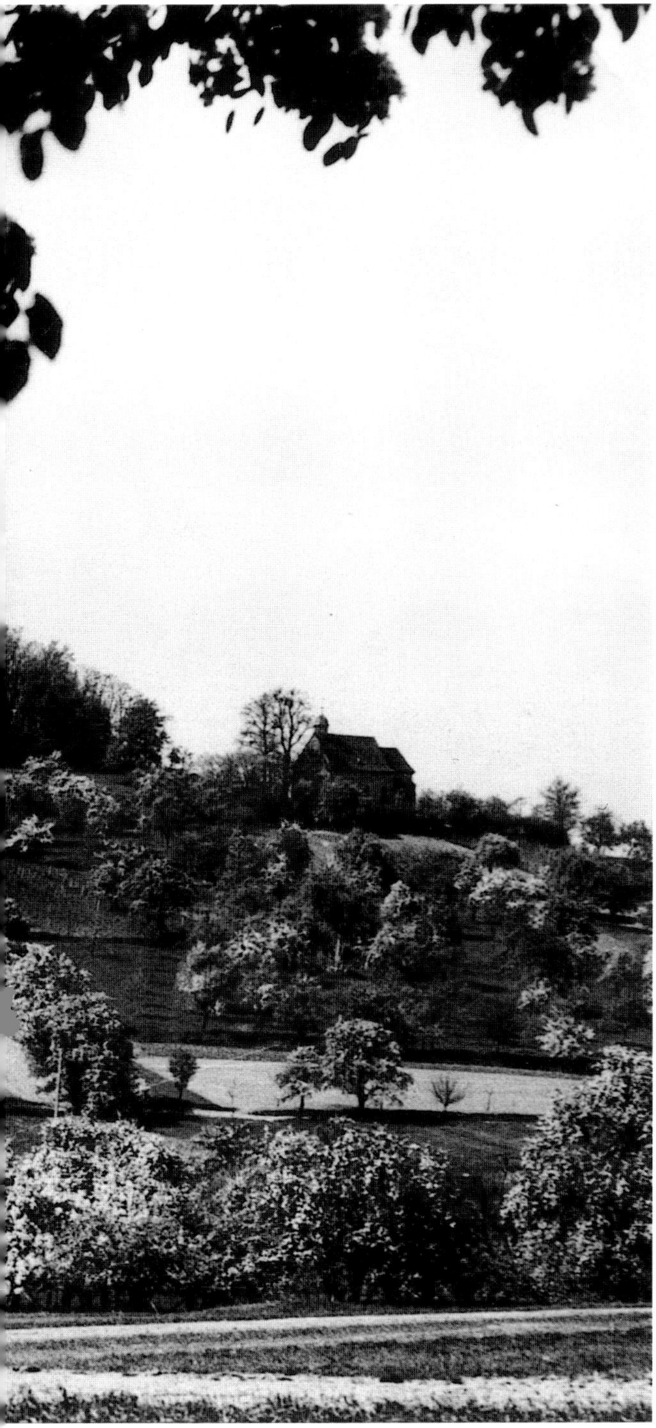

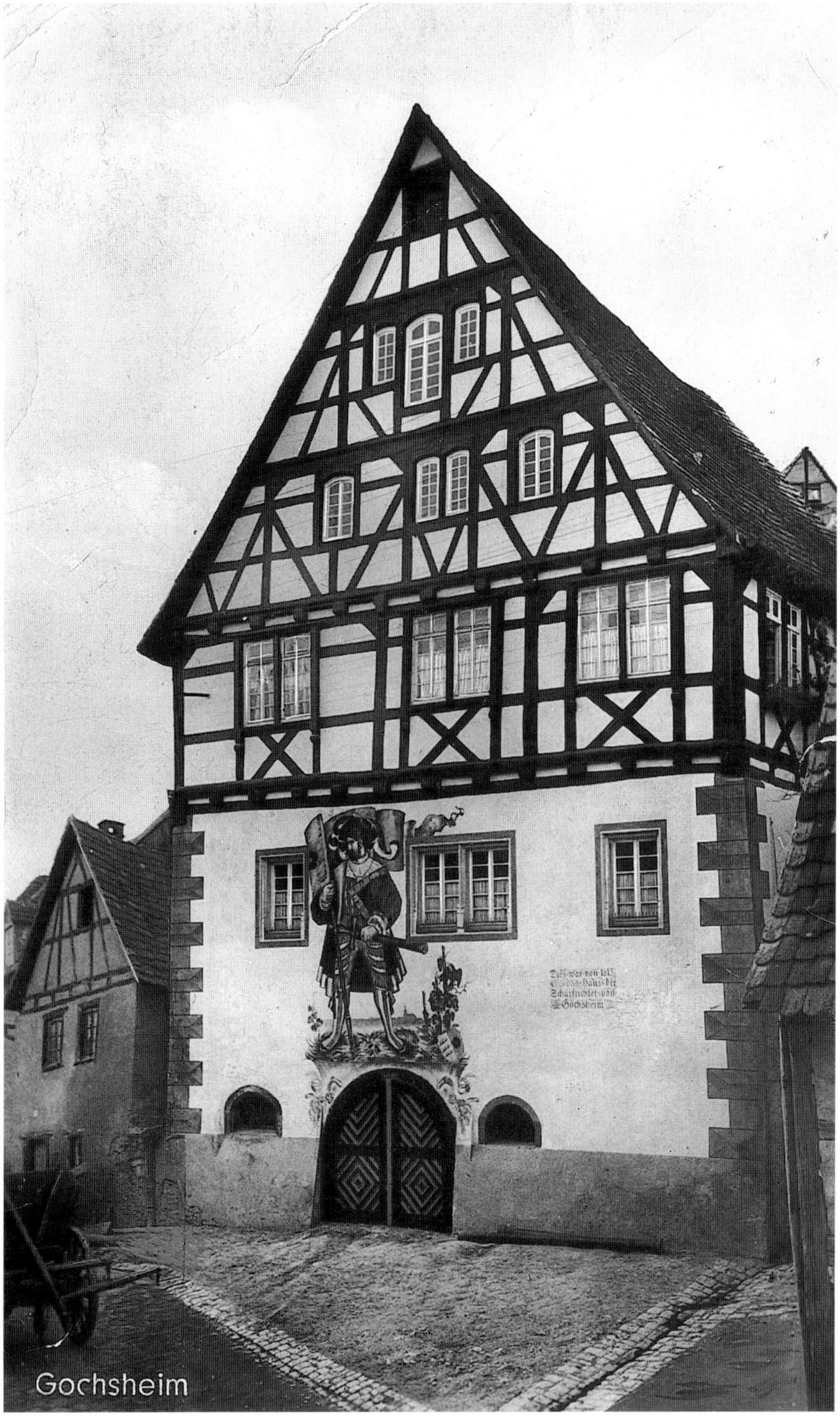

Gochsheim

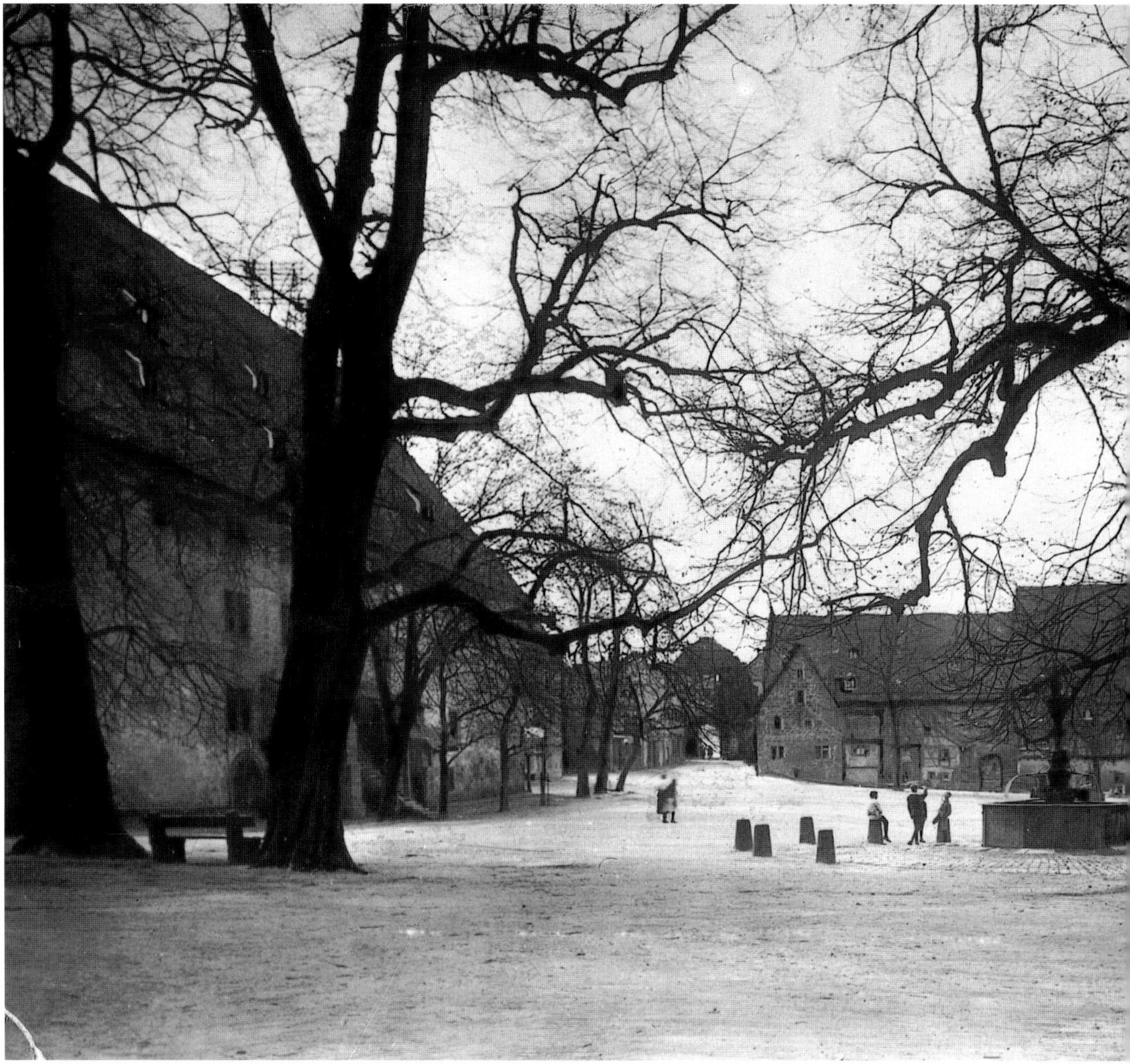

Das ehemalige Zisterzienserkloster Maulbronn, bevor der Massentourismus eingesetzt hat

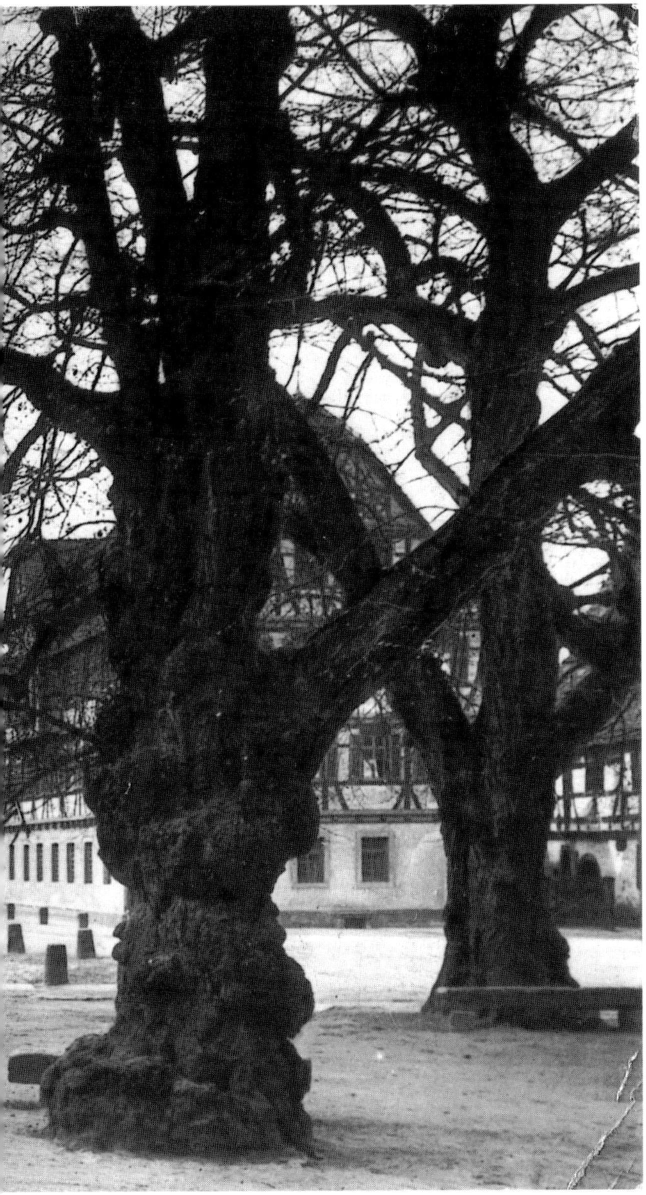

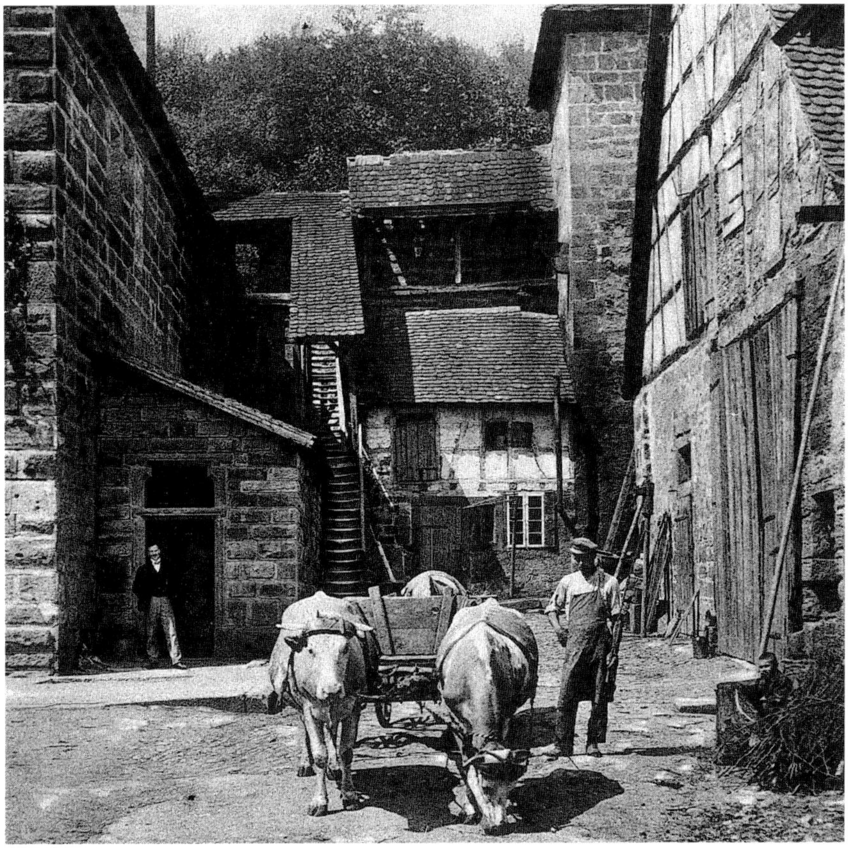

Platz war im Klosterareal auch für die große Landwirtschaft der Zisterzienser

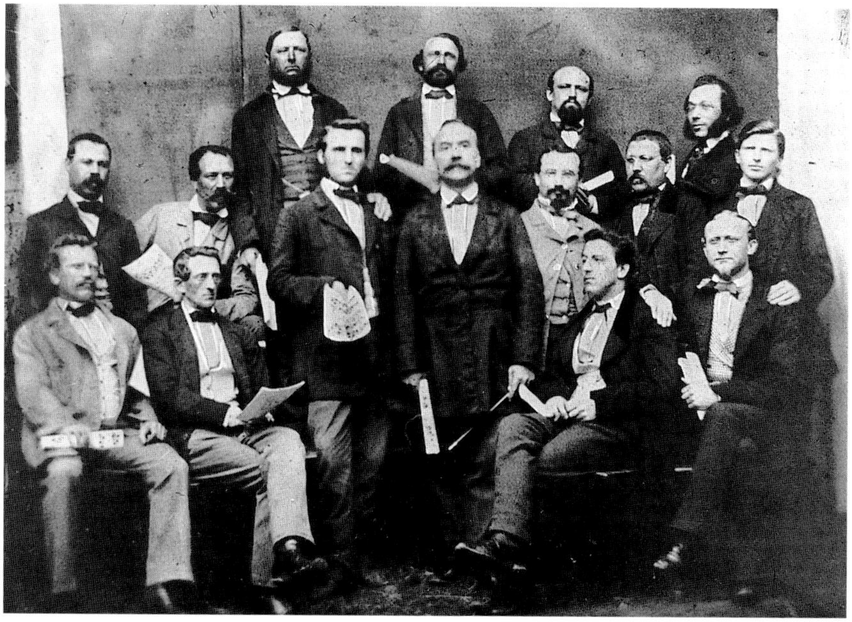

Besondere Verdienste um das kulturelle Geschehen in Bretten hatte bis 1933 die Lesegesellschaft „Eintracht". Die weit über 100 Jahre alte Aufnahme zeigt das bislang einzige bekannte Bild des Kraichgau-Historikers, Leopold Feigenbutz (obere Reihe Mitte)

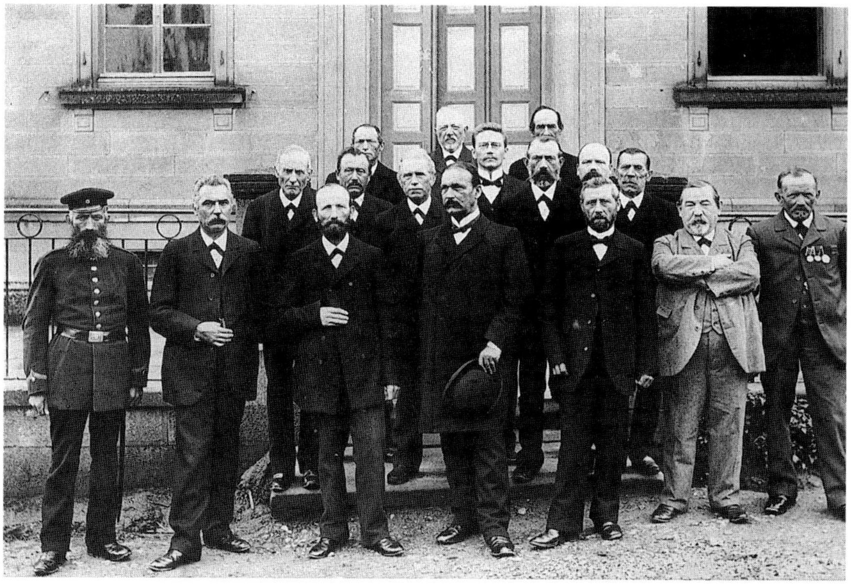

Eine Gemeinde mit zwei Ortsverwaltungen war bis 1904 Kümbach als sogenannter Kondominatsort. Hier hatten hessische und badische Beamte das Sagen. Eine eigene Gemeindeordnung mußte 1835 erlassen werden

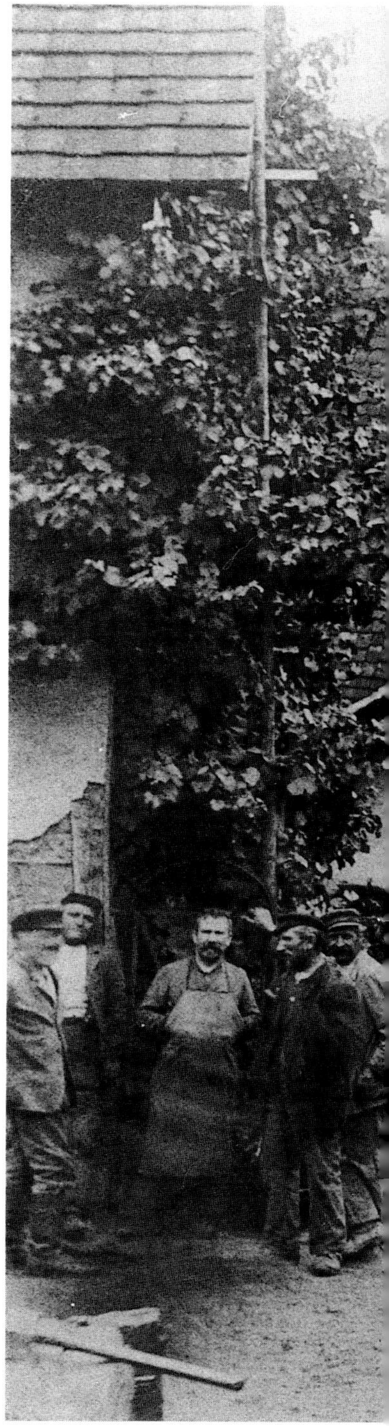

Die Schloßgasse in Kümbach, 1901

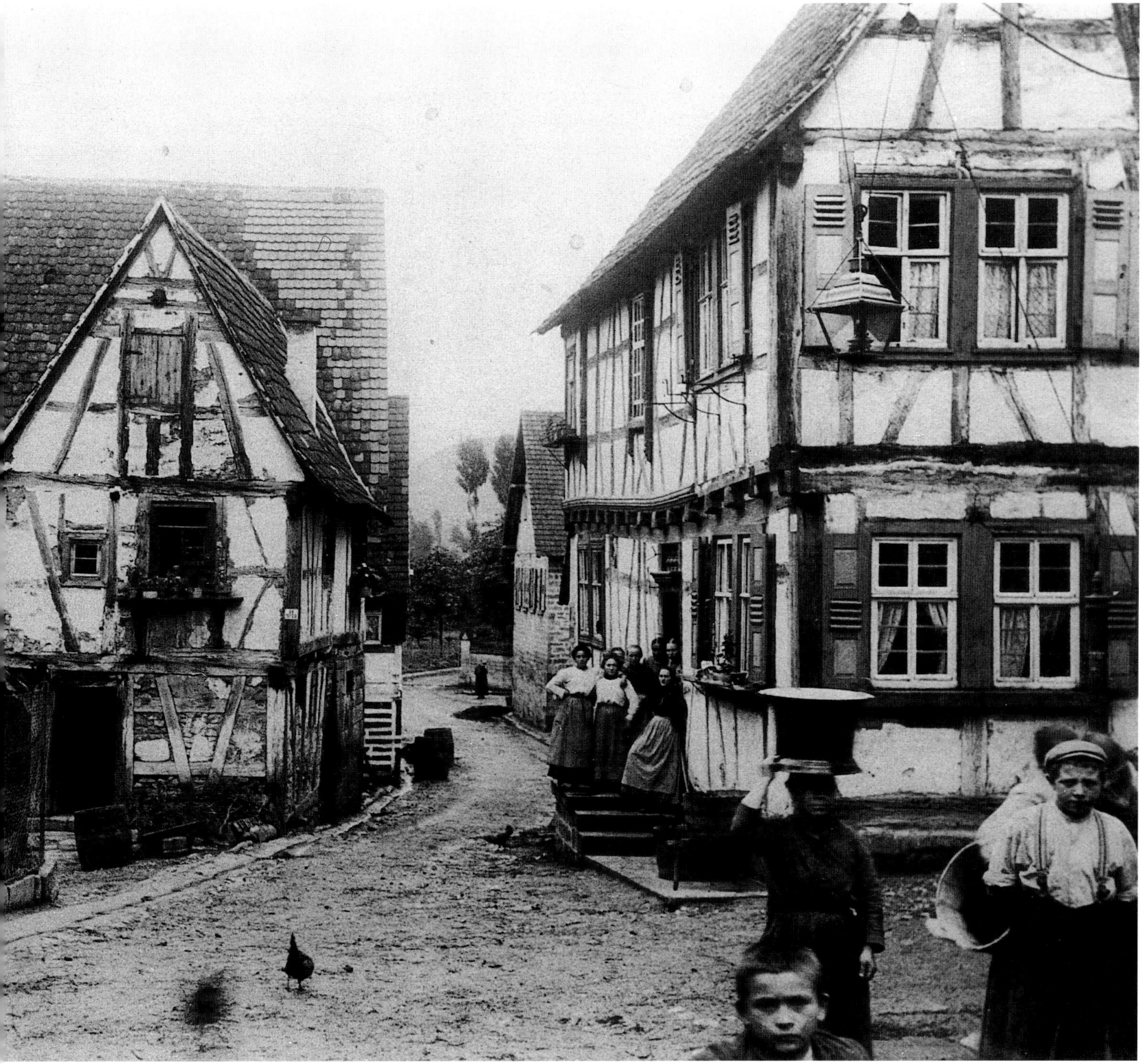

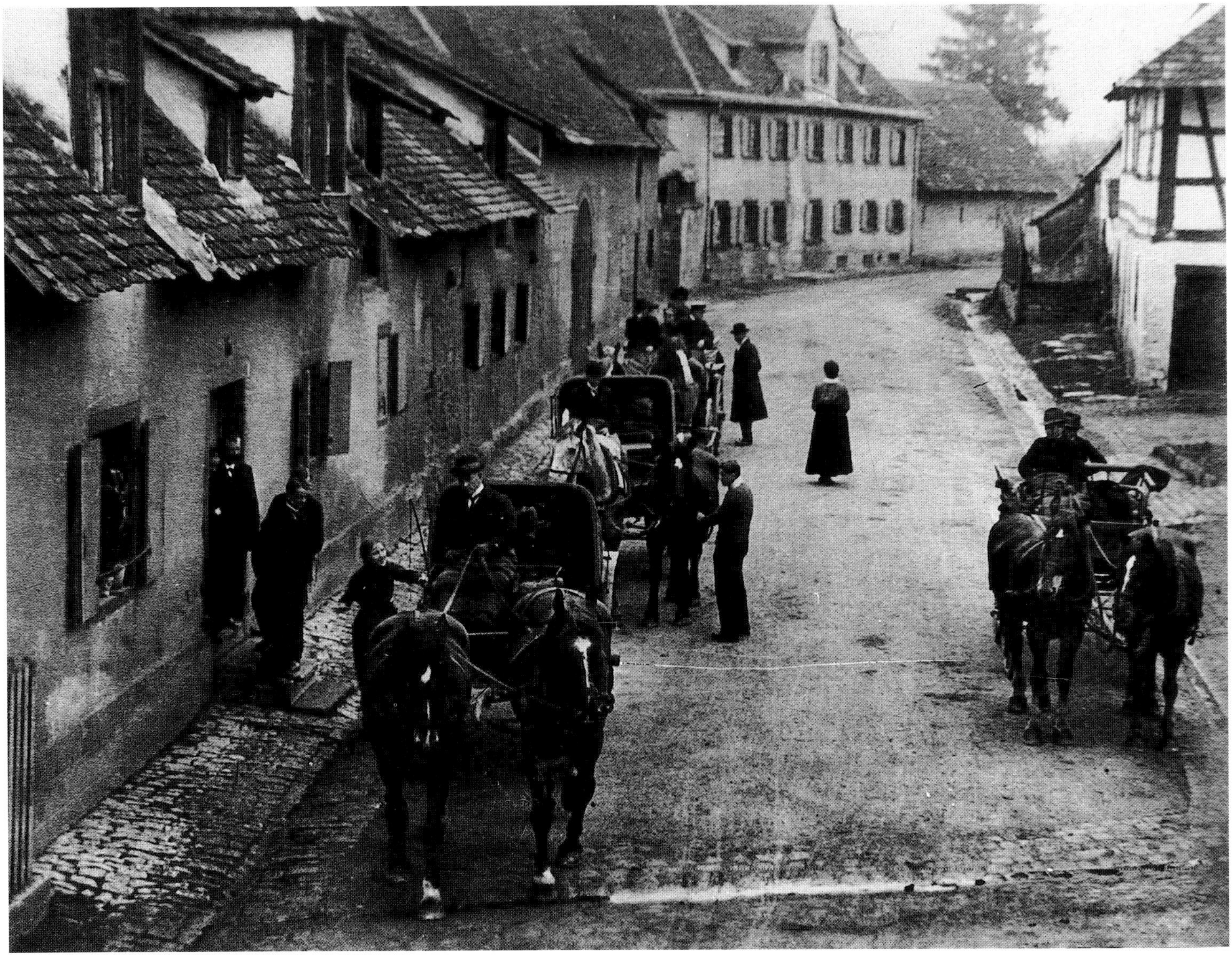

Ein vertrautes Bild in der Schloßgasse in Wössingen: Sonntags trafen sich die Mennoniten, überwiegend Gutspächter der Umgegend, zum Gottesdienst, 1926

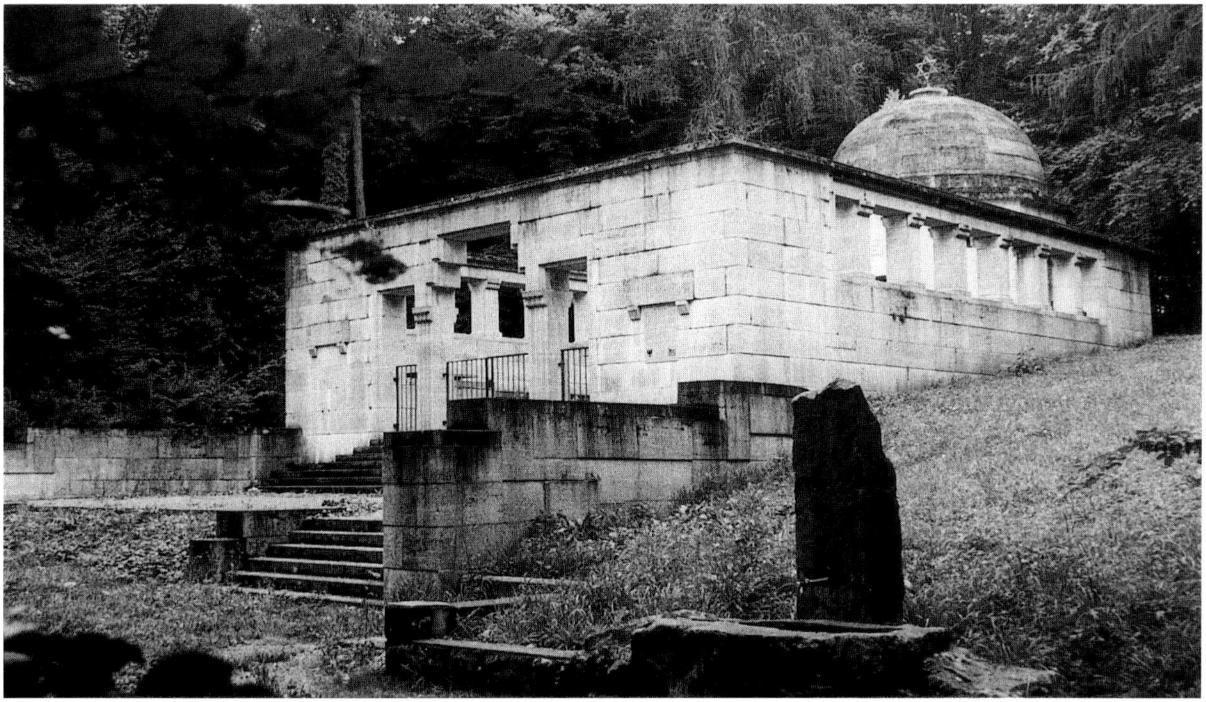

Das Mausoleum des jüdischen Großkaufmanns Hermann Weil außerhalb des jüdischen Friedhofs in Waibstadt, 1927 seiner Bestimmung übergeben. Weil hatte sich u. a. um Steinsfurt und Waibstadt verdient gemacht

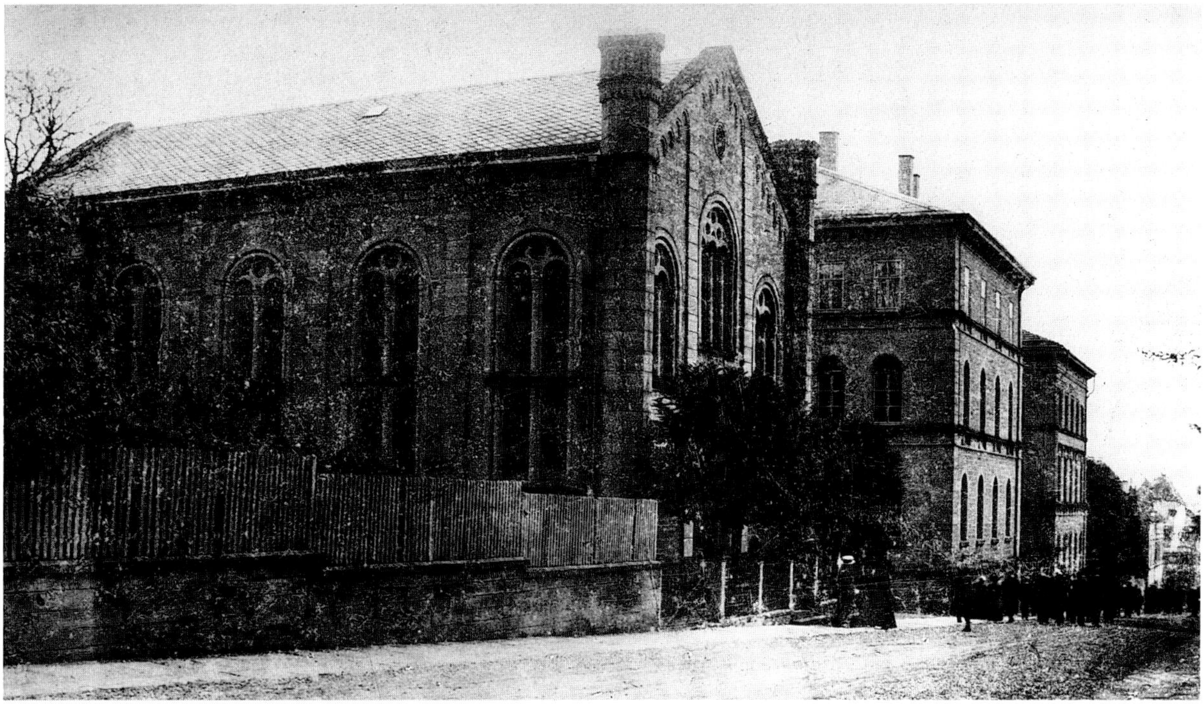

Auch die Synagoge in Eppingen oberhalb des früheren Schulzentrums fiel der sogenannten Reichskristallnacht zum Opfer

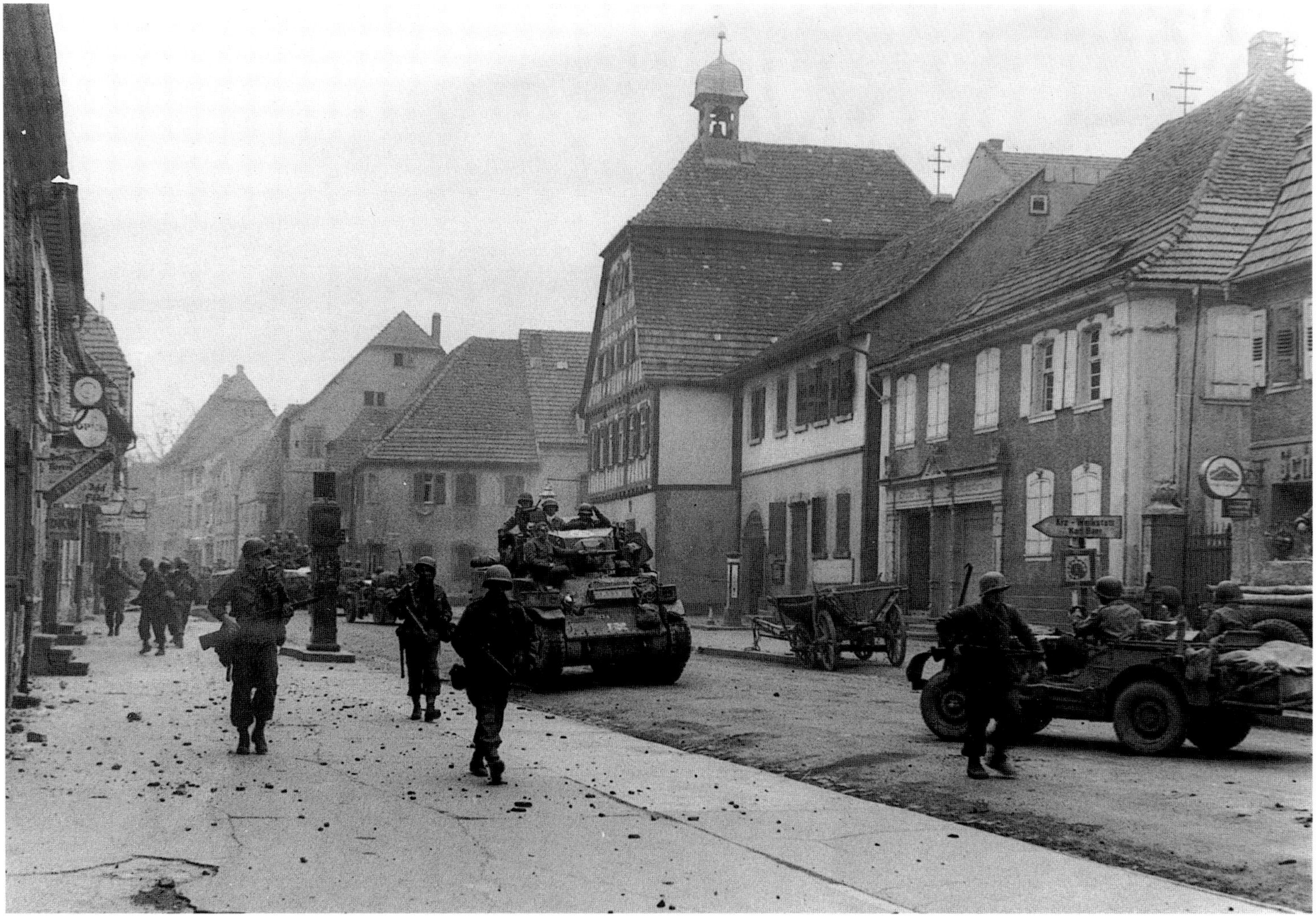

Einmarsch der Alliierten
in Sinsheim, hier in der
Nähe des früheren
Rathauses

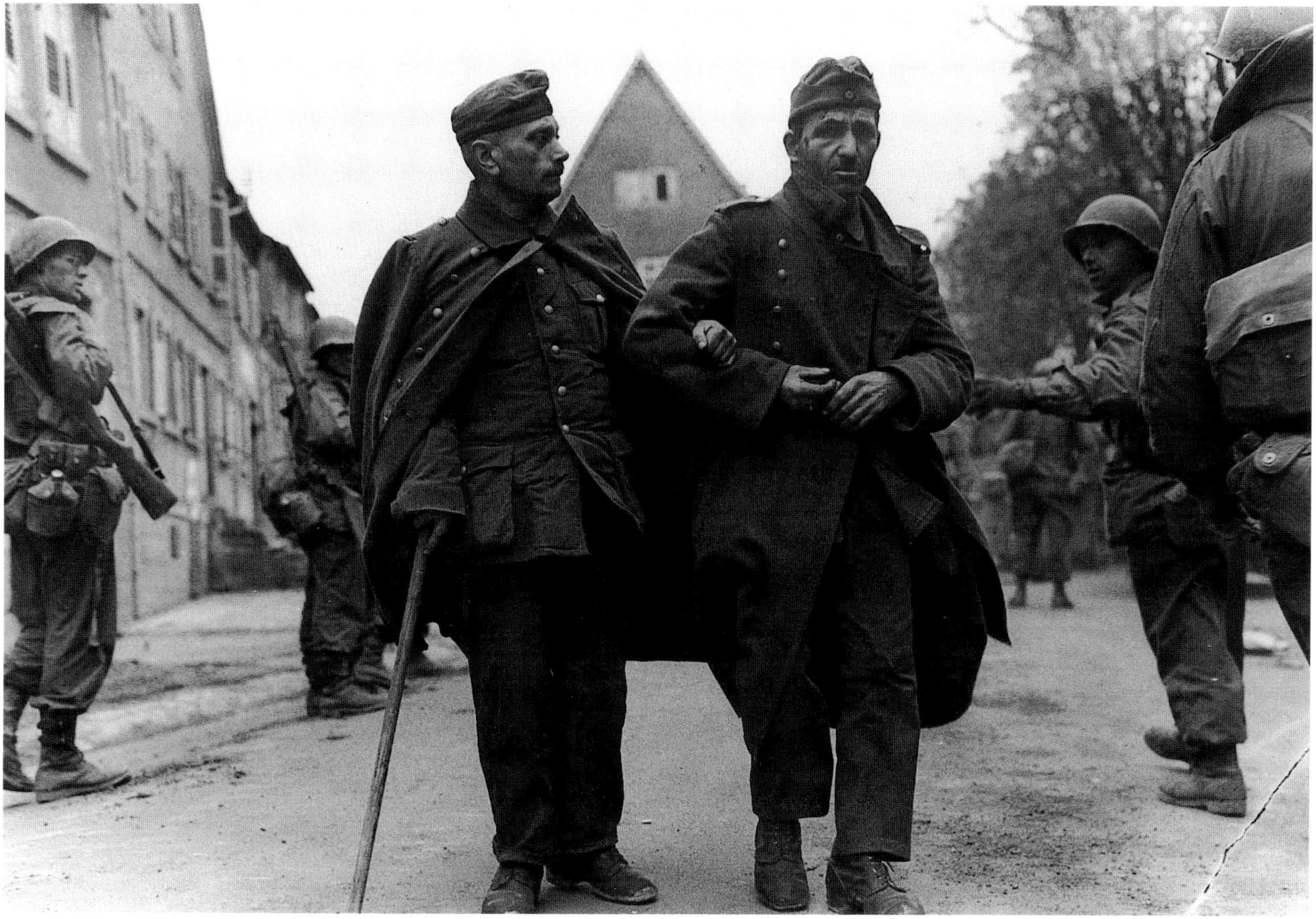

Als die Amerikaner 1945 in Sinsheim einrückten, war die Widerstandskraft der Wehrmacht längst gebrochen

Kraichgau – fünf Städte, fünf Schicksale

Die Kraichgauerde hat schon früh das Gesicht Eppingens geprägt: Löß, Lößlehm und Gipskeuper. Der Segen der Erde strömt seit eh und je in die Scheunen seiner Bauern, die zumeist wohlhabender waren als die Feldbesteller außerhalb des Gäus. Eppingen, das mehr als tausendjährige, war die Stadt der Bauern, selbstbewußter, stolzer und souveräner Ackerbürger, die mit ihren kraftstrotzenden Rheinländer- oder Belgiergespannen ausgedehnte Schläge in den Talauen und an den sanften Hängen des Hügellandes zu bestellen hatten. In Eppingen waren vielfach die Felder und Gehöfte länger und breiter, die Pferde gewichtiger und die Kartoffeln und Rüben größer als im weiten Umland.

Die Hügelketten des Kraichgaus, fast ausschließlich Löß, sie schwingen im Eppinger Gäu allmählich aus. Der Jägersberg, wie die Eppinger den Wallfahrtsort Ottilienberg nennen, markiert einen der Eckpfeiler des Hügellandes, ein anderer ist die Ravensburg und im Norden reckt sich der Basaltkegel des Steinsbergs aus dem steilen Rebgarten in den Himmel, haarscharf über dem Krater eines Vulkans, wo Buckelquader zum Achteck-Bergfried wurden.

Der wuchtige Pfeiferturm ist noch heute ein stummer Wächter an der Eingangspforte zur Altstadt, zum überwiegend wohlerhaltenen und gepflegten Mittelalter mit engen, winkligen Gassen und Gäßchen. Rings um das mehr als ein halbes Jahrtausend alte Bollwerk Gottes, die Altstädter Kirche, drängen sich hochgiebelige Fachwerkbauten.

Erheblich länger als Eppingen blieb Bretten Amtsstadt; seit der ersten Hälfte des 14. Jahrhunderts bis zur napoleonischen „Flurbereinigung“ 1803 war die Melanchthonstadt kurpfälzische Oberamtsstadt. Später war sie Sitz eines badischen Bezirksamts, bis 1936 der Weg nach Karlsruhe eingeschlagen werden mußte. Der Burgstall im „Burgwäldchen“ und der Stiftskirchenturm als Bergfried erinnern noch an die mächtigen Kraichgaugrafen, deren Nachfolger, u.a. die Grafen von Eberstein bzw. die Markgrafen von Baden, für kurze Zeit Rechte in Bretten innehatten. Mehr als Eppingen profitierte Bretten von einer äußerst günstigen Verkehrslage an den bedeutenden Straßen Speyer-Cannstatt oder Straßburg-Heilbronn. Die vielgestaltigen Kaufmannszüge zu den Handelszentren Frankfurt oder Nürnberg belebten auch in Bretten Handel und Gewerbe. Die Nähe zu Württemberg bedeutete zugleich Bedrohung aus dem Hause Württemberg, das den pfälzischen Vorposten Bretten als Dorn in seinem „Fleisch“ bewertet hat.

Die strategische Bedeutung der Amtsstadt, wo der Reformator und Freund Luthers, Philipp Melanchthon geboren wurde, bot nicht nur Chancen, sie wurde im 30jährigen Krieg nahezu völlig zerstört. Zunächst erschienen die Bayern als Sieger, zweimal wechselte in Bretten 1632 zwischen Bayern und Schweden der Besatzer; zwei Jahre später kreuzten die Franzosen auf. Der Pfälzer Erbfolgekrieg brachte 1689 das Aus für Bretten, als die Franzosen einen Trümmerhaufen hinterließen. Die fleißigen Brettener ließen sich auch von den „Feuerkünstlern“ Ludwigs XIV. nicht unterkriegen. Viele hatten ihre Habe verloren, und Jahre gingen ins Land, ehe überhaupt an den gezielten Aufbau öffentlicher Gebäude gedacht werden konnte.

Die mächtigste Amtsstadt im Kraichgau, mit einem Bein im Bruhrain verankert, ist Bruchsal mit dem fürstbischöflichen Barockschloß, das außer den Speyerer Kirchenfürsten Kaiser, Könige, Feldherren, aber auch Baumeister, Maler und Stukkateure europäischen Ranges gesehen hat. Noch heute rätseln Historiker, wo exakt der erste Königshof in Bruchsal zu suchen ist, obwohl zwischen 976 und 1002 fünf königliche Aufenthalte in der späteren Residenzstadt belegt sind. Von kriegsbedingten Abschnitten abgesehen, verblieb die Barockresidenz Bruchsal von 1056 bis 1802/03 in der Hand des Bischofs von Speyer. In badischer Zeit, also nach 1803, machten

europäische Potentaten noch der badischen Markgrafenwitwe Amalie, zurecht „Schwiegermutter Europens" genannt, ihre Aufwartung.
Von 1810 bis 1938 war Wiesloch am Leimbach Sitz eines badischen Bezirksamts. Im Hochmittelalter unterhielt der König im Nordwesten der Siedlung eine Burg. Seit 1288 ist Wiesloch im Besitz der Stadtrechte und fest ummauert. Früher als in Bretten hatten die Pfalzgrafen in der Nachbarstadt Heidelbergs das Sagen, doch wollten die Wieslocher betont keine Trabantenstadt von Heidelberg sein. Nicht selten wurde das riesige Heidelberger Faß auf dem Schloß mit Wein aus Wiesloch gefüllt. Und seit Ende der zwanziger Jahre unseres Jahrhunderts entwickelte sich der genossenschaftliche Winzerkeller zu einer Art Rettungsanker für den unterbadischen Wein.
„Im ganzen aber hat Sinsheim das Ansehen eines nach Landesart heiteren Städtchens", so charakterisierte Goethe das Städtchen an der Elsenz unterhalb des Steinsbergs mit dem Kloster auf dem Michaelsberg. Frühe Lehnsherren waren die Salier. Das Königtum war die treibende Kraft, die Sinsheim im 11. Jahrhundert allmählich zur Stadt werden ließ. Frühe Geographen würdigten die Stadt, die auffallend häufig die Herrschaft wechselte, als eigentliche Hauptstadt des Kraichgaus, weil alle Orte ihres Bezirks bzw. ihres Kreises ausschließlich im Kraichgau lagen. Die Ackerbürger- und Handwerkerstadt litt im Bauernkrieg, aber auch im Pfälzischen Erbfolgekrieg durch die Franzosen unter Turenne. 1689 ging Sinsheim wie viele Plätze der Kurpfalz in Flammen auf. 1813 avancierte die Stadt zum großherzoglichen Amt, wurde dann Bezirksamt Sinsheim und von 1939 bis zur Kreisreform Sitz des Landkreises Sinsheim.
Aus der Benediktinerabtei hoch über der alten Stadt wurde im späten Mittelalter ein Kollegiatsstift und ab 1920 ein Jugendstift. Der äußere Bering des altehrwürdigen Klosters blieb einigermaßen intakt und auch der überwiegend spätgotische Turm mit dem abgeflachten Helm ist nach wie vor erhalten.

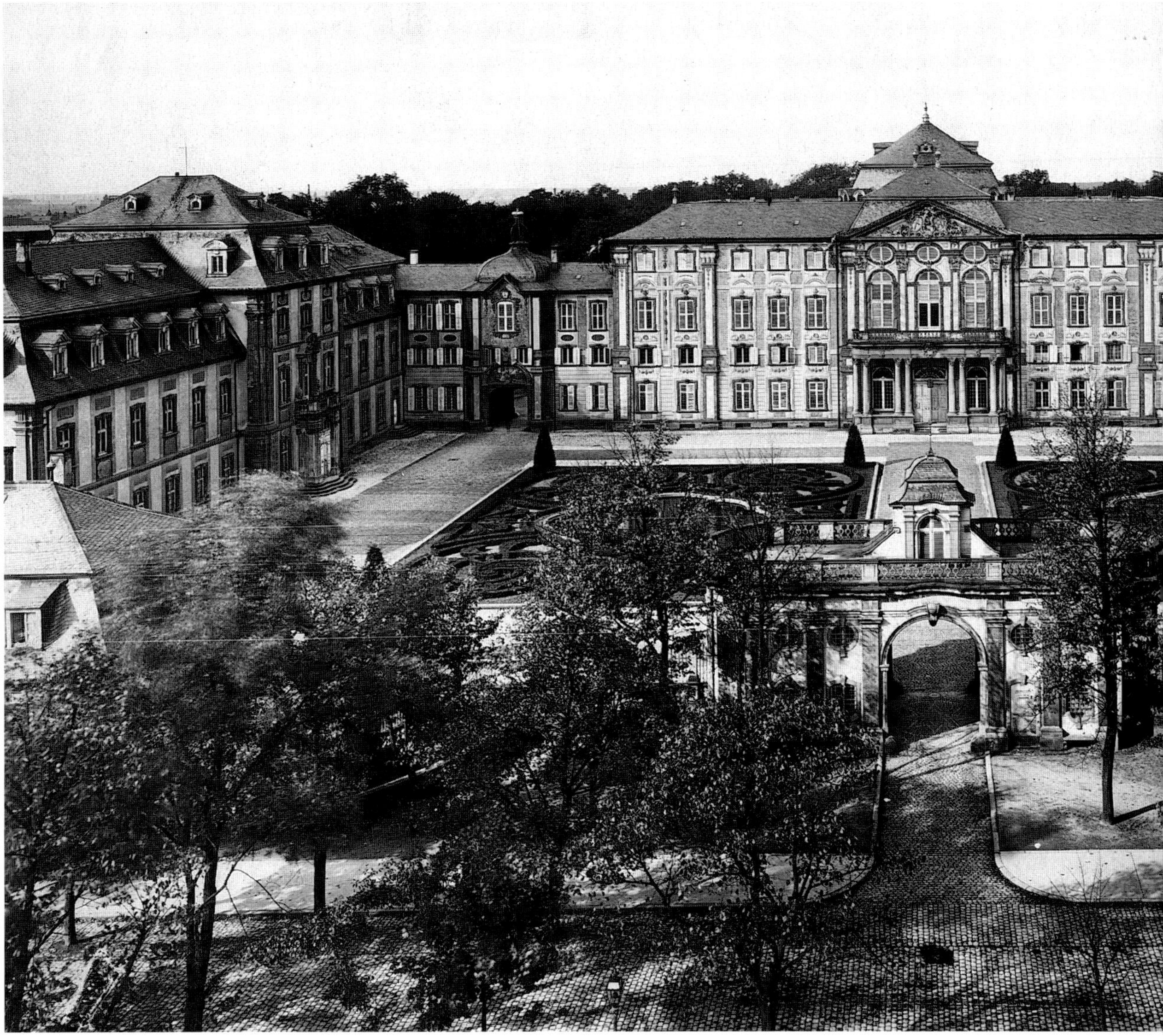

Das Schloß der Fürstbischöfe von Speyer in Bruchsal vor 1920. Kurz vor Kriegsende blieb nach einem schweren Fliegerangriff 1945 lediglich ein Trümmerhaufen zurück. Auf dem Barockareal entstanden teilweise Baracken

Während das Schloß weitgehend im alten Glanz wiedererstanden ist, wurde die Hofkirche „modern" ausgestaltet

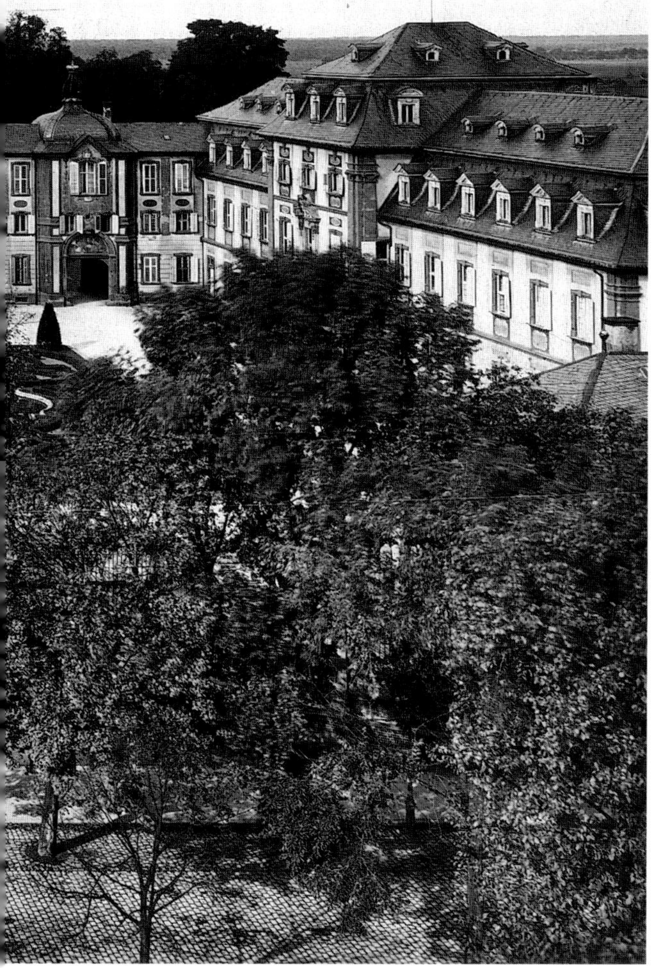

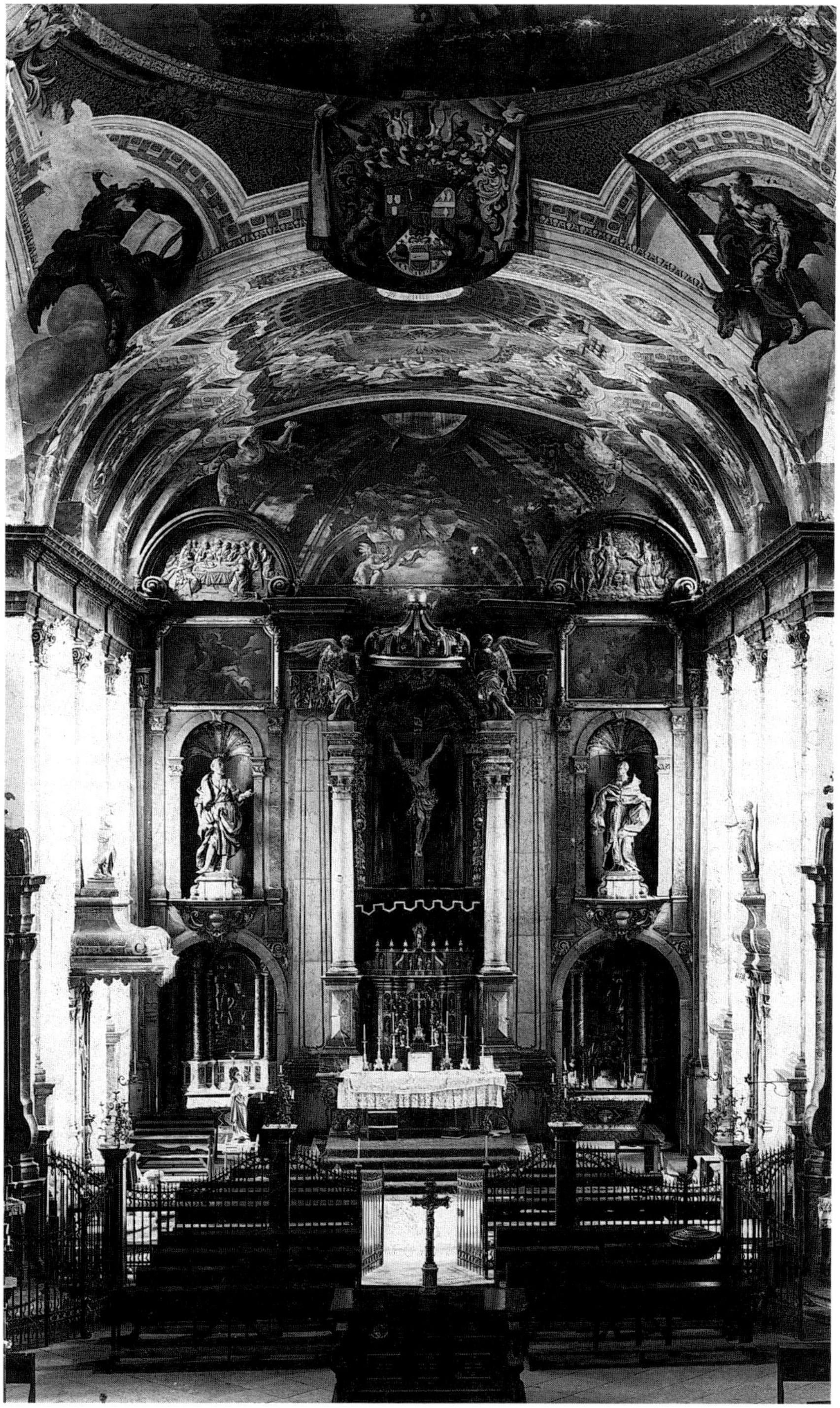

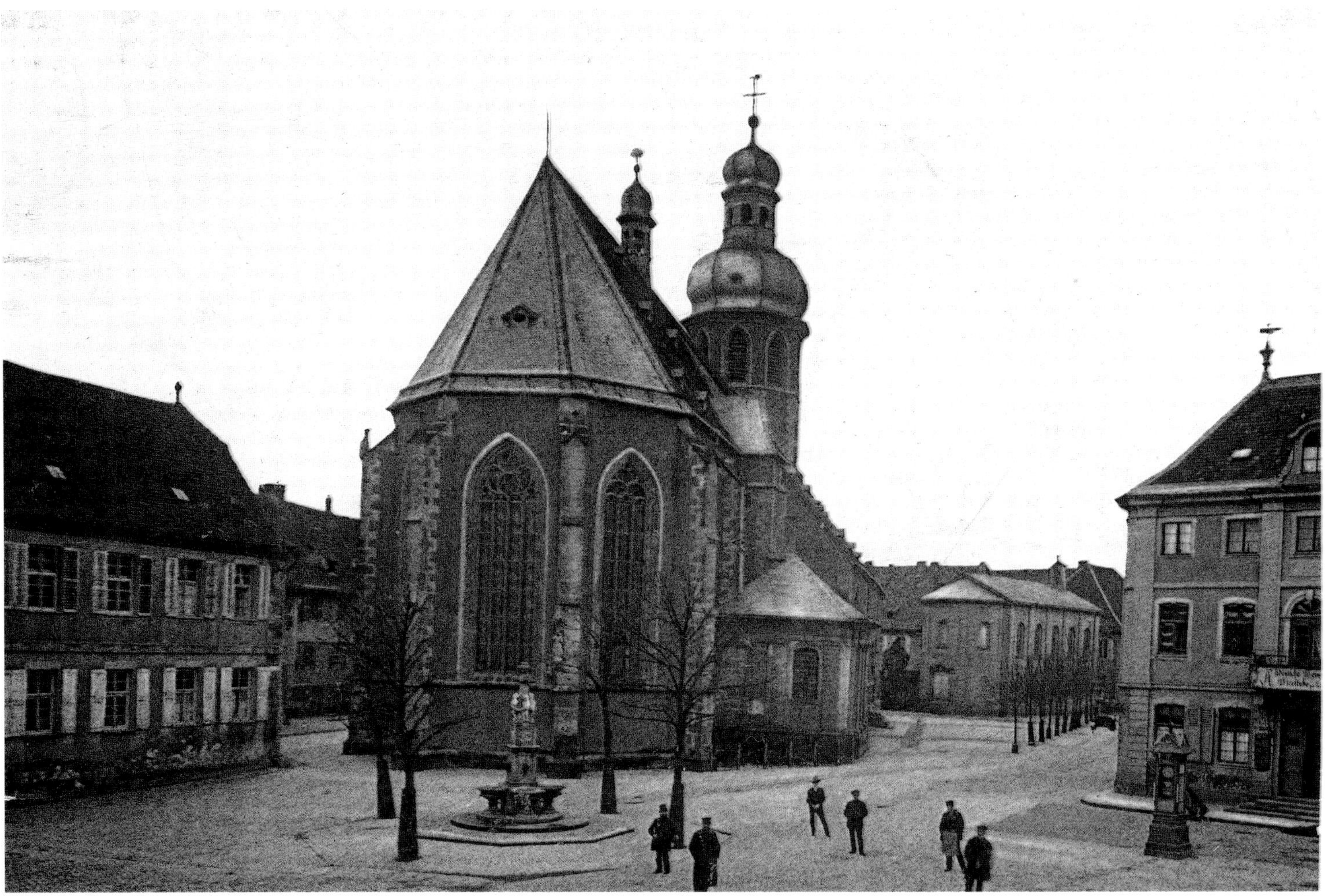

Die Liebfrauenkirche
in der Stadtmitte von
Bruchsal

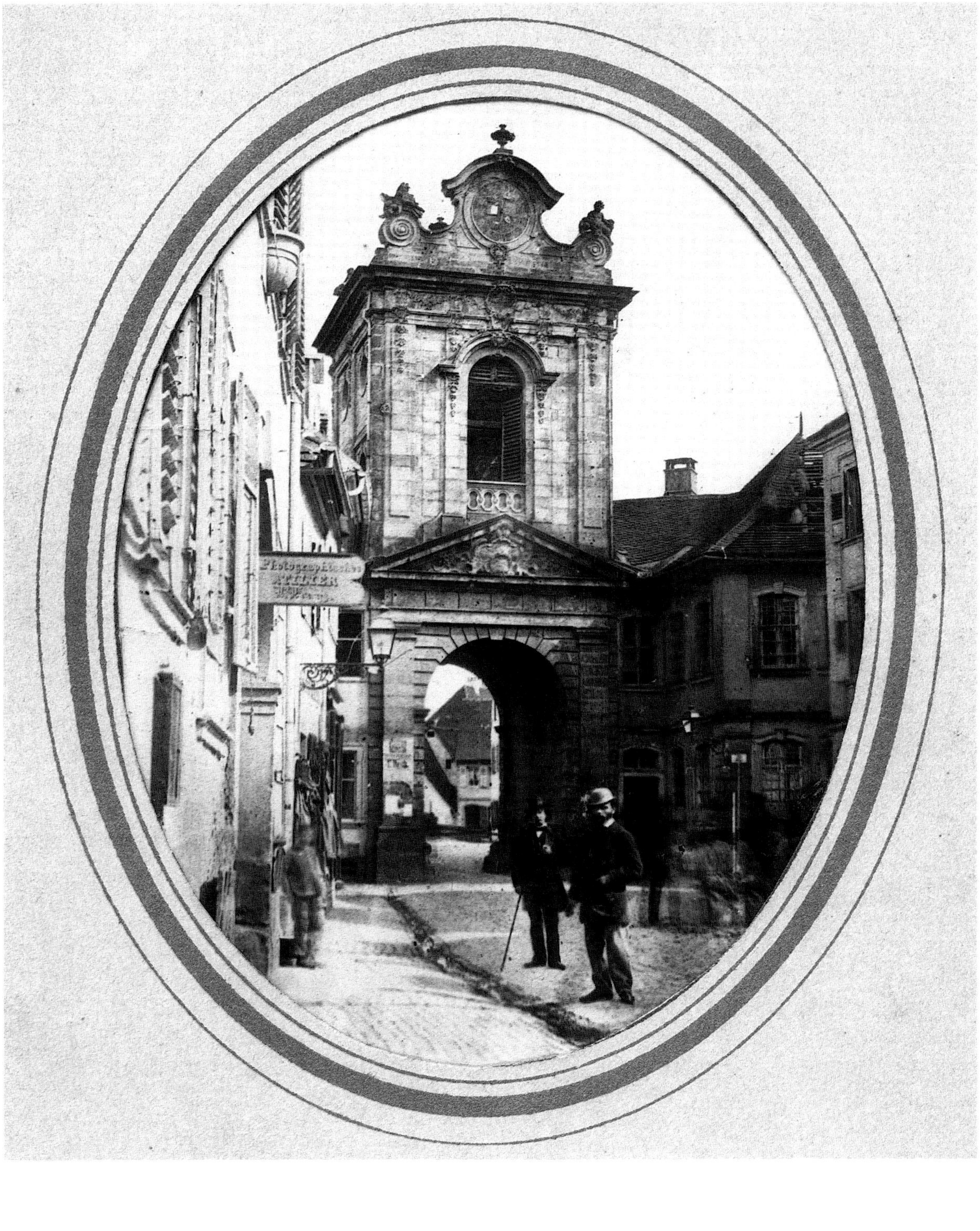

Das Obertor in Bruchsal, auch Heidelsheimer Tor, fiel schon 1864 Flammen zum Opfer. Es wurde damals nicht wiederaufgebaut

Nach dem Zweiten Weltkrieg wurde in Bretten schon frühzeitig das traditionelle Peter-und-Paul-Fest wiederbelebt. Schon beim ersten Nachkriegs-Festzug war die „Kanone" dabei

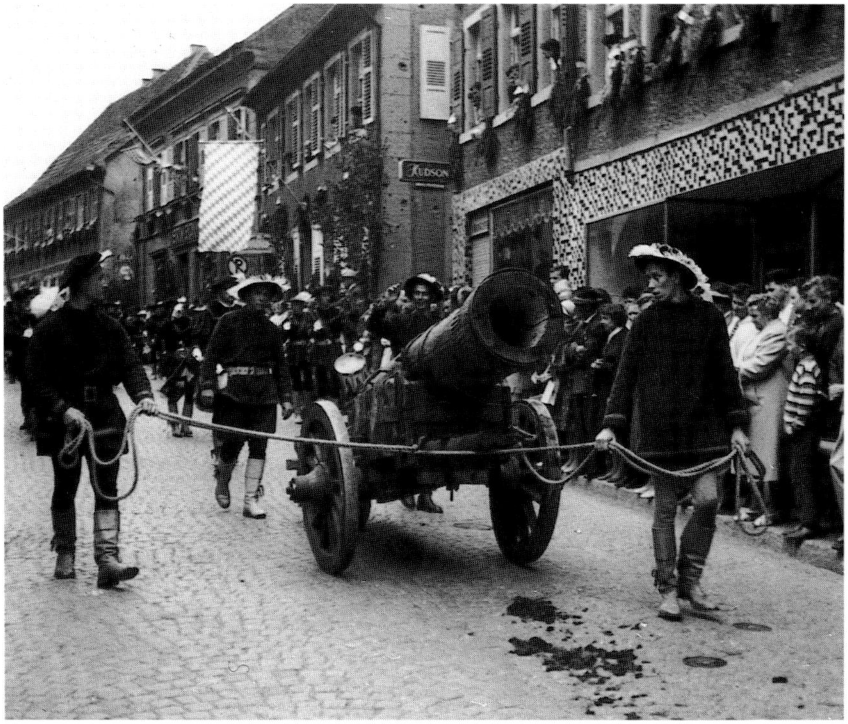

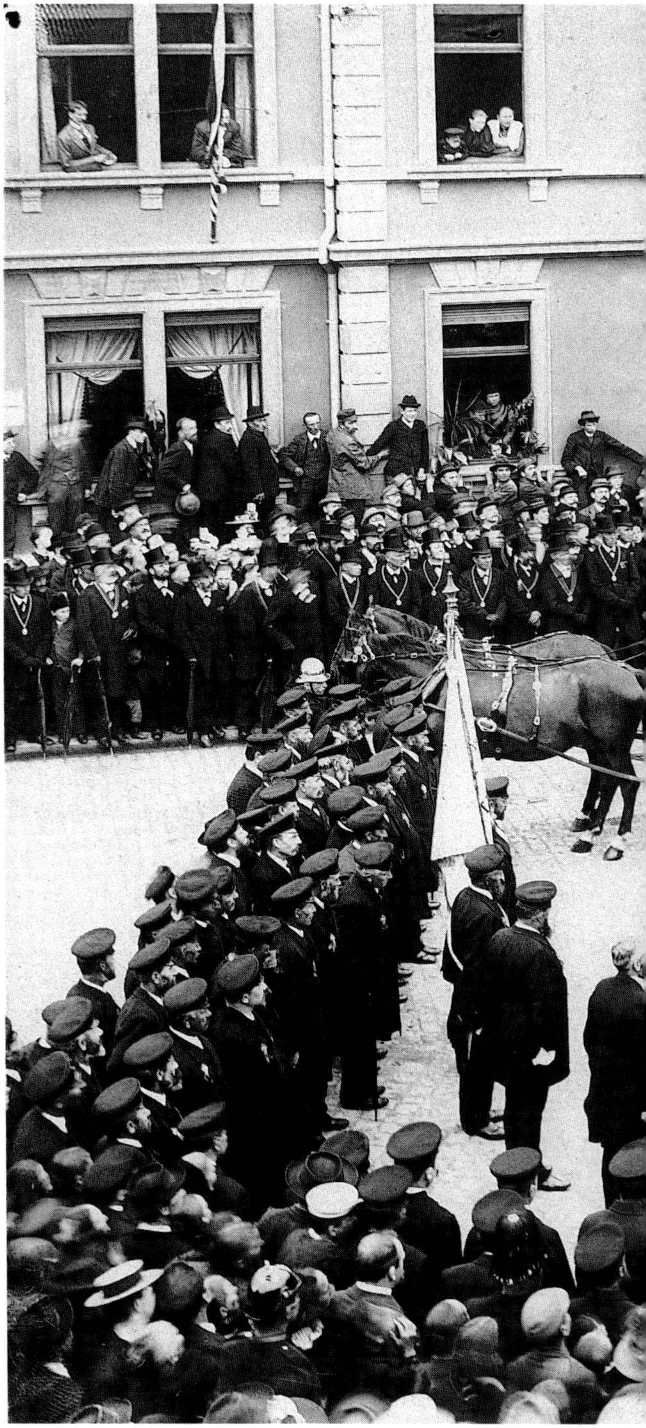

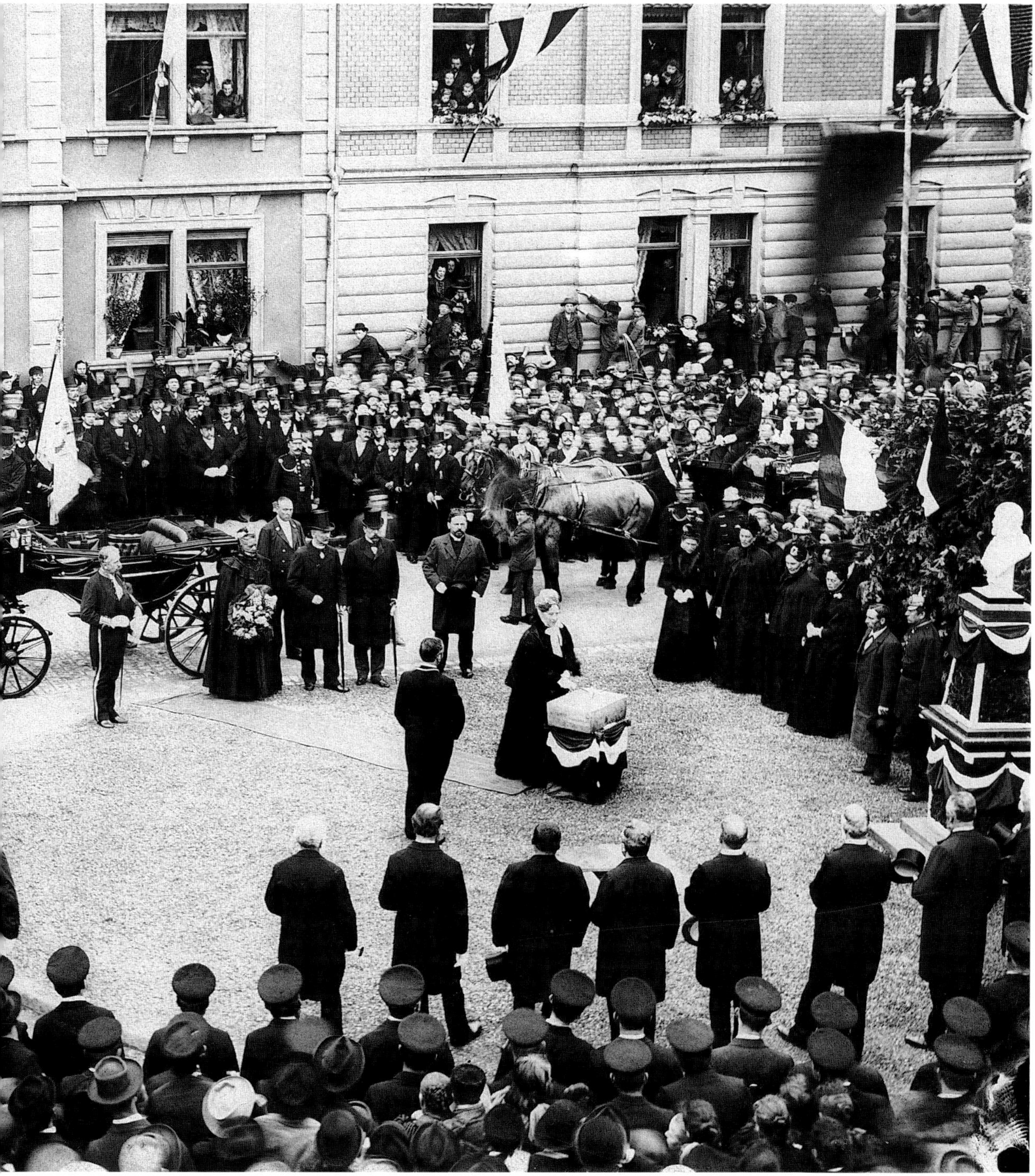

Wenn die Stadt Bretten
auf denkwürdige
Ereignisse zurückblickt,
wird der 18. Mai 1858
nur selten vergessen:
Großherzogin Luise
legte den Grundstein
für das Kaiser-Denkmal

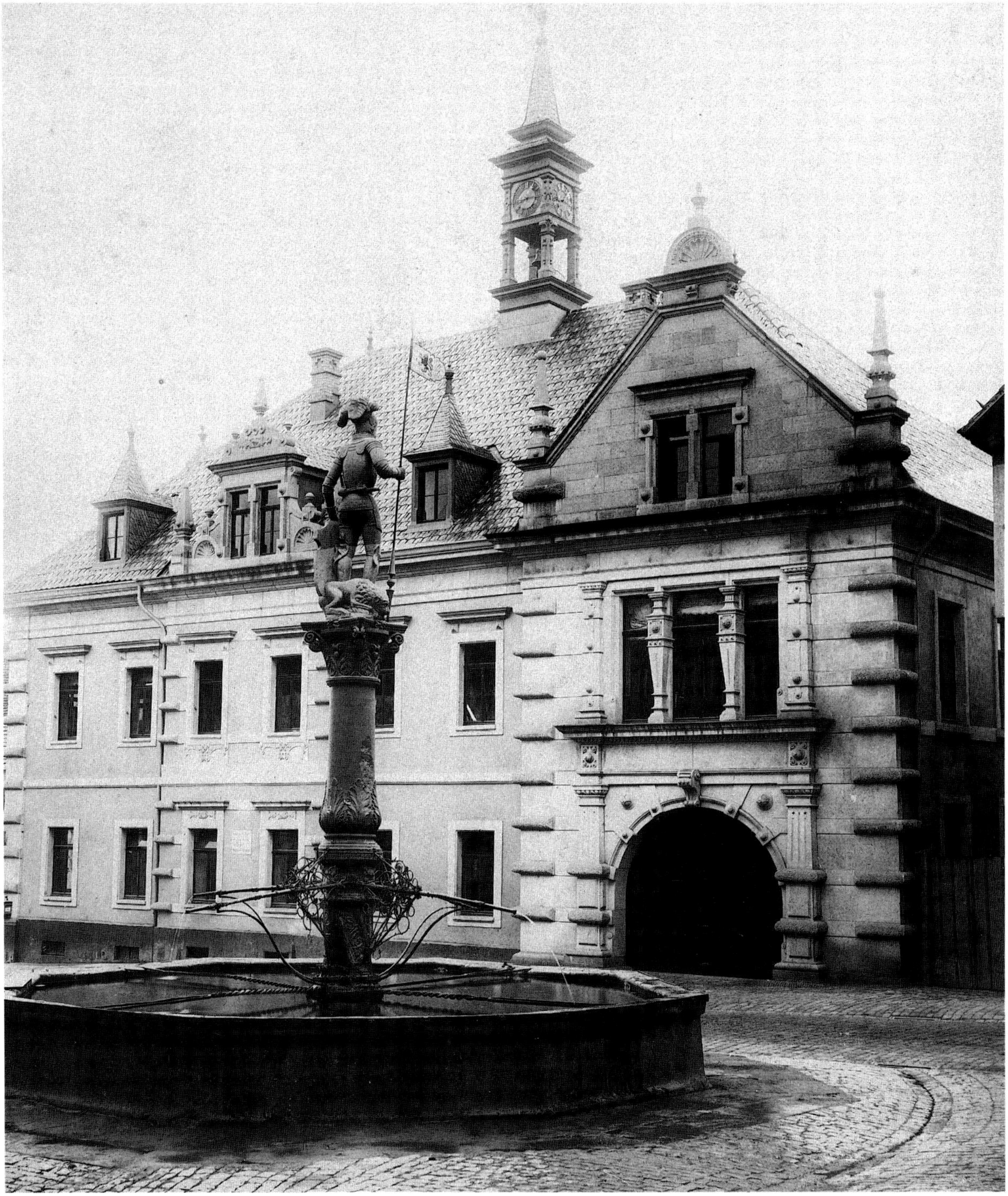

Das Rathaus der
Stadt Bretten mit dem
„Marktbrunnen-Mann“
vor 1900

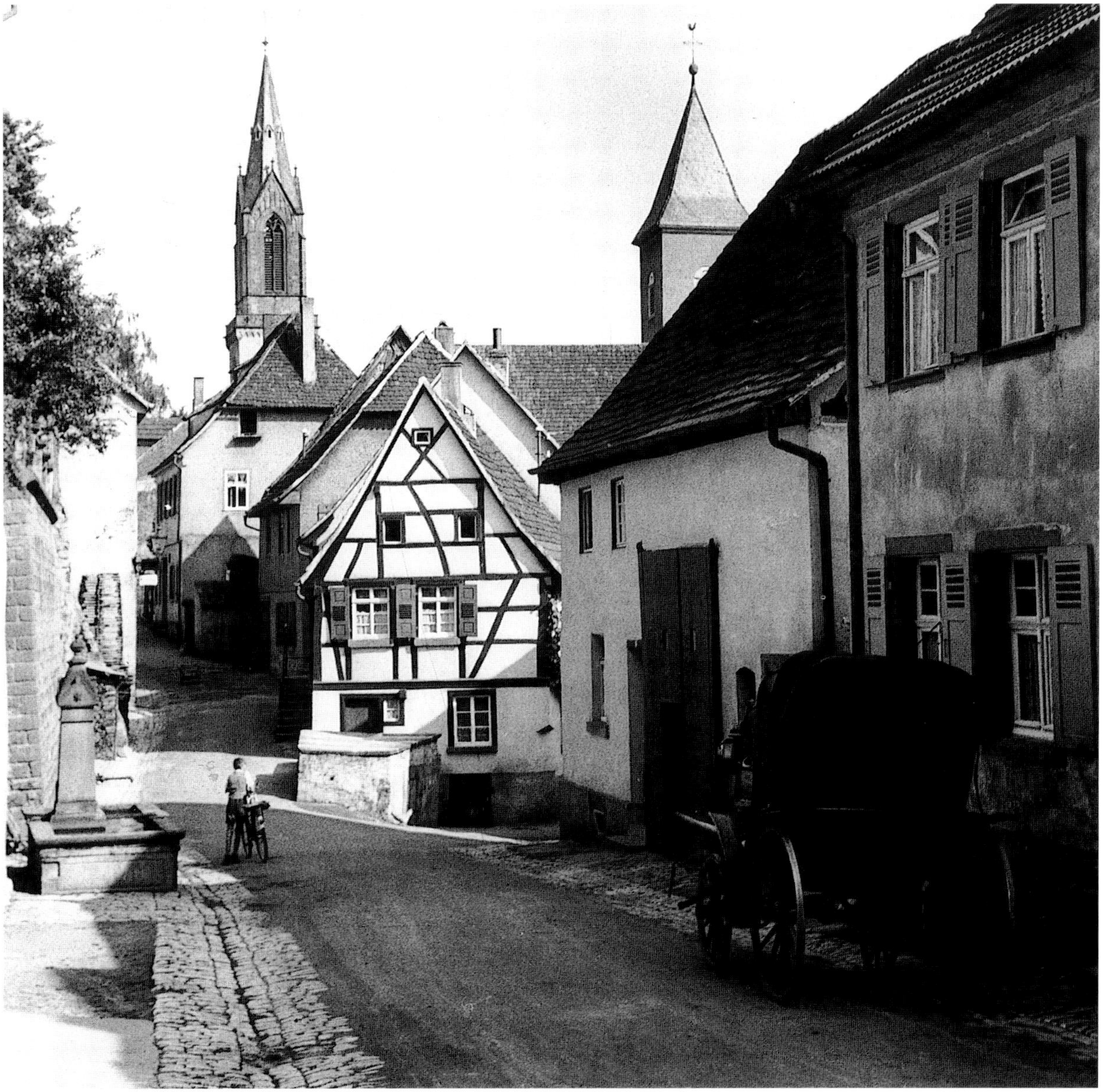

Der Blick auf Stifts- und Kreuzkirche von der Oberen Kirchgasse reizte Generationen von Photographen. Kutsche im Bretten der 40er Jahre

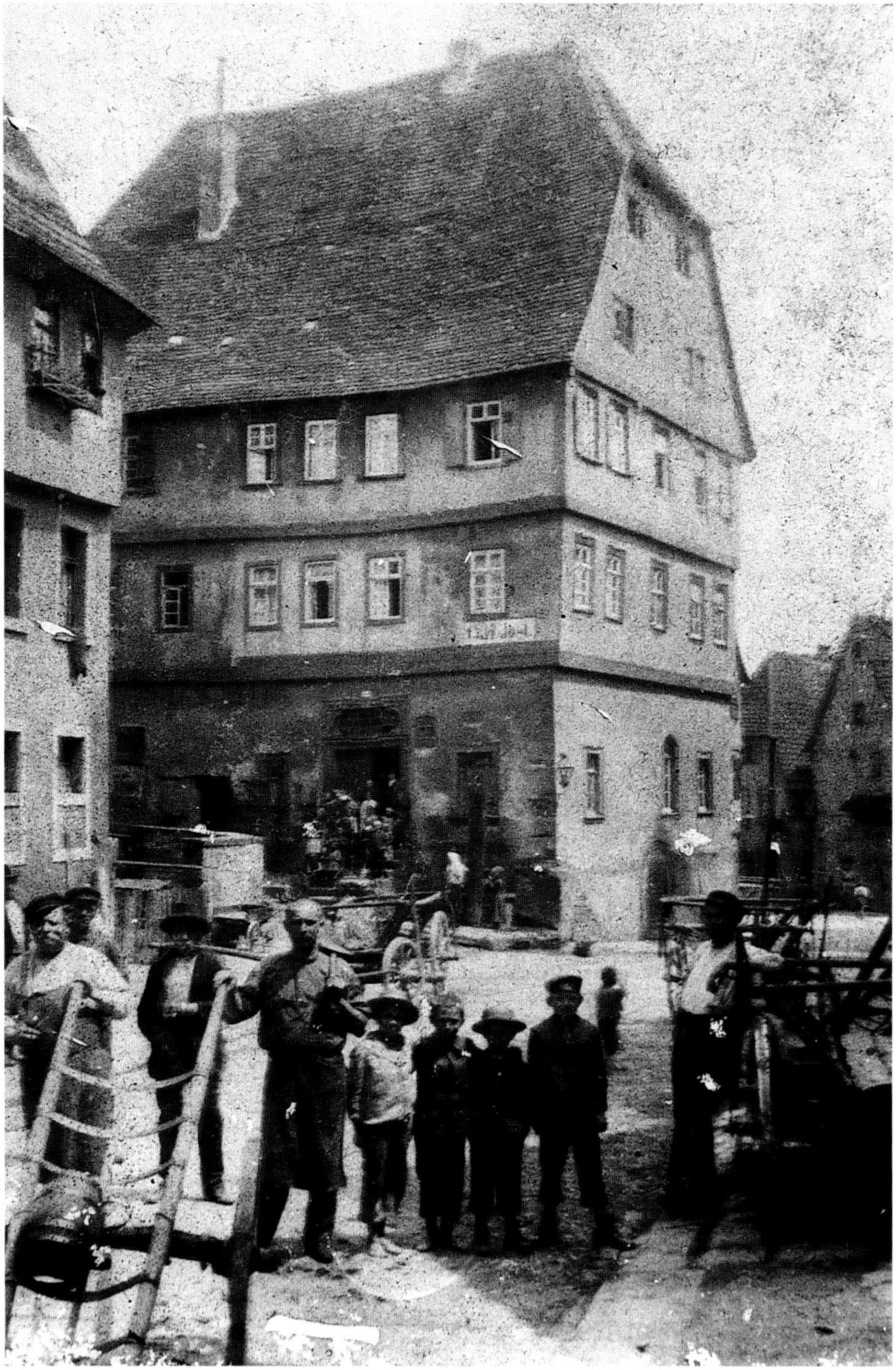

Die ältesten Aufnahmen aus der Fachwerkstadt Eppingen stammen aus der Altstadt. Im Mittelpunkt die sogenannte alte Universität. Während der Pestjahre im Mittelalter war hier ein Teil der Heidelberger Universität ausgelagert

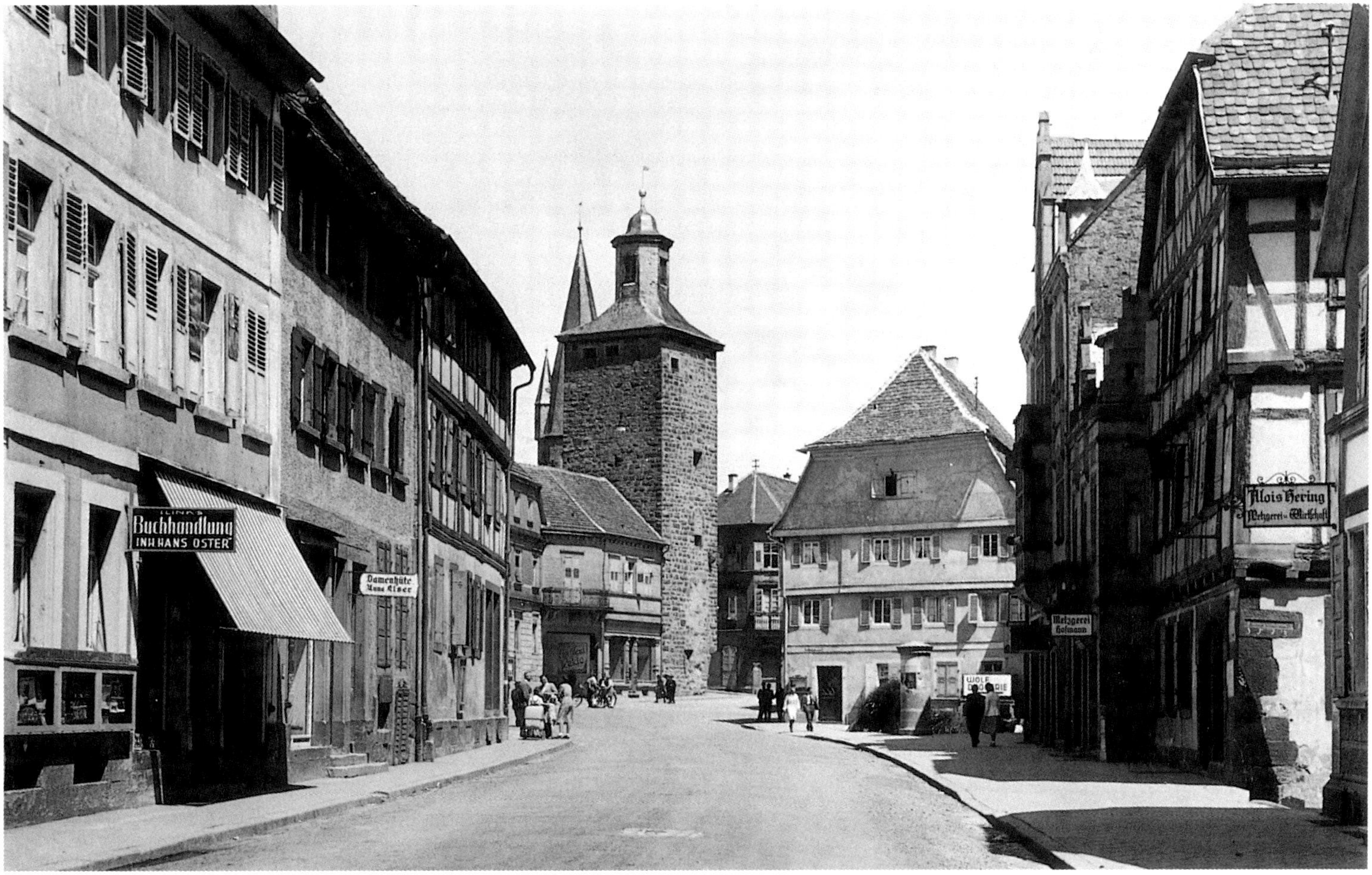

Der Eppinger Pfeiferturm am Eingang zur Altstadt. Dahinter der Turm der Altstädter Kirche

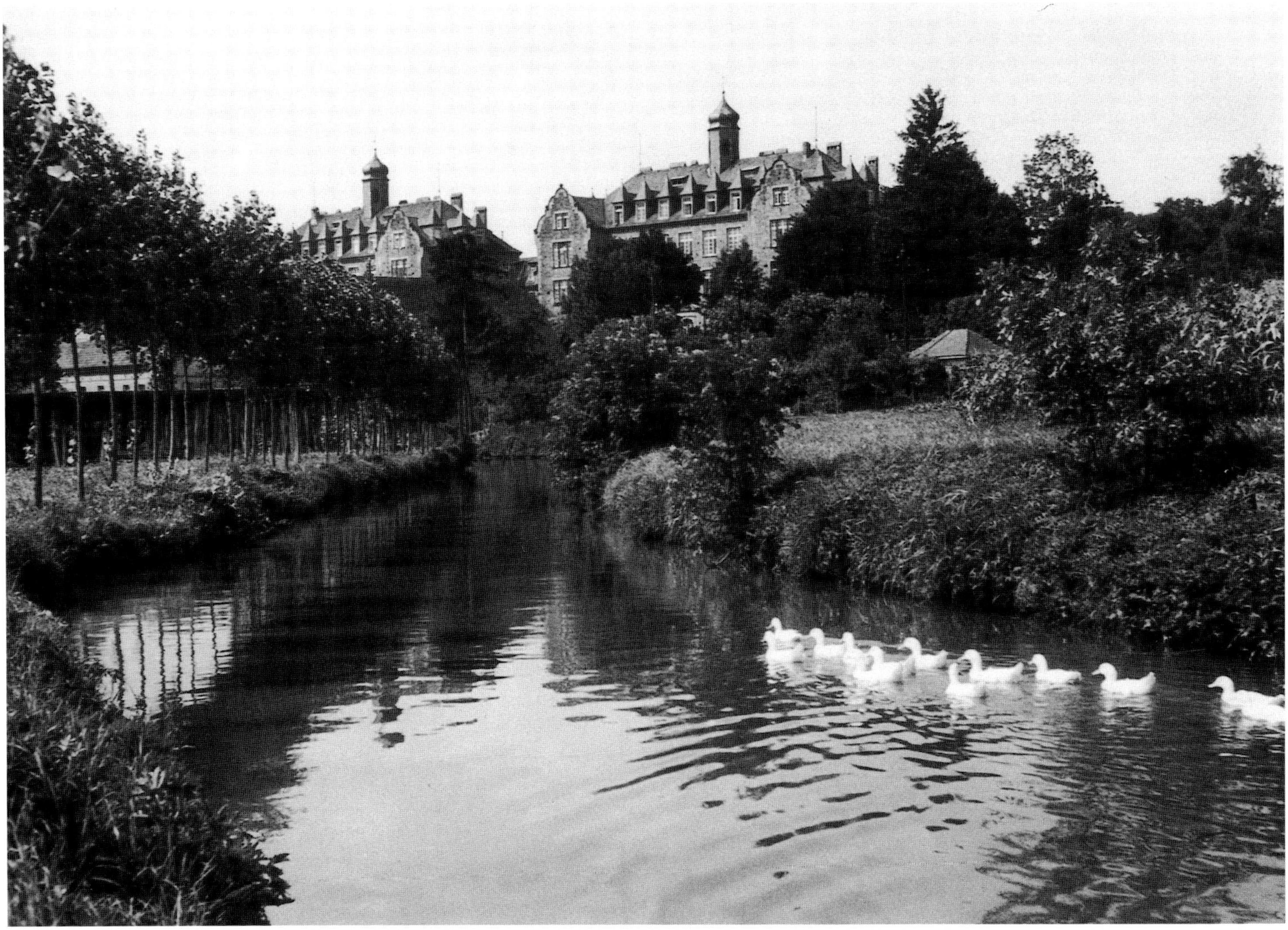

Um die Jahrhundertwende in der alten Kreisstadt Sinsheim; Blick von der Elsenz auf die Kreispflegeanstalt

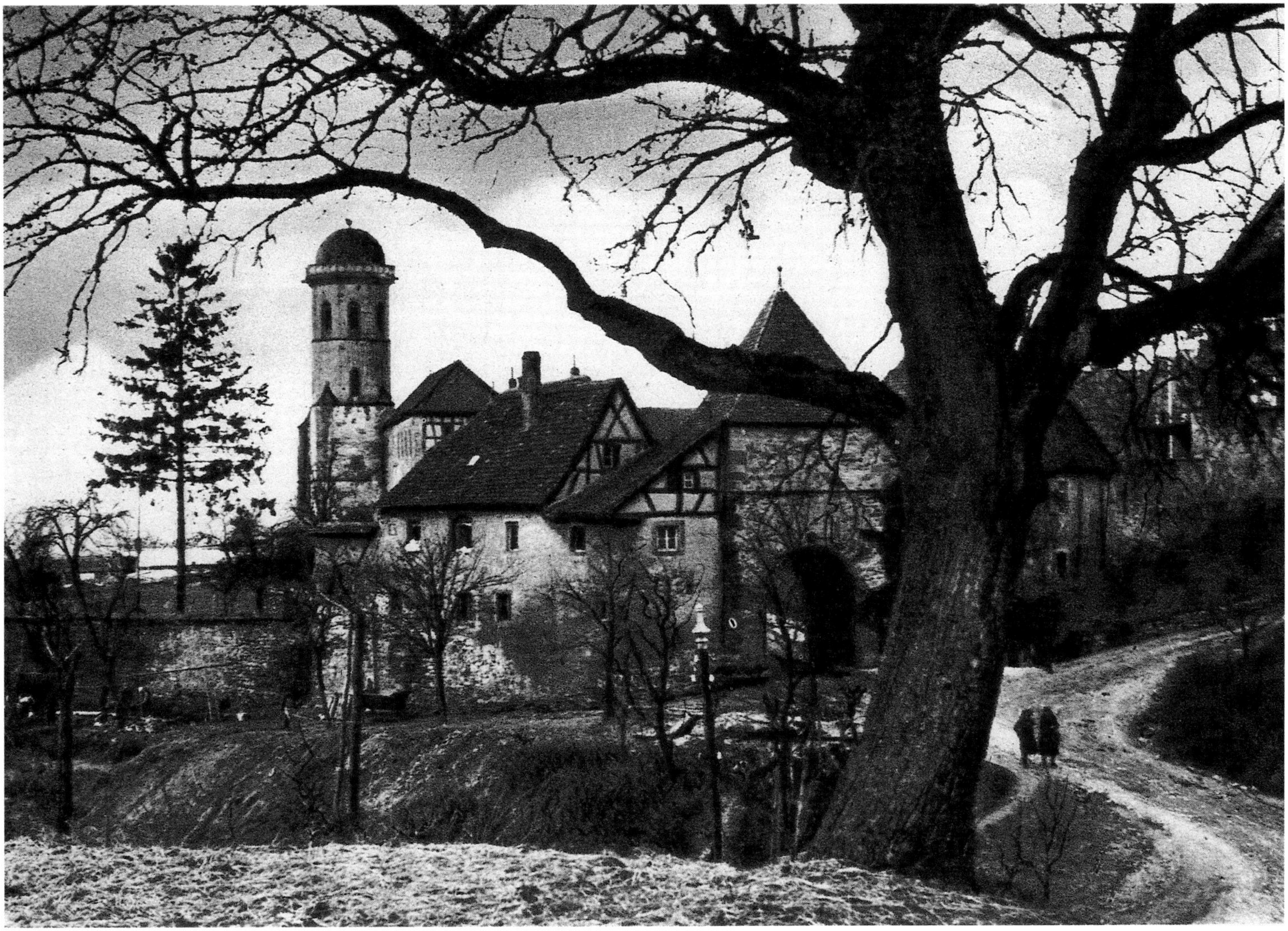

Das ehemalige Benediktinerstift „Sunnisheim". Seit den ersten Jahrzehnten unseres Jahrhunderts dient das Stift hauptsächlich als staatliches Erziehungsheim

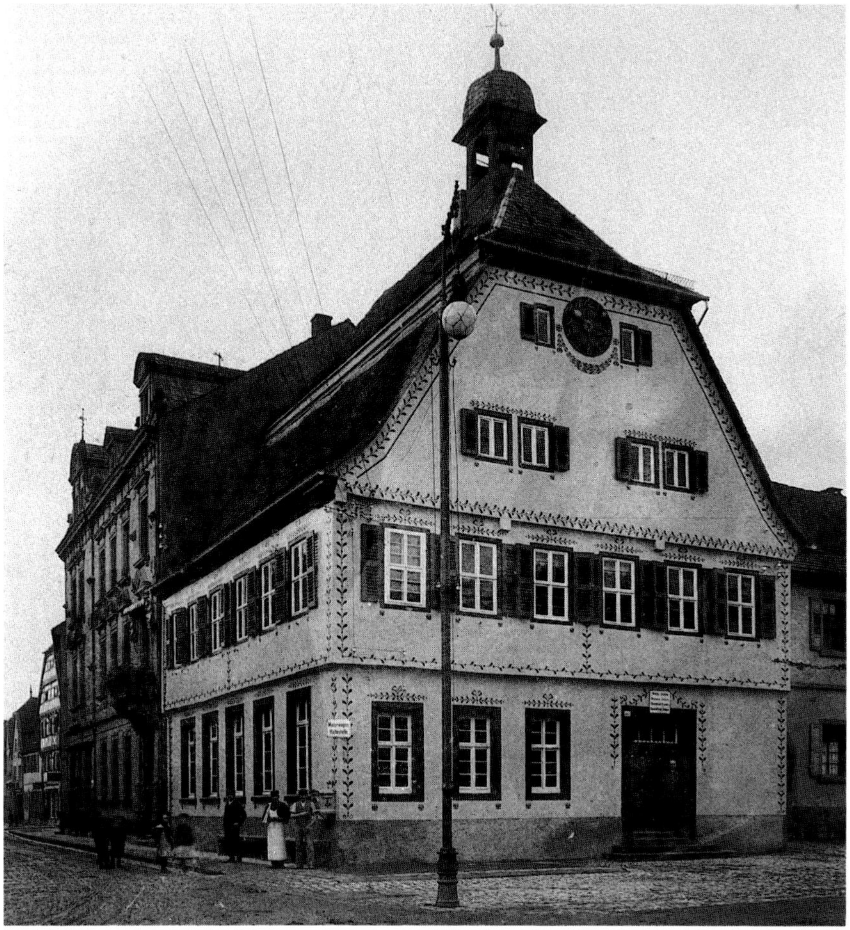

Das alte Rathaus der Stadt Sinsheim, heute ein sehenswertes Museum, 1914

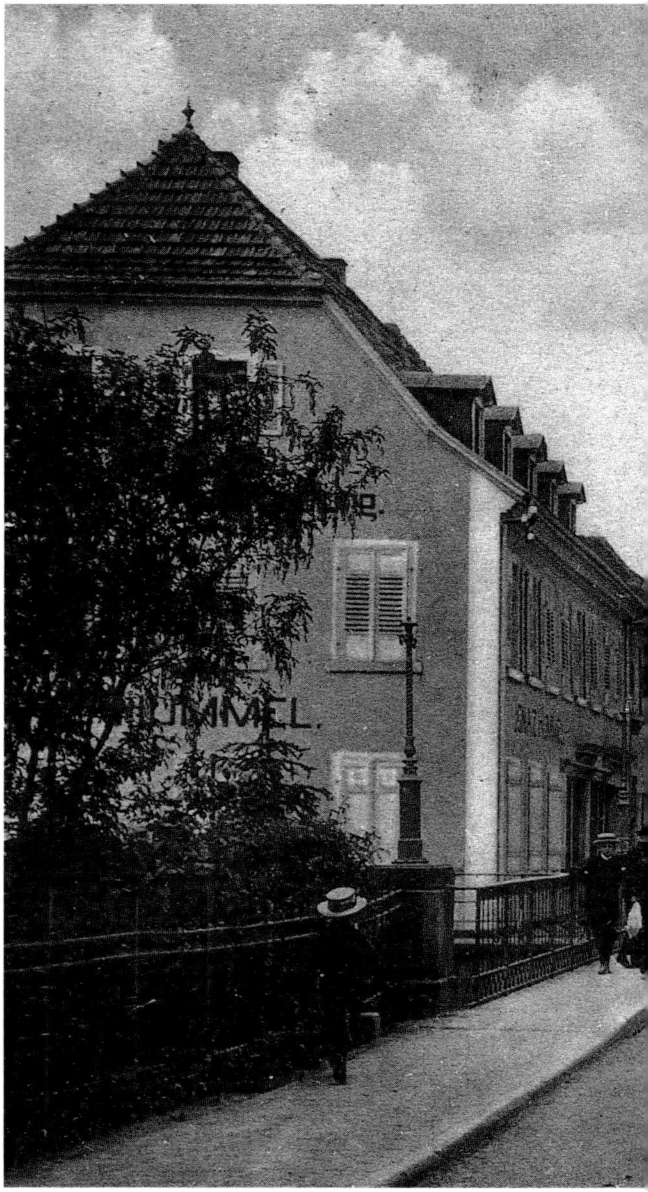

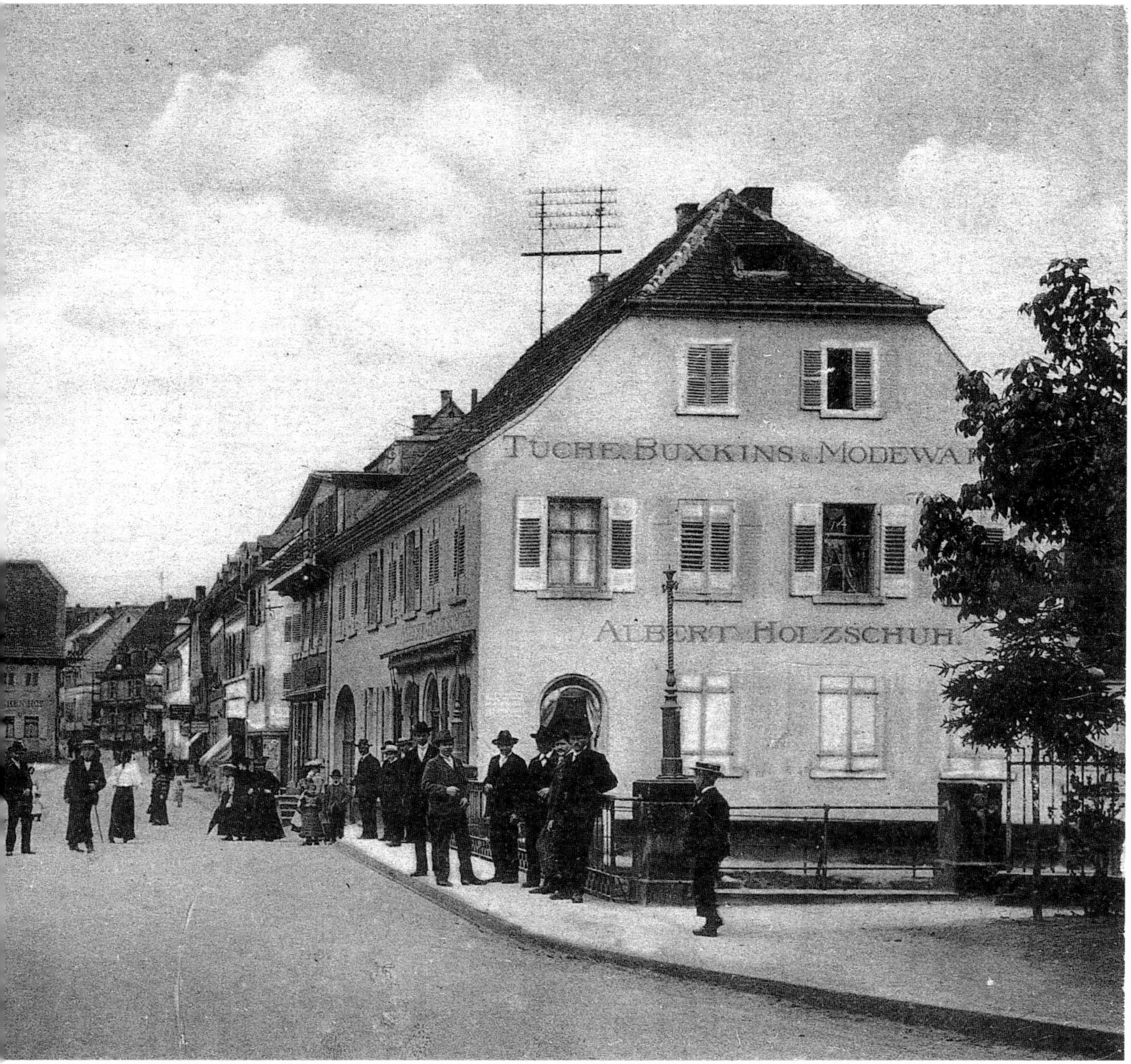

Die frühere kurpfälzische Stadt Wiesloch bemühte sich jahrhundertelang um ein gesundes wirtschaftliches Eigenleben mit aktivem Handel und Gewerbe. Stadteinfahrt um 1900

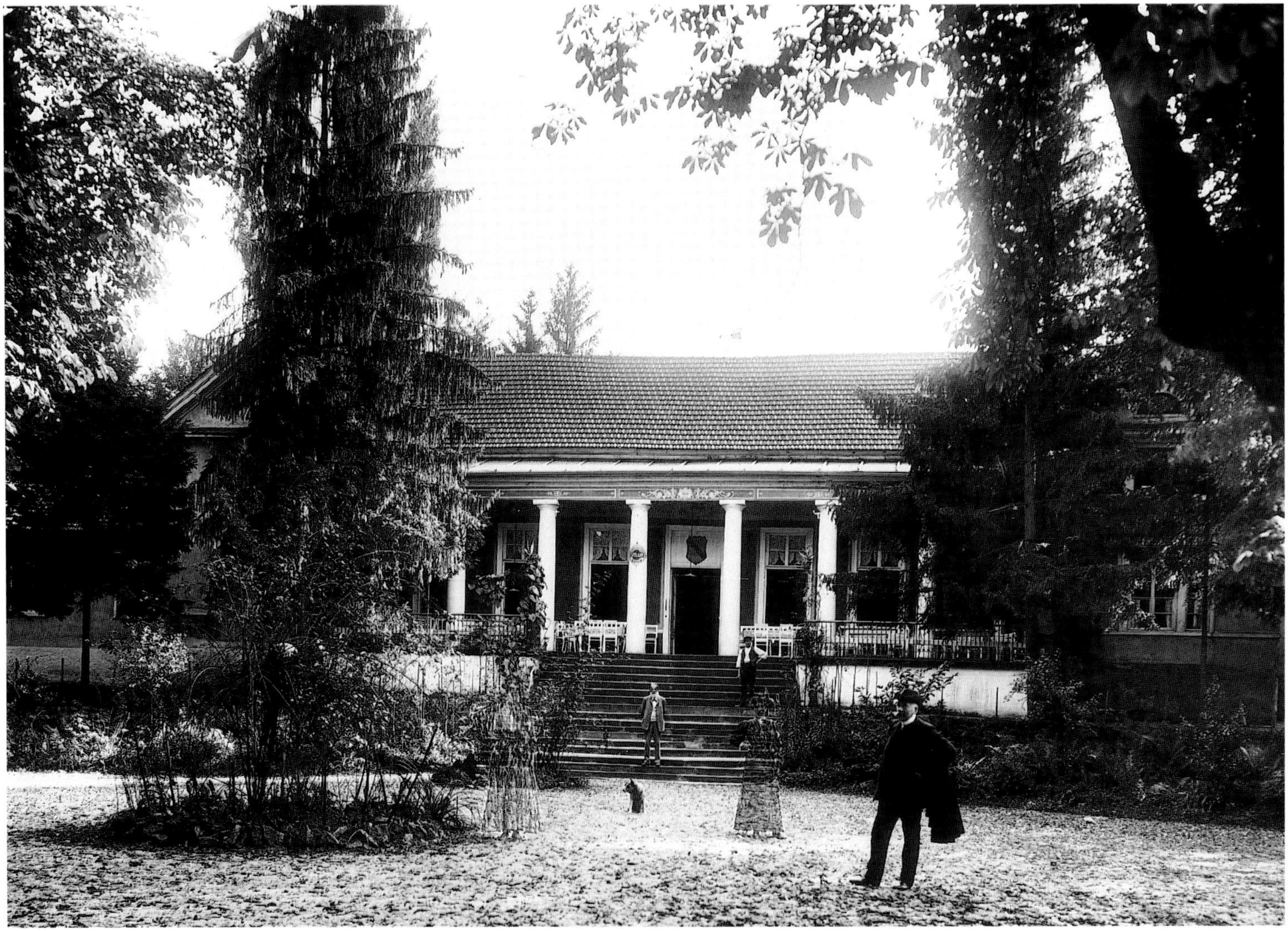

Zu einem Kur- und Bäderort mit dem klangvollen Namen Bad Schönborn haben sich Bad Langenbrücken und Bad Mingolsheim entwickelt. Das Kurhaus Sigel erinnert auch an den Karlsruher Baumeister Weinbrenner

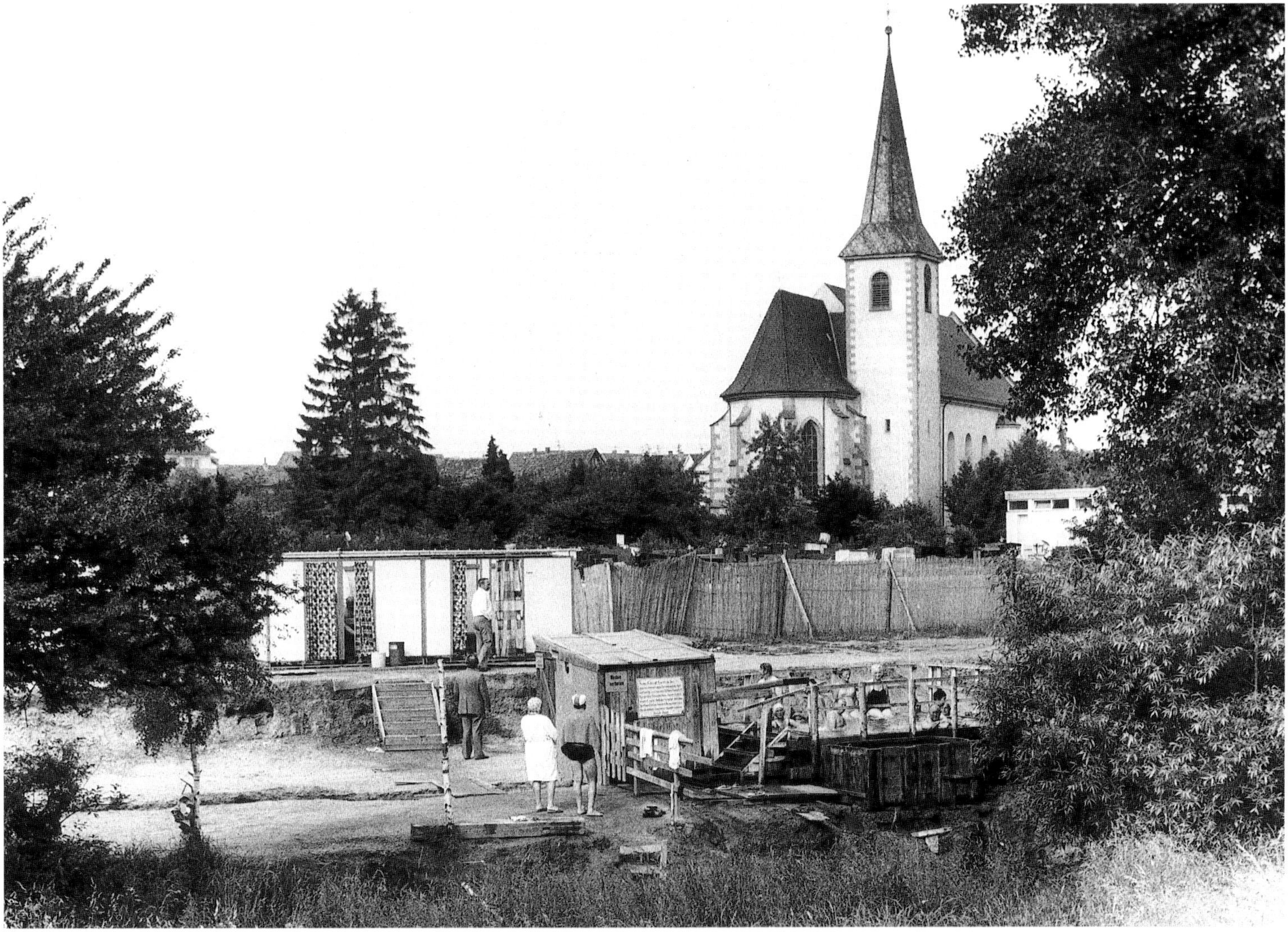

Lange bevor das mondäne Thermarium in Bad Mingolsheim errichtet werden konnte, nutzten Badegäste in Behelfsbauten die neu erschlossene Thermalsole

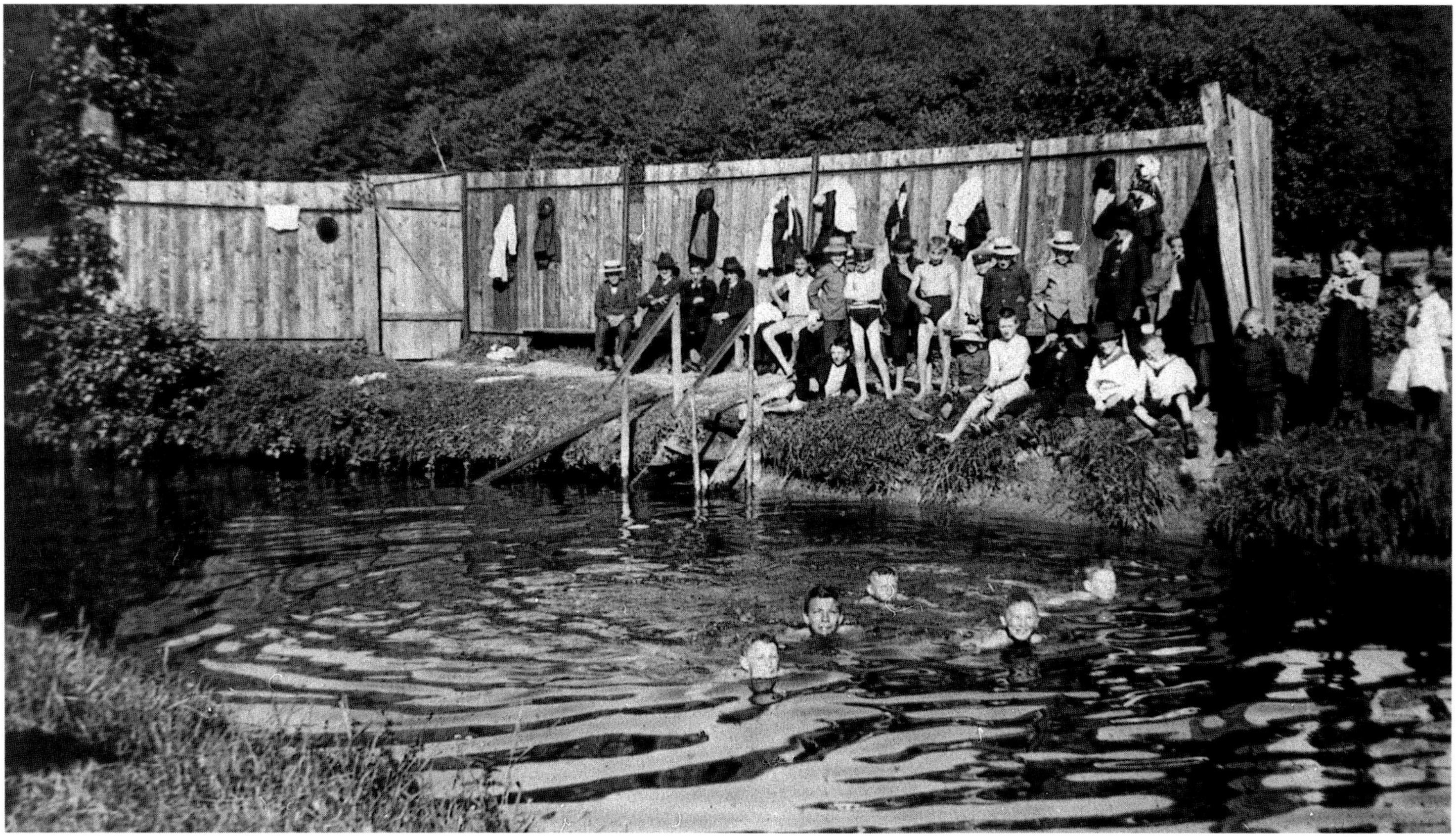

Mit Ideen und Tatkraft lösten im Kraichgau auch ärmere Gemeinden frühzeitig ihre Badeprobleme: Die Gemeinde Zuzenhausen nutzte das noch klare Wasser der Elsenz

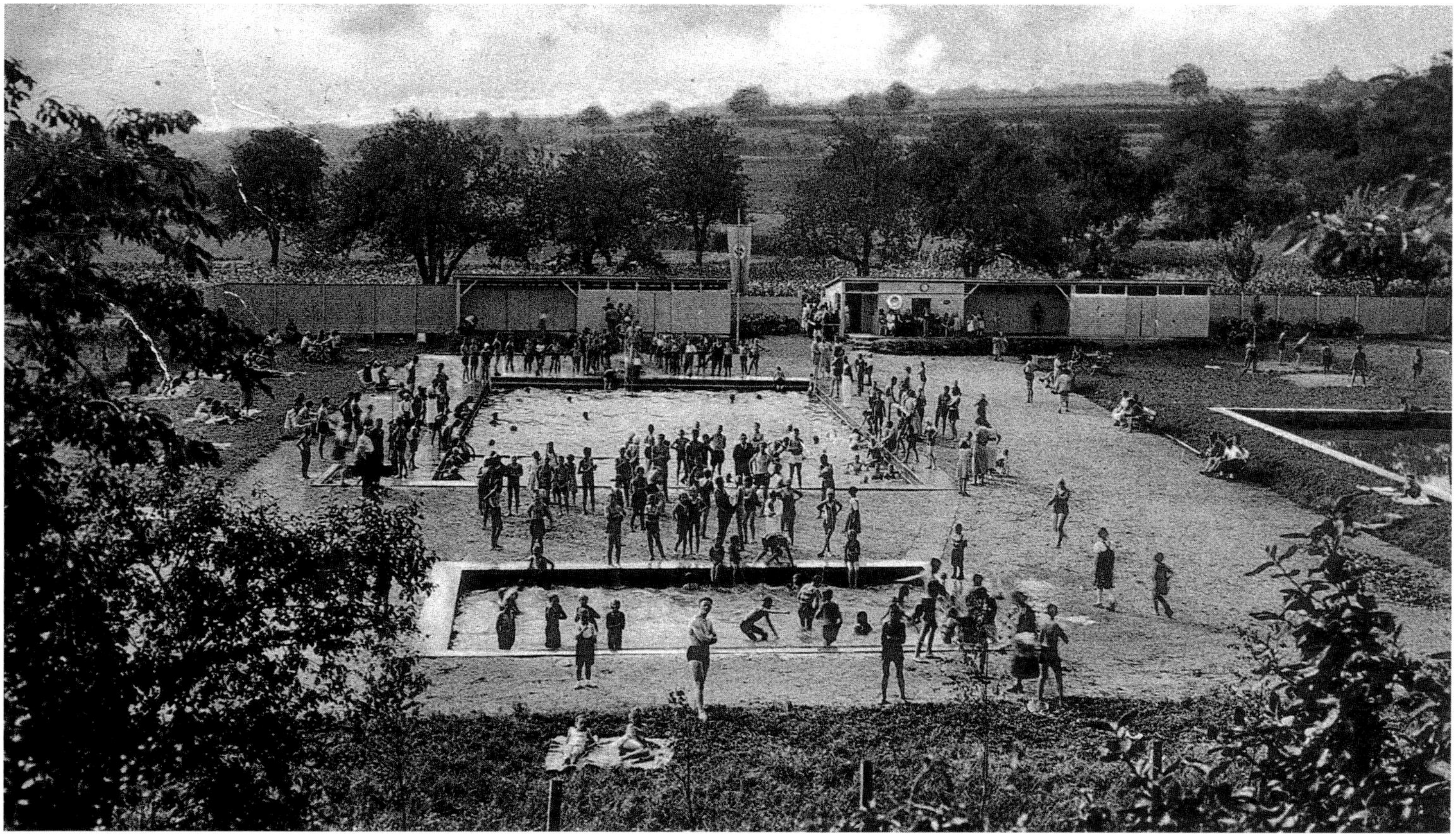

In den frühen 30er Jahren war der Gemeinsinn ausgeprägt: Die Jugend griff, wie in Odenheim, für ein Schwimmbecken zu Spaten und Schaufel und entlastete das Gemeindesäckel

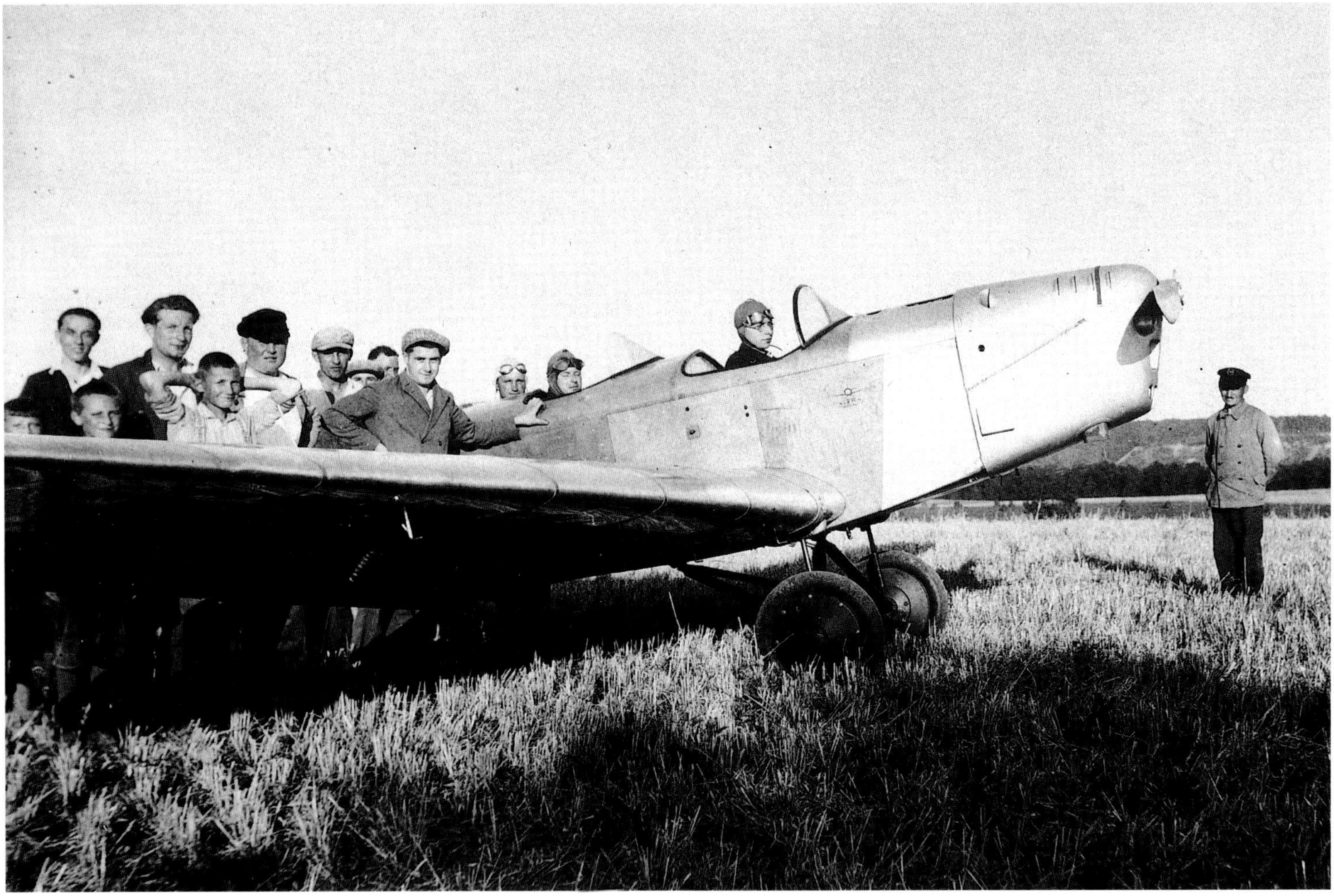

Weit verbreitet war der Flugsport. An mehreren Kraichgauhängen tummelten sich Modell- und Segelflieger. Flugtage wie hier in Sulzfeld in den 30er Jahren waren gut frequentiert